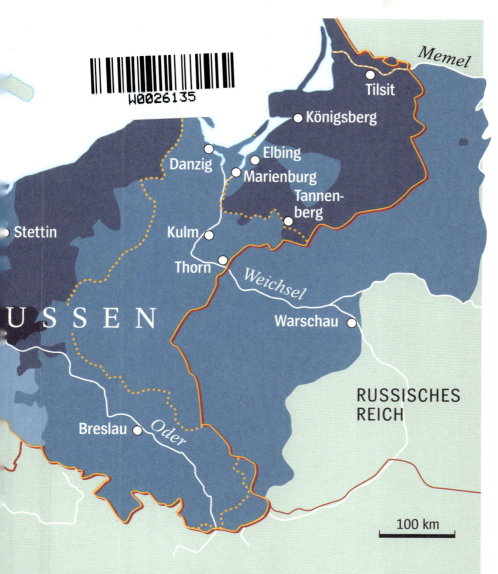

Preußens Weg zur Großmacht
Ausdehnung des Staatsgebiets

1415*	1701	1795	1871

— Grenze Preußens 1871
····· Grenze Preußens nach dem Versailler Vertrag 1919

* Brandenburg

Preußen

Stephan Burgdorff | Norbert F. Pötzl | Klaus Wiegrefe (Hg.)

Preußen
Die unbekannte Großmacht

Susanne Beyer, Wolfram Bickerich, Harald Biermann,
Georg Bönisch, Stephan Burgdorff, Christopher Clark,
Günter de Bruyn, Martin Doerry, Jan Friedmann,
Ulrike Knöfel, Frank-Lothar Kroll, Bettina Musall,
Norbert F. Pötzl, Jan Puhl, Johannes Saltzwedel,
Hans-Ulrich Stoldt, Klaus Wiegrefe,
Heinrich August Winkler

Deutsche Verlags-Anstalt

FSC
Mix
Produktgruppe aus vorbildlich
bewirtschafteten Wäldern und
anderen kontrollierten Herkünften
Zert.-Nr. SGS-COC-1940
www.fsc.org
© 1996 Forest Stewardship Council

Verlagsgruppe Random House FSC-DEU-0100
Das für dieses Buch verwendete FSC-zertifizierte Papier *Munken Premium*
liefert Arctic Paper Munkedals AB, Schweden.

1. Auflage
Copyright © 2008 Deutsche Verlags-Anstalt, München,
in der Verlagsgruppe Random House GmbH
und SPIEGEL-Verlag, Hamburg
Alle Rechte vorbehalten
Typographie und Satz: DVA / Brigitte Müller
Gesetzt aus der Minion
Druck und Bindung: GGP Media GmbH, Pößneck
Printed in Germany
ISBN: 978-3-421-04351-1

www.dva.de

Inhalt

11 Vorwort

Teil 1: **Das widersprüchliche Preußen**

16 **Ein Staat von Blut und Eisen**
Janusköpfig war das Hohenzollernreich –
reaktionär und fortschrittlich zugleich
Von Klaus Wiegrefe

34 **Tüchtig auf alt getrimmt**
Das Stammschloss der Hohenzollern
auf der Schwäbischen Alb
Von Hans-Ulrich Stoldt

39 **Gottesreich an der Ostsee**
Wie der Deutsche Orden aus dem Land
der Pruzzen einen der modernsten Staaten
des Mittelalters schuf
Von Klaus Wiegrefe

Teil 2: **Anfang und Aufstieg**

48 **Strahlkraft der Krone**
Vom Kurfürstentum Brandenburg
zum Königreich unter Friedrich I.
Von Frank-Lothar Kroll

65 **Der Soldatenkönig**
Friedrich Wilhelm I. und die Liebe
zum Militär – er sparte nicht, wenn es um
seine „Langen Kerls" ging
Von Georg Bönisch

80 **Diener auf dem Thron**
Friedrich II. („der Große") – Philosoph,
musisch begabter Schöngeist und Verkörperung
der preußischen Staatsidee
Von Christopher Clark

97 **Feingeist unter Freunden**
Das „Flötenkonzert Friedrichs des Großen
in Sanssouci" von Adolph Menzel
Von Ulrike Knöfel

101 **„Für das Wohl des Staates"**
Das „Politische Testament" Friedrichs des Großen

104 **Weltruf mit weißem Gold**
Die Königliche Porzellan-Manufaktur –
das preußischste aller Unternehmen
Von Jan Friedmann

108 **Muckefuck in Moabit**
Die aus Frankreich geflohenen Hugenotten
waren ein Gewinn für Preußen
Von Johannes Saltzwedel

113 **Praevenire statt Praeveniri**
Der Siebenjährige Krieg –
ein reiner Präventivkrieg
Von Georg Bönisch

116 **Keim der Zwietracht**
Wie Polen unter Preußen litt:
Dreimal wurde das Land geteilt
Von Jan Puhl

125 **Preußens Aufstieg** (Chronik)

Teil 3: Reformstaat Preußen

128 **Aufbruch in die Moderne**
Die Minister Stein und Hardenberg schoben
das größte Reformprojekt der deutschen Geschichte an
Von Klaus Wiegrefe

149 **Flucht in die Heiterkeit**
Die Verschmelzung von Architektur und Landschaft
zu einem gigantischen Garten
Von Ulrike Knöfel

159 **Vordenker der Nation**
Die Philosophen Kant, Fichte und Hegel
prägten das intellektuelle Klima des Landes
Von Johannes Saltzwedel

167 **Gefährdete Harmonie**
Die jüdische Familie Mendelssohn
Von Johannes Saltzwedel

173 **Streben nach Dominanz**
Der Repräsentationsdrang der preußischen Herrscher
machte aus dem Emporkömmling Berlin eine
europäische Metropole
Von Susanne Beyer

184 **Preußens Mitte**
Geschichte und Zukunft des 1950 gesprengten
Berliner Stadtschlosses
Von Stephan Burgdorff

190 **„Ein Traum, was sonst?"**
Preußens Literaten – von Herrscherlob und Kriegslyrik
bis zur nostalgischen Geschichtsverklärung
Von Günter de Bruyn

200 **Revolution am Teetisch**
Rahel Varnhagen, Preußens berühmteste Salondame
Von Susanne Beyer

203 **Schöne Feindin, schimmernder Stern**
Königin Luise, die legendäre Landesmutter
Von Bettina Musall

210 **Reformstaat Preußen** (Chronik)

Teil 4: Restauration und Revolution

214 **„Es lebe die Republik"**
Liberale Bürger kämpften 1848/49 für einen
demokratischen Nationalstaat, aber
mit dem Scheitern der Revolution begann
die Geschichte der Parlamentsverächter
Von Klaus Wiegrefe

231 **Treibende Kraft**
Wie sich der Agrarstaat Preußen zu einem
führenden europäischen Industriestaat wandelte
Von Wolfram Bickerich

238 **Morsche Macht**
Die ostelbischen Junker verkörpern Militarismus
und Untertanengeist – zu Unrecht?
Von Jan Friedmann

245 **Schabernack der Großmächte**
Der Anschluss des Rheinlands bot politischen
Zündstoff, am Ende gelang die Integration
Von Georg Bönisch

Teil 5: Abschied von Preußen

252 **Tiger des Nationalismus**
Bismarcks Zweckbündnis mit der Nationalbewegung machte ein Großpreußen unmöglich –
das Deutsche Reich wurde unausweichlich
Von Harald Biermann

266 **Untergang auf Raten**
Preußens Adel – Reformverhinderer im Kaiserreich, Demokratiegegner in der Weimarer Republik, Steigbügelhalter Hitlers
Von Heinrich August Winkler

285 **Der rote Zar**
Preußens sozialdemokratischer Ministerpräsident Otto Braun
Von Norbert F. Pötzl

289 **„Ein Bollwerk der Demokratie"**
SPIEGEL-Gespräch
mit dem Historiker Christopher Clark
über Preußen und den deutschen Sonderweg
Von Martin Doerry und Klaus Wiegrefe

299 **Preußens Ende** (Chronik)

301 Schauplätze der preußischen Geschichte

304 Buchhinweise

307 Autorenverzeichnis

309 Namensregister

313 Sachregister

Vorwort

Seit die französische Schriftstellerin Germaine de Staël 1810 in ihrem Erfolgsbuch „De l'Allemagne" schrieb, Preußen sei wie ein Januskopf, ein Staat mit zwei Gesichtern, hat sich dieses ambivalente Bild in der Historie verfestigt. Auf der einen Seite steht das gute Preußen, in dem der Herrscher – zumindest in der Rhetorik Friedrichs des Großen – der erste Diener seines Staates war und jeder Untertan nach seiner eigenen Fasson selig werden konnte. Als typisch preußisch gelten heute noch Tugenden wie Pflichtgefühl, Dienst am Gemeinwesen, Bescheidenheit, religiöse Toleranz. Auf der anderen Seite wird das böse Preußen angeprangert: engstirnig, machtbesessen und kriegslüstern sei es gewesen, ein Staat von Blut und Eisen, beherrscht von einem dünkelhaften Junkertum – kurzum: „die Wurzel allen Übels", wie Winston Churchill nach dem Zweiten Weltkrieg konstatierte, weshalb der Staat 1947 durch ein Alliiertes Kontrollratsgesetz ausgelöscht wurde.

Die unvereinbar erscheinenden Extreme brachten paradox anmutende Synthesen hervor. Ausgerechnet der Militärstaat Preußen setzte sich zu Beginn des 19. Jahrhunderts an die Spitze des zivilen Fortschritts. Die Minister Stein und Hardenberg modernisierten die Verwaltung und schoben das größte Reformprojekt der deutschen Geschichte an. Wilhelm von Humboldt gründete 1810 die Berliner Universität, in der sich erstmals Forschung und Lehre miteinander verbanden – ein Modell, das bald Weltruf erlangte. Die Reformen ebneten zugleich der Industrialisierung den Weg: August Borsig eröffnete 1837 in Berlin eine Maschinenfabrik.

So war Preußen zerrissen zwischen Moderne und Rückständigkeit. Das schafft einen üppigen Nährboden für Mythen und Legenden. Auf den Hohenzollernstaat beriefen sich seit seiner Gründung 1701 Reformer und Reaktionäre, Monarchisten und Demokraten, Junker und Industrielle, Liberale und Konservative, Nationalsozialisten und Widerstandskämpfer. Verehrer und Verächter Preußens trugen heftige ideologische Fehden miteinander aus. Und aus jeder Perspektive ergibt sich ein anderes Zerrbild.

Vorwort

Deshalb erscheint Preußen bis heute als eine weithin unbekannte Großmacht – durch Ästhetisierung verharmlost, durch Karikierung verteufelt. In diesem Buch loten SPIEGEL-Redakteure und renommierte Historiker das vielschichtige Wesen des untergegangenen Staates aus.

Frank-Lothar Kroll, Inhaber eines Lehrstuhls für Europäische Geschichte des 19. und 20. Jahrhunderts an der TU Chemnitz und Vorsitzender der Preußischen Historischen Kommission, schildert die Gründung des Königreichs Preußen und seine Vorgeschichte in der Mark Brandenburg. Preußen, so Kroll, stecke voller Überraschungen, und die erste sei, dass die bis 1918 regierende Hohenzollerndynastie aus Schwaben stammte. Der australische, im englischen Cambridge lehrende Historiker Christopher Clark porträtiert Friedrich den Großen, Preußens wohl populärsten und schillerndsten Regenten – und in einem Gespräch plädiert er dafür, nicht länger von der Geschichte Preußens eine direkte Linie zum Nationalsozialismus Adolf Hitlers zu ziehen.

Harald Biermann, Direktionsassistent der Stiftung Haus der Geschichte in Bonn, sieht in der Proklamation des Deutschen Kaiserreichs 1871 im Spiegelsaal von Versailles den Schlusspunkt des Bündnisses der Nationalbewegung mit Bismarcks Preußen nach der Revolution von 1848. Heinrich August Winkler, emeritierter Lehrstuhlinhaber für Neueste Geschichte an der Berliner Humboldt-Universität, analysiert den verhängnisvollen Einfluss der Junker in Kaiserreich und Weimarer Republik sowie die Pervertierung preußischer Tugenden im Nationalsozialismus. Erst der Widerstand des 20. Juli 1944, so Winkler, knüpfte wieder an das alte Preußen an.

Ebenso brüchig ist die preußische Kulturgeschichte. Die absolutistischen Könige förderten klassizistische Baukunst und eine Landschaftsarchitektur mit pompösen Parkanlagen, Lustschlössern, Tempeln und Pavillons. Die Liberalität machte Preußen zu einem Hort der Dichter und Denker. Der Erzähler und Essayist Günter de Bruyn, ein intimer Kenner des preußischen Geisteslebens, schildert die bunte Literatenszene der Aufklärungs-Publizisten und Romantiker, der verklärenden Patrioten und der skeptischen Nostalgiker.

Der Dank der Herausgeber gilt zunächst den Autoren, deren Texte zum Teil auch bereits im SPIEGEL abgedruckt waren. Die Kollegen aus der SPIEGEL-Dokumentation, koordiniert von Heiko Buschke, Sonny Krauspe und Stefan Storz, prüften alle Manuskripte auf sachliche Richtigkeit; beteiligt waren Johannes Eltzschig, Johannes Erasmus, Joachim Immisch, Ulrich Klötzer, Walter Lehmann, Rainer Lübbert, Nadine Markwaldt, Rolf G. Schierhorn, Mirjam Schlossarek, Hans-Jürgen Vogt, Carsten Voigt, Holger Wilkop und Anika Zeller. Die Bibliothekare Johanna Bartikowski und Heiko Paulsen beschafften die als Quellen benutzten Bücher. Die Bildauswahl traf Claus-Dieter Schmidt, die Info-Grafiken fertigten Cornelia Baumermann und Gernot Matzke. Die Verifikation der Bilder lag in den Händen von Jörg-Hinrich Ahrens, Anja Bednarz, Renate Kemper-Gussek und Peter Kühn; Heike Dahlgaard holte die Bildrechte ein. Die Schlussredakteure Lutz Diedrichs, Bianca Hunekuhl, Karl-Heinz Körner und Tapio Sirkka merzten Schreibfehler aus. Für reibungslose Abläufe sorgte das Sekretariat des SPIEGEL-Ressorts Sonderthemen, bestehend aus Corinna Engels, Angelika Kummer und Antje Wallasch. Die Koordination bei der Herstellung des Buches oblag Ulrike Preuß beim SPIEGEL und Karen Guddas im Lektorat der DVA. Ihnen allen gebührt unser Dank für das Gelingen des Werks.

Stephan Burgdorff, Norbert F. Pötzl, Klaus Wiegrefe

Teil 1
Das widersprüchliche Preußen

Ein Staat von Blut und Eisen

Um Preußen rankten sich schon immer Mythen und Legenden. Auf den Hohenzollernstaat und seine Traditionen beriefen sich Liberale und Reaktionäre, Monarchisten und Demokraten. Tatsächlich steht Preußen für Fortschritt und Reformen ebenso wie für Rückständigkeit und Militarismus.

Von Klaus Wiegrefe

Das Königtum kam über Preußen in den frühen Morgenstunden. Noch bei Kerzenschein legte sich Kurfürst Friedrich III. im Schlafgemach die Schärpe mit dem Kreuz des Adlerordens um. Der Oberkämmerer half ihm in den purpursamtenen Krönungsmantel, auf dem gestickte goldene Kronen prangten. Dann schritt der bucklige, kleine Mann mit seinem Gefolge in den festlichen Audienzsaal des Königsberger Schlosses.

Die Sonne brach durch die Wolkendecke, als Friedrich gemessen nach dem Zepter griff, an dessen Spitze ein kostbarer Rubin blutrot leuchtete. Die Krone, eine massiv goldene Karkasse mit 237 Perlen und Edelsteinen, setzte er sich selbst auf die Perücke; Friedrich, ab sofort Friedrich I., wollte König nur von Gottes und eigenen Gnaden sein. Draußen läuteten die Glocken. Es war der 18. Januar 1701: Preußen wurde ein Königreich. Die Hohenzollern stiegen auf in die Galerie der Majestäten. Statt deutsche Reichsfürsten waren sie nun europäische Souveräne, davon gab es auf dem alten Kontinent nur knapp ein Dutzend. Auf dem langen Weg des kleinen Preußen zur europäischen Großmacht war die Krönung ein mächtiger Markstein.

Für die Nachwelt gibt es das gute Preußen, in dem der Herrscher – zumindest in der Rhetorik Friedrichs des Großen – der erste Diener seines Staates war und jeder Untertan gemäß seiner Fasson glücklich werden konnte. Als typisch preußisch gelten heute noch einige Tugenden, die den kleinen Staat angeblich auszeichneten: Pflichtbewusstsein, Dienst am Gemeinwesen, Bescheidenheit.

Immanuel Kant, der Philosoph aus dem preußischen Krönungsort Königsberg, fasste diesen hehren Kanon in seiner „Kritik der praktischen Vernunft" 1788 so schön zusammen, dass sich auch ein Politiker wie Helmut Schmidt darauf berufen wollte und will.

Diesem retrospektiv verklärten guten Preußen steht das böse Preußen entgegen: kaltblütige aggressive Machtpolitik voller Blut und Eisen, zuerst vorgeführt von Friedrich II., kongenial weiterbetrieben von Otto von Bismarck, der die ersehnte Einigung Deutschlands in drei Kriegen vorantrieb, zu Größenwahn und Großmannssucht gesteigert durch Kaiser Wilhelm II.

Am Ausbruch des Ersten Weltkriegs war das Kaiserreich der Hohenzollern, das seinen Platz an der Sonne neben England und Frankreich beanspruchte, maßgeblich beteiligt. Der Zweite Weltkrieg aber war ganz und gar das Werk der Nazis, in denen die Alliierten das ins Monströse gesteigerte Preußen sahen – obwohl weder Hitler noch seine Paladine auf altem preußischen Territorium geboren worden waren.

Nichts ist geblieben vom Staat der Preußen. Die Hohenzollern mussten schon 1918 abdanken. Wilhelm II. starb 1941 im holländischen Exil in Doorn. Preußen verschwand als Inbegriff von Militarismus und Verblendung, das Deutschland auf einen Sonderweg inmitten Europas geführt hatte, von der Landkarte. Die Sowjetunion und Polen – die beiden Länder, deren Bevölkerung Hitler zu Untermenschen erklärt hatte – bekamen nach dem Zweiten Weltkrieg die östlichen Gebiete Preußens; den Rest teilten sich die beiden deutschen Staaten. 1947 lösten die Alliierten den preußischen Staat offiziell auf.

Das Königsberger Schloss war schon 1944 abgebrannt. Kaliningrad, das alte Königsberg, ist mittlerweile eine arme russische Exklave, eingerahmt von Litauen und Polen. Allenstein, Breslau oder Stettin sind heute polnische Städte.

Preußen war schon immer für Mythen und Legenden unterschiedlichster Art gut. Auf den Hohenzollernstaat und seine Traditionen beriefen sich in den letzten 300 Jahren Reformer und Reaktionäre, Monarchisten und Demokraten, Junker und Industrielle, Liberale und Konservative, Nationalsozialisten und Widerstandskämpfer.

Das widersprüchliche Preußen

Es war die preußische Mischung aus Ost und West, aus Aufklärung und Absolutismus, aus Fortschritt und Rückständigkeit, aus Zivilisation und Barbarei, die so gegensätzliche Lager zu Bewunderern Preußens machte. Die gleiche explosive Mixtur ließ Preußen allerdings auch zum meistgehassten deutschen Staat werden. Der preußische Adler trug Zeit seines Lebens einen Januskopf.

Ein armer Anfang

Als Friedrich sich 1701 zum König krönte, herrschte er über ein zerrissenes, ärmliches Staatsgebiet mit rund 1,5 Millionen Einwohnern, das aus einigen Herrschaften am Rhein, der Mark Brandenburg, Hinterpommern und Ostpreußen bestand. Da Westpreußen polnisch war, durfte er sich nicht einmal König „von" Preußen, sondern nur „in" Preußen nennen. 100 Jahre später war die Monarchie die mächtigste Macht in Nordeuropa, das Staatsgebiet hatte sich fast verdreifacht, die Bevölkerung versechsfacht.

Die meisten Zeitgenossen waren von diesem Aufstieg überrascht. Friedrich I. hatte außer der neuen Würde nur einen Schuldenberg und eine schwächliche Armee hinterlassen. Sein Sohn Friedrich Wilhelm I. änderte nach seiner Inthronisierung 1713 beides.

Der 25-jährige Thronfolger, der meist in einer schmucklosen, blauen Obristenuniform seines Potsdamer Regiments daherkam, hatte sich den schöngeistigen Erziehungsversuchen der Eltern hartnäckig widersetzt. Er fand, gab Friedrich Wilhelm später zu, „in der Welt in nichts Plaisier als an einer guten Armee".

Von seinem Vater erhielt der Junge ein Schloss in Königs Wusterhausen südlich Berlins, wo er mit seinem Kronprinzenregiment Krieg spielen durfte. Als König verdoppelte er die Armee von 40 000 auf 80 000 Mann (das waren 3,8 Prozent der Bevölkerung) und unterwarf sie einem brutalen Drill. In ganz Europa entführten Friedrich Wilhelms sogenannte Werber junge Männer. In London musste der preußische Gesandte seinen Platz räumen, weil er heimlich an der brutalen Verschleppung beteiligt war.

Des Königs Liebe zum Militär zog eine Fülle von Reformen nach sich. Friedrich Wilhelm schuf in ganz Preußen eine einheitliche

Ein Staat von Blut und Eisen

Verwaltung, siedelte im von der Pest entvölkerten Ostpreußen 20 000 Salzburger Glaubensflüchtlinge an – „Menschen achte ich vor den größten Reichtum" – und sanierte den Haushalt, indem er die Hofhaltung zusammenstrich. Preußen wurde scheinmodern; der Fortschritt galt nur der Armee.

Friedrich Wilhelm war ein tief religiöser Calvinist, und die Angst vor der ewigen Verdammnis ließ ihn unermüdlich arbeiten. Gott, so erklärte er seinem eigenen Sohn, „hat euch auf den Thron gesetzt nicht zu Faulenzen, sondern zu Arbeiten und seiner Länder Wohl". Was nach preußischen Tugenden, nach Pflichteifer und Dienstethos klingt, stammte aus dem calvinistischen Holland, mit dessen Fürstenhaus die Hohenzollern verwandt waren. Friedrich Wilhelm versuchte, die importierten Wertmaßstäbe des modernen holländischen Handelsbürgertums seinem rückständigen Agrarstaat mit den adligen Junkern und ostelbischen Gütern aufzuprägen.

Große Kriege hat der „Soldatenkönig" mit seiner geliebten Armee nicht geführt und damit alle widerlegt, die aus Preußens territorialer Zerrissenheit den Zwang zu Arrondierungskriegen folgerten. Friedrich Wilhelm wollte in Europas Händeln lieber Makler sein. Seinem Sohn riet er, die Armee weiter zu verstärken, dann werde Preußen „eine formidable Puissance sein und in Europa die Balance halten können ... Und wer die Balance halten kann, wird immer etwas dabei profitieren".

Im privaten Umgang war der König wenig ausgeglichen. Der Kronprinz, der spätere große Friedrich, wollte vor ihm fliehen. „Wir erleben hier alle Tage die abscheulichsten Auftritte", klagte er seiner Schwester Wilhelmine. „Ich bin dessen so müde, dass ich lieber um mein Brot betteln möchte, als in diesem Zustand weiterzuleben."

Doch der Fluchtplan flog 1730 auf, Friedrich musste vom Fenster seines Kerkers in der Festung Küstrin aus die Hinrichtung des Leutnants Hans Hermann von Katte, seines Freundes und Mitwissers, mitansehen.

Die Berliner waren erleichtert, als Friedrich Wilhelm am frühen Morgen des 31. Mai 1740 starb.

Ein Schöngeist führt Krieg

Sein Nachfolger genoss damals schon Kultstatus. Der französische Philosoph Voltaire begrüßte den neuen König als „Salomon des Nordens". Auf Schloss Rheinsberg hatte der intellektuelle Friedrich II. die Jahre vor der Thronbesteigung in einer Musenrunde zugebracht. Der Schöngeist mit der Querflöte parlierte mit Komponisten und Malern. Er schrieb geistreiche Episteln und korrespondierte mit den führenden Philosophen Europas. Am Ende füllten seine Schriften 31 Bände.

Nicht Willkür, sondern Vernunft, erklärte der Philosophenkönig, würde seine Regentschaft leiten. Während im restlichen Europa die Monarchen sich selbst für den Staat hielten, erklärte Friedrich, er betrachte sich nur als „ersten Diener" Preußens.

Johann Wolfgang von Goethe erinnerte sich später, er sei „fritzisch gesinnt" gewesen; das habe bedeutet, gegen den „alten Zopf" zu sein. Der kleine König mit den großen Augen schaffte die Folter ab, erleichterte den Strafvollzug, belebte die Akademie der Wissenschaften neu und lockerte die Pressezensur. „Gazetten, wenn sie ein bisschen amüsant sein sollen", dürften „nicht genieret werden".

Während vielerorts noch Glaubenszwang herrschte, spottete der Atheist über Kirche und Religion. Als der fromme General Hans Joachim von Zieten sich bei Hofe wegen der Einnahme des Abendmahls verspätete, fragte Friedrich: „Nun, Zieten, haben Sie den Leib Ihres Erlösers gut verdaut?"

Friedrich rief 300 000 Einwanderer aus aller Herren Länder ins Land und erklärte, bei ihm könne „jeder nach Seiner Fasson Selich" werden. Sie halfen, ausgedehnte Flächen am Oderbruch, in den Warthe- und Netze-Niederungen zu kultivieren. So erwarb Friedrich, wie er sich rühmte, „eine Provinz im Frieden".

Das elegante Weinbergschlösschen Sanssouci mit dem Traubendekor und der Zedernholz-Bibliothek, in welcher der König las und schrieb, symbolisierte diesen Friedrich. Und so möchten ihn die Preußenfans heute am liebsten sehen.

Doch Friedrichs Reformen blieben so halbherzig, wie es dem Januskopf Preußens entsprach. Die Folter wurde nie ganz abgeschafft, das barbarische Spießrutenlaufen der zwangsrekrutierten Soldaten – „bis die blutigen Fetzen vom Rücken hingen" – überhaupt nicht. Kritik an seiner Majestät Person und Politik war, trotz Pressefreiheit, auch weiterhin verboten. Den ihm unbequemen Kölner Journalisten Roderich ließ er sogar im Ausland von einem Strauchdieb für 50 Dukaten verprügeln. Und die famose Religionsfreiheit war vor allem eine bevölkerungspolitische Maßnahme; Katholiken und – insbesondere – Juden waren weiterhin nicht gleichberechtigt mit den protestantischen Bürgern.

Am Ende hielt sich Friedrich an die gleiche Maxime wie sein Vater. Preußen sei ein „Militärstaat", und „alles muss darauf eingestellt sein". Bis zu vier Fünftel der Einnahmen flossen in die Armee. Zwölf Staaten hatten in Europa eine größere Bevölkerungszahl, doch nur drei eine stärkere Armee. Jeder 13. Einwohner Preußens war Soldat.

Immerhin, eine gigantische Kaserne mit gestählten Militaristen wurde Preußen trotzdem nicht. Die Bauern dienten nur wenige Monate im Jahr; das war, so der Potsdamer Militärhistoriker Bernhard Kroener, für eine „verhaltensprägende Militarisierung" zu kurz.

Für die vielen Uniformen im Straßenbild, die Besucher oft beobachteten, liefert Kroener eine einfache Erklärung. Preußens Soldaten bekamen jedes Jahr einen neuen Uniformrock, den alten, aus stabilem Tuch, trugen sie und ihre Verwandten im Alltag auf.

Um ein loyales Offizierkorps zu schaffen, erklärte Friedrich den Adel zur „Grundlage und Säule des Staates", von den Bürgerlichen hielt er wenig: „Die meisten denken niedrig und sind schlechte Offiziere, die zu nichts brauchbar sind." Die 20 000 blaublütigen Familien des Landes mussten ihre Söhne zur Verfügung stellen; Reisen, Studium oder Schulbesuch im Ausland waren verboten. Wer dennoch Preußen verließ, riskierte sein Vermögen.

Friedrich dankte die erzwungene Treue mit einer Privilegienwirtschaft, die in Europa einmalig war. Die Söhne der Adligen, erklärte der König, würden „das Land defendieren, davon die Race so gut ist, dass sie auf alle Weise meritieret, conservieret zu werden".

Die adligen Gutsherren bekamen günstige Kredite und wurden bei Verwaltungsposten bevorzugt. Friedrich ließ sie auf ihren Gütern wie im Mittelalter hausen. In Schlesien und Ostpreußen konnten Adlige ihre Bauern verkaufen, entschieden darüber, was deren Kinder zu lernen hatten und wer heiraten durfte. Hatten die Bauern nicht ausreichend geschuftet, folgte die „Lattenstrafe": Sie kamen barfuß in einen schmalen Käfig aus scharfkantigen Latten, in dem man weder stehen noch liegen konnte. Friedrichs Justizreform, die schließlich in das berühmte Allgemeine Landrecht mündete, schuf zwar etwas Rechtssicherheit, doch auch danach durfte der Adel „faules und widerspenstiges Gesinde" züchtigen.

Mythen brauchen dramatische Helden. Und wäre Friedrich II. dem Rat seines Vaters gefolgt, „niehmalen einen ungerechten Krieg" anzufangen, wäre der Titel „der Große" ihm wohl verwehrt geblieben. Doch kaum war er auf dem Thron, fiel er 1740 in Schlesien ein, das zu Österreich gehörte. In Wien hatte gerade Maria Theresia den Thron geerbt, und Friedrich nutzte die Gelegenheit, um sich die reiche Provinz zu sichern.

Es war ein glatter Rechtsbruch, nicht ganz unüblich für die Zeit und dennoch spektakulär. Ausgerechnet von diesem Philosophenkönig war das nicht erwartet worden, zumal er nicht einmal versuchte, den Schein des Rechts zu wahren. Drei Kriege führte Friedrich um Schlesien in mehr als 20 Jahren, der Hälfte seiner Regierungszeit; 500 000 Preußen starben dabei. Friedrich-Apologeten bemühten später abenteuerliche Konstruktionen, um das blutige Schlachten zu rechtfertigen. Friedrich war ehrlicher: „Das war der Weg, sich Ruhm zu erwerben und die Macht des Staates zu vergrößern."

Beides gelang. Er durfte Schlesien 1763 endgültig behalten, und Friedrichs Gloria glänzte, weil er den aussichtslosen Siebenjährigen Krieg gegen die alliierten Großmächte Frankreich, Österreich und Russland führte – und am Ende nicht verlor. Er hatte die Verbündeten 1756 angegriffen, die sich für einen Waffengang im Folgejahr rüsteten, und schuf damit das Muster eines Präventivkrieges, der allerdings nicht zu gewinnen war. Wäre Friedrich unterlegen, schrieb später Thomas Mann, hätte er als „elendster Abenteurer" gegolten. Der König wollte für diesen Fall Hand an sich legen („den Purzelbaum schlagen") und trug „äußerst giftige" Opiumpillen am Hals, die er gern herumzeigte. Doch das sogenannte Mirakel des Hauses Brandenburg, der überraschende Tod der Zarin Elisabeth, rettete ihn 1762; der neue Zar Peter war ein tumber Friedrich-Fan und schloss rasch Frieden.

Die fatale Legende

In der preußisch-deutschen Verklärung wurde daraus die fatale Legende, dass Präventivkrieg und Vabanquespiel sich lohnten und man ansonsten nur ausreichend lange durchhalten müsse. Nicht Sanssouci oder aufklärerische Reformen, sondern die Schlesischen Kriege waren das Erbe Friedrichs, das die größte Wirkung in deutschen Köpfen erzielte.

Ob vor oder im Ersten Weltkrieg, ob vor oder im Zweiten Weltkrieg, stets beriefen sich Imperialisten und Nationalsozialisten auf den Preußenkönig. Noch im April 1945 saß der Wahlpreuße Adolf Hitler im Führerbunker, in dem ein Bild Friedrichs hing, und redete sich ein, dass der plötzliche Tod des amerikanischen Präsidenten Franklin D. Roosevelt ein zweites „Mirakel" sei.

Die Eroberung Schlesiens brachte Friedrich die dauerhafte Feindschaft Maria Theresias, die ihn als „Ungeheuer" beschimpfte und ihrerseits mit Zarin Katharina II. um das osmanische Erbe stritt. Die drei Rivalen nutzten Polen als Kompensationsmasse ihrer Spannungen und teilten es untereinander auf.

Die drei Teilungen Polens 1772, 1793 und 1795 ließen den Hohenzollernstaat zur Großmacht werden. Das Staatsgebiet verdoppelte sich, der größte Teil Preußens bildete danach ein zusammenhängendes Gebiet. Warschau wurde Hauptstadt von Neuostpreußen; von den 8,8 Millionen Einwohnern des Königreichs waren 2,4 Millionen Polen, deren Herzen die preußischen Herrscher niemals zu gewinnen vermochten.

Über die tieferen Motive für Preußens Aufstieg und den Antrieb der „rationellen Machtfabrik", wie der Historiker Ludwig Dehio den Hohenzollernstaat kennzeichnete, ist viel nachgedacht worden. Dehio glaubte, das Schwungrad sei die säkularisierte calvinistische Ethik der Hohenzollernfamilie gewesen. Anstatt wie calvinistische Kapitalisten den Profit zu vergöttern, so Dehio, strebten die Hohenzollern nach Expansion, an die Stelle von Geld und Arbeit traten bei ihnen Soldaten und Dienst.

Doch auch katholische und lutherische Herrscher expandierten und nutzten Gelegenheiten. Preußen hatte das Glück, an morsche Reiche zu grenzen, an das schwedische Imperium in Norddeutschland und eben an Polen. „Die Existenz des Staates Preußen entspringt ... aus dem Verrat der Hohenzollern an Polen", analysierte Karl Marx später treffend die preußisch-russische Zusammenarbeit auf Kosten Polens, die Preußen erst zur Großmacht werden ließ. Als Polen nach dem Ersten Weltkrieg 1919 wieder entstand, musste folglich Preußen geteilt werden und schließlich, nach dem Zweiten Weltkrieg, ganz weichen.

Als Friedrich II. 1786 starb, schwärmte niemand von dem „rauen Vernunftstaat", zu dem Sebastian Haffner das friderizianische Preußen später stilisierte.

In nicht einmal einer Generation zerfraßen Protektion, Subvention und Korruption den Hohenzollernstaat. Die Schulden stiegen gigantisch, die Verwaltung verrottete, die Armee verfiel. Napoleon Bonaparte, der mit den neuen Volksheeren der Französischen Revolution Europas alte Mächte zerschlug, hatte auch mit Preußen keine Mühe und besiegte es 1806 bei Jena und Auerstedt.

„Revolutionen machen nur die Könige"

Zur Revolution in Preußen kam es nicht, und wahrscheinlich lag dies ausgerechnet an den halbherzigen Reformen Friedrichs. Sie hinterließen die Hoffnung auf Veränderungen durch die Krone ohne die Schrecken der Französischen Revolution.

Eine Gruppe von Wahlpreußen, mit Karl August von Hardenberg aus Hannover und dem Nassauer Freiherrn Karl vom Stein an der Spitze, liberalisierte Staat und Wirtschaft, reformierte Armee und Universitäten und träumte von der „Veredelung der Menschheit" durch „wenige einsichtsvolle Männer", eine Art wohlwollende Beamtendiktatur. Der preußische Staatsphilosoph Georg Friedrich Wilhelm Hegel lieferte die Begründung dazu. Sogar eine Verfassung war geplant, und König Friedrich Wilhelm III., Gemahl der angebeteten Königin Luise und Großneffe Friedrichs II., versprach sie gleich zweimal, um seine Preußen für den Krieg gegen Frankreich zu motivieren.

Ein Staat von Blut und Eisen

Sitzung der Stein-Hardenbergschen Reformkommission mit
König Friedrich Wilhelm III. (links sitzend) in Königsberg 1807
(Chromotypie von Carl Roechling)

Wenige Jahre später war Napoleon geschlagen und saß in der Verbannung auf St. Helena. An die Verfassungsversprechen mochte sich der depressive Friedrich Wilhelm III. allerdings nicht mehr erinnern. Und die Gutsbesitzer hatten aufgrund der Reformen bald mehr Land denn je.

Preußen blieb auch nach dem Sieg über Napoleon 1815 ein Zwitterstaat, in dem große Geister wie Hegel und Schelling an der neuen Humboldt-Universität modernes Denken lehrten und ihre aufgeklärten Studenten in Gefängnissen schmachteten.

Es gab wie kein anderer deutscher Staat der industriellen Revolution Raum zur Entwicklung. Innerhalb weniger Jahrzehnte stieg Preußen zur führenden Wirtschaftsmacht in Deutschland auf – noch vor Österreich, dem Rivalen im Süden. Der Januskopf Preußens fand nun seine geografische Entsprechung in der gespaltenen Entwicklung des Königreichs: das boomende Ruhrgebiet im

Das widersprüchliche Preußen

Westen, seit 1815 preußisch, und der verkrustete agrarische Osten. Die preußischen Könige taten sich mit dem Wandel schwer. Als die ersten Eisenbahnen gebaut wurden, beklagte Friedrich Wilhelm III. (1797 bis 1840), dass „Ruhe und Gemütlichkeit" darunter leiden. Sein Nachfolger Friedrich Wilhelm IV. (1840 bis 1861), der so korpulent war, dass er seine Briefe mit „Butt" unterzeichnete, sehnte sich ins Mittelalter zurück, ließ den Kölner Dom zu Ende bauen und träumte von germanischem Rittertum. Die wirtschaftliche Modernisierung durch Parlament und Verfassung zu ergänzen kam ihm nicht in den Sinn. „Ich fühle mich ganz und gar von Gottes Gnaden", schrieb er, „und werde mich so mit seiner Hilfe bis zum Ende fühlen."

Akademische Borussen weisen darauf hin, dass ihr Idolstaat im Gegensatz etwa zu Frankreich oder England in den Jahrzehnten bis 1864 immerhin friedlich gewesen sei. Der Friede beruhte allerdings auf einer unheiligen Allianz mit Russland und Österreich, die der Wiener Staatskanzler Fürst Clemens von Metternich geprägt hatte. Gemeinsam hielt man in Europa all jene nieder, die Freiheit wollten: rebellische Polen, aufständische Spanier, deutsche Oppositionelle. Zeitungen wurden zensiert, missliebige Professoren entlassen. „Widerwärtig, tief widerwärtig war mir dieses Preußen, dieses steife, heuchlerische und scheinheilige Preußen, dieser Tartuffe unter den Staaten", notierte Heinrich Heine. Wer in Preußen die Machtfrage stellte, musste mit einer russischen Intervention rechnen.

Einmal war der Zar mit Grund alarmiert; das war im Frühjahr 1848. In ganz Deutschland gingen die Menschen auf die Straße. Die Revolutionäre hatten eine kaum lösbare Aufgabe vor sich: Sie wollten aus den 39 Staaten Deutschlands eine Einheit formen und das neue Reich auch noch demokratisieren. Die deutschen Großmächte, Preußen und Österreich, lehnten beides ab.

König Friedrich Wilhelm IV. zollte dennoch dem neuen Geist zunächst Tribut. Er versprach eine Verfassung, und als das Volk die Opfer der Barrikadenkämpfe im Berliner Schlosshof aufbahrte, zog der Regent totenbleich seine Feldmütze; das Militär schickte er aus der Stadt. „Nun fehlt bloß noch die Guillotine", jammerte Gemahlin Elisabeth.

Ein Staat von Blut und Eisen

Doch ein Demokrat war Friedrich Wilhelm nicht geworden, das Volk fand er weiterhin „zum Kotzen". Und als die Revolutionäre nicht nachsetzten, drehte er das Rad zurück. Im Herbst holte er seine Truppen aus Potsdam, gab ihnen Geld und Bier und rief in Berlin den Belagerungszustand aus.

Preußens Weg in den Militarismus der späteren Jahre war vorgezeichnet, die Chance, durch einen Schritt hin zu mehr Demokratie das andere Preußen zu stärken, vertan. Auf die Armee konnte sich Friedrich Wilhelm verlassen; über zwei Drittel der Offiziere waren adlig, darunter fast alle Generäle. Die unteren Chargen gewann der König durch Zugeständnisse: Er schaffte die Prügelstrafe endgültig ab und erlaubte Heiraten auch ohne Zustimmung des Regimentskommandeurs.

Der König löste die Preußische Nationalversammlung auf, die viel rebellischer war als die gesamtdeutsche Paulskirchenversammlung in Frankfurt. Das Angebot der Frankfurter Parlamentarier, Kaiser von Volkes Gnaden zu werden, lehnte er ab. An der „Schweinekrone" hafte der „Ludergeruch der Revolution". Man muss ihm allerdings zugutehalten, dass eine deutsche Einheit unter preußischer Führung wohl einen europäischen Krieg bedeutet hätte. Viele Revolutionäre wollten dies sogar.

Im Gegensatz zu Österreich wurde Preußen immerhin ein Verfassungsstaat. Der König gewährte 1850 eine Verfassung, die bis 1918 gültig blieb. Der Macht der Monarchen setzte sie allerdings kaum Grenzen, und notfalls wurde sie einfach gebrochen. Preußens Ambivalenz blieb.

Der Junker Otto von Bismarck, seit 1862 preußischer Ministerpräsident, erklärte, dass nicht durch Reden und Majoritätsbeschlüsse die großen Fragen der Zeit entschieden würden, sondern durch „Blut und Eisen". Er verachtete den „deutsch-nationalen Schwindel". Nationalismus war damals progressiv. „Soll Revolution sein", sagte er, „so wollen wir sie lieber machen als erleiden."

Bismarck drängte erst mit Hilfe des Deutschen Zollvereins und dann 1866 mit Waffengewalt Österreich aus Deutschland und annektierte hinterher das Königreich Hannover, das Kurfürstentum Hessen-Kassel und einige andere Kleinstaaten, ein Umsturz von oben. Er köderte die mächtigen Liberalen mit einem modernen Wahlrecht in dem neugegründeten Norddeutschen Bund. In Preußen wurde weiterhin nach dem Dreiklassenwahlrecht abgestimmt. Die Besserverdienenden (4,7 Prozent der Bevölkerung) stellten danach genauso viele Wahlmänner wie die 82,7 Prozent der Armen in Klasse III.

Die Leitkultur des Kaiserreichs

Fortan galt die fatale Devise: Einheit vor Freiheit. Nicht unaufhaltsam, aber mit langsam steigendem Tempo zog Preußens Rückständigkeit das gesamte Deutschland Richtung Abgrund.

Geschickt provozierte Bismarck 1870 eine Kriegserklärung Frankreichs, welche die süddeutschen Staaten für Preußens Seite mobilisierte. Nach dem Sieg von Sedan schmierte er Bayerns König Ludwig II. mit so viel Geld, bis dieser sich schließlich bereiterklärte, dem preußischen König Wilhelm I. im Namen der deutschen Fürsten die Kaiserkrone anzutragen.

Nicht eine „Schweinekrone" aus der Hand des Volkes wie 1848/49, sondern ein dynastischer Akt sollte das neue Reich begründen.

Beinahe wäre das Manöver dennoch gescheitert. Der greise König Wilhelm, noch im 18. Jahrhundert geboren, machte sich nichts aus dem neuen Deutschland. Nur widerwillig stimmte er schließlich zu. „Morgen ist der unglücklichste Tag meines Lebens", jammerte er am Vorabend der Kaiserproklamation vom 18. Januar 1871, „da tragen wir das preußische Königtum zu Grabe."

Diese Sorge war unberechtigt. Im neuen Deutschen Reich, einem Bundesstaat aus 25 Einzelstaaten, dominierte das große und mächtige Königreich Preußen mit fast zwei Dritteln der Einwohner. Der preußische König bestimmte als Kaiser über Krieg und Frieden, der preußische Ministerpräsident war zugleich Reichskanzler, in Preußens Ministerien entstanden die Gesetzesvorlagen für das Reich. Wie ein Block aus absolutistischen Zeiten ragte die unkontrollierte Kommandogewalt seiner Majestät über die deutsche Armee, ein preußisches Erbe, in die neue Zeit; die preußischen Truppen konnte der Kaiserkönig sowieso ungehindert nach dem Motto von 1848 einsetzen: „Gegen Demokraten helfen nur Soldaten."

Ein Staat von Blut und Eisen

Das alte Preußen wahrte seine Privilegien. Das Dreiklassenwahlrecht wurde nie reformiert, die politische Macht der Landjunker Ostelbiens nicht gebrochen. Man sollte, empfahl Theodor Fontane, den Adel „besuchen wie das ägyptische Museum, aber das Land ihm zuliebe regieren, in dem Wahn, dieser Adel sei das Land – das ist unser Unglück". Die führende Industriemacht Kontinentaleuropas, deren moderne Universitäten der Welt als Modell dienten und die mit Kranken- und Unfallversicherung, mit Alters- und Invaliditätsrenten an der Spitze des sozialen Fortschritts stand, wurde regiert wie eine halbfeudale Militärmonarchie – der preußische Januskopf im Reichsmaßstab.

Die geistige Leere des neuen Reichs haben viele Beobachter empfunden. Von dem berühmten Schriftsteller Ernest Renan stammt die Beobachtung, dass in anderen Imperien „der politischen Herrschaft eine Ausstrahlung des Geistes" entsprochen habe, Neu-Deutschland hingegen zeige „nur blanke, wirksame, schneidende Macht, ohne jede frohe Botschaft".

Nationalisten und Imperialisten nutzten nicht nur, aber oft die preußische Geschichte, siegdeutsch angestrichen, um die Leere zu füllen. Von preußischer Toleranz, preußischen Reformen oder preußischer Rechtsstaatlichkeit war dabei nicht die Rede. Dass Bismarck Deutschland mit Waffengewalt geeint hatte, ließ ausgerechnet den preußischen Militarismus, Inkarnation der politischen Rückständigkeit des Hohenzollernstaates, zur Leitkultur des Kaiserreiches werden.

Erst jetzt, mit den medialen Mitteln der Industriegesellschaft, gelang, was der Soldatenkönig 150 Jahre zuvor nicht geschafft hatte: die Militarisierung einer Gesellschaft. Die Menschen tranken aus Tassen mit Schlachtszenen, stellten sich Bleisoldaten in die Wohnungen und ließen sich vom Friseur die Barthaare mit der Brennschere zum Kaiser-Wilhelm-Schnurrbart hochbrennen. In schlichter Preußenverehrung wurden Sportvereine, wie der spätere Champions-League-Sieger aus Dortmund, Borussia getauft. Ganze Generationen wurden nach der Devise „Lerne vom Militär" erzogen; die „Grundzüge der Evangelischen Volkserziehung" empfahlen: „Gerade sitzen! Ruhe! Mund halten! Griffel hoch! Hände hoch! Hefte zeigt! und Ab!"

Der preußische Reserveoffizier mit Monokel und schnarrender Stimme stellte das Leitbild der neuen Gesellschaft, in der es genügte, die Uniform eines Hauptmanns zu tragen, um die Stadthauptkasse im Köpenicker Rathaus zu beschlagnahmen, wie es Carl Zuckmayer im „Hauptmann von Köpenick" persifliert hat.

Auch Bismarck wurde noch zu Lebzeiten verkitscht. Für die heutigen preußischen Tugendwächter eignet sich der dicke Kanzler mit der Fistelstimme freilich nicht als Vorbild. Bismarck nimmt zwar durch seine maßvolle Außenpolitik ein, die sich wohltuend von dem nachfolgenden Protz- und Prestigegehabe Wilhelms II. unterschied. Aber er bereicherte sich bei passender Gelegenheit und ließ 1890 bei seinem Ausscheiden 231 000 Mark mitgehen. Und für politische oder religiöse Toleranz kann man ihn auch nicht vereinnahmen.

Bismarck bekämpfte Katholiken wie Sozialdemokraten, die er als vaterlandslose Gesellen diffamierte. Die große polnische Minderheit im Reich suchte er zu germanisieren: „Haut doch die Polen, dass sie am Leben verzagen", schrieb er an seine Schwester, „ich habe alles Mitgefühl für ihre Lage, aber wir können, wenn wir bestehen wollen, nichts andres thun, als sie ausrotten; der Wolf kann auch nichts dafür, dass er von Gott geschaffen ist, wie er ist, und man schießt ihn doch dafür todt, wenn man kann."

Von Preußen, in der übersteigerten, reichsdeutschen Version, bleibt nicht viel, was in den Traditionsbestand der heutigen Bundesrepublik gehören könnte. Wilhelm, der von einem „Platz an der Sonne" schwadronierte, brach ein Wettrüsten zur See mit England vom Zaun und schickte deutsche Truppen nach China. So wie einst die Hunnen, dröhnte er vor den Soldaten, „möge der Name Deutscher auf eintausend Jahre durch euch in der Weise bestätigt werden, dass niemals wieder ein Chinese wagt, einen Deutschen nur scheel anzusehen".

Immerhin hielt das Kaiserreich trotz nationalen Größenwahns über 40 Jahre Frieden mit den Nachbarn, ehe es Europa dann doch 1914 mit Krieg überzog, nicht als Alleinschuldiger, aber als Hauptschuldiger. Die Niederlage 1918 ließ das hohle Gebilde an seinen inneren Widersprüchen zerbrechen. Wilhelm II. beschimpfte das deutsche Volk „als Schweinebande", flüchtete ins holländische Exil und dankte am 28. November 1918 als deutscher Kaiser und preußischer König ab.

Ein Staat verschwindet

Preußen wurde ein Freistaat in der Weimarer Republik, und was jetzt, ohne die Hohenzollern, kam, waren mit die besten Jahre in der preußischen Geschichte; zum Bestandteil des Preußenmythos zählten sie leider nie. Meist von einer Koalition aus Sozialdemokraten, katholischem Zentrum und liberaler DDP regiert, erwies sich Preußen als das Bollwerk der ersten deutschen demokratischen Republik. Dutzende von Toten kostete der Kampf der preußischen Polizei gegen den Terror von rechts und links.

Das andere, reaktionäre Preußen gab es allerdings auch noch, und als die Weimarer Republik in die Krise geriet, zeigte es seine hässliche Fratze. 1932 ließ sich Reichskanzler Franz von Papen, ein ehemaliger preußischer Kavallerie-Offizier, von Reichspräsident Paul von Hindenburg, einem ehemaligen preußischen Generalfeldmarschall, ermächtigen, per Staatsstreich in Preußen die Macht zu übernehmen. Papen träumte von einem autoritären Einheitsstaat, doch mit seinem „Preußenschlag" machte er nur den Weg frei für Hitlers Griff nach der Macht.

Die Berliner verspotteten den „Führer" als die Rache Österreichs für die 1866 verlorene Schlacht bei Königgrätz. Von seinen Anhängern ließ sich Hitler als „echten Preußen" feiern; sie bezeichneten Friedrich den Großen als „ersten Nationalsozialisten auf dem Königsthron". Hitler nutzte den Preußenmythos für seine Zwecke. Am 21. März 1933 verbeugte er sich vor Hindenburg in der Potsdamer Garnisonkirche, deren Krypta die Gebeine Friedrichs des Großen barg. Der „Tag von Potsdam", den Propagandaminister Joseph Goebbels als „Rührkomödie" verspottete, sollte die Einheit des neuen und des alten Deutschland belegen.

Ob es ohne ein Königreich Preußen Hitler nicht gegeben hätte, ist eine beliebte Frage. Profitiert hat der „Führer" von dem Hohenzollernstaat ganz sicher in einer Hinsicht: Es dauerte unendlich lange, ehe die Wehrmachtsoffiziere ihre preußisch-verquasten Ehrbegriffe aufgaben und den Diktator zu töten suchten. Dass am

Das widersprüchliche Preußen

„Der Tag von Potsdam" am 21. März 1933 (von links: Adolf Hitler, Paul von Hindenburg, Hermann Göring)

Attentat vom 20. Juli 1944 viele Offiziere aus altpreußischem Adel beteiligt waren, bewegt noch heute manchen Preußenfan dazu, die mutige Tat zum Inbegriff des Preußentums zu stilisieren. Doch dafür haben zu viele Preußen bei den Nazis mitgemacht.

Am Ende kostete Hitlers Hybris Preußen die Existenz. Preußen galt den Siegern, nach den Worten des britischen Premiers Winston Churchill, als „Wurzel allen Übels" und musste verschwinden, mitsamt seinem fatalen Geist. Den versuchten Kommunisten – symbolisch verschlossen in einem Sarg – 1947 in der Havel bei Potsdam für immer zu versenken. Das misslang, auch als das Begräbniskomitee auf den Sarg schoss, wollte der „Geist von Potsdam" nicht untergehen.

Doch in jener schließlich mörderischen Gestalt, die seine letzten Nachäffer, die Nazis, dem Preußenmythos gaben, war der Ungeist wirklich tot. Auferstanden ist Preußen dann als rote Legende der DDR. Die Berufung auf die aristokratische Historie sollte dem nicht voll anerkannten Gebilde Legitimität verschaffen. Die SED stellte 1980 das berühmte Reiterstandbild Friedrichs II. von Christian Daniel Rauch wieder an seinen Platz „Unter den Linden", wo es bis 1950 gestanden hatte. In West-Berlin zog im Jahr darauf die große Preußen-Ausstellung im Martin-Gropius-Bau Hunderttausende an.

Die damalige Preußenrenaissance hatte nicht einmal ein rundes Jubiläum zum Anlass. Umso heftiger tobte der ideologische Streit zwischen Verächtern und Verehrern des untergegangenen Staates. Beim runden Geburtstag 2001 spielte die Kontroverse von damals keine Rolle mehr. Schon die Überführung der sterblichen Reste Friedrichs II. nach Potsdam unter großer Anteilnahme des damaligen Kanzlers Kohl 1991 war ein Vorspiel auf die Verharmlosung Preußens durch Ästhetisierung, die sich bei der 300. Wiederkehr der Königskrönung 2001 ereignete.

Preußen ist passé, Deutschland überaus fest verankert in westlichen Bündnissen, die sich nach Osten ausdehnen. Auf dem weiteren Weg zur politischen Union Europas aber lässt sich von Preußen, das weder republikanisch noch föderativ war, nichts lernen. Dabei bleibt es auch, wenn irgendwann das Berliner Stadtschloss und die Potsdamer Garnisonkirche wieder erstehen.

Tüchtig auf alt getrimmt

Das Stammschloss der Hohenzollern auf der Schwäbischen Alb – ein Touristen-Magnet

Von Hans-Ulrich Stoldt

Jetzt kommen auch die Chinesen. Viele sind es noch nicht, aber der Markt ist ja da: „1,3 Milliarden Menschen", freut sich Verwalter Joachim Alisch in Erwartung zahlreicher Gäste aus dem Reich der Mitte. Denn Chinesen, die Europa in fünf Tagen machen, schauen meist auch bei ihm vorbei, auf der Burg Hohenzollern im Schwabenland.

Das Stammhaus der preußischen Kaiser, Könige und anderer Durchlauchten ist eine touristische Attraktion, die in Fernost speziell beworben wird – schließlich reisen mehr als ein Drittel der jährlich rund 300 000 Besucher aus Asien an.

Sie alle wollen die märchenhafte Burg am Rande der Schwäbischen Alb erleben, die in 855 Meter Höhe auf einem Bergkegel thront. Mit zahlreichen Türmen, Zinnen und Wehranlagen versehen, leuchtet der Bau schon aus weiter Entfernung den Reisenden entgegen, manch einem mag er als Fata Morgana erscheinen – so unwirklich erhebt sich die Festung aus der Landschaft von umgebenden Wäldern und Feldern.

Sagenumwoben wirkt die Burg, dabei steht sie noch gar nicht so lange dort. Zwar gab es zwei Vorläufer auf dem Berg, aber das gegenwärtige Schloss wurde (bis auf eine 1461 gebaute Kapelle) erst Mitte des 19. Jahrhunderts errichtet, dabei allerdings tüchtig auf alt getrimmt – neugotisch war damals modern.

So entstand eine Phantasie-Burg ähnlich Neuschwanstein im Allgäu, wo sich der gemütskranke Ludwig II. von Bayern wenig später ein eklektisches Denkmal setzen ließ.

Doch die Hohenzollern wollten mit ihrem Burgbau nicht nur architektonisch ein Zeichen setzten, sondern auch einen politischen Herrschaftsanspruch formulieren mit dem Hinweis aufs Mittelalter, in dem sich der Ursprung des Geschlechts um das Jahr 1000 verliert.

Schließlich hatten ihre Urahnen schon zu jenen Zeiten auf dem im Volksmund „Zollern" genannten Berg in einer Festung gehaust – wie die genau aussah, ist nicht überliefert. Erstmals wird die Burg 1267 in einer Schrift des Klosters Stetten bei Hechingen urkundlich erwähnt, und es scheint ein imposantes Bauwerk gewesen zu sein: „Das vesteste Hauss in teutschen Landen", heißt es in zeitgenössischen Quellen, die „Krone aller Burgen in Schwaben".

Nicht „vest" genug, um adligen Erbstreitigkeiten zu widerstehen: Im 15. Jahrhundert zankten sich die Brüder Friedrich XII. von Zollern (genannt „der Öttinger") und sein Bruder Eitel Friedrich I. derart heftig, dass von der Burg kaum mehr etwas übrig blieb.

Öttinger war ein wüster Marodeur, der plündernd und brandschatzend so lange durch die Region zog, bis sich eine gewaltige Militärkoalition gegen ihn in Stellung brachte. Der Übeltäter verbarrikadierte sich auf der Burg, doch nach zehn Monaten Belagerung gab er auf. Der damals zuständige König Sigismund hatte allerdings die Nase gründlich voll: Er gab den Befehl, die Festung zu schleifen, und verfügte, dass „zu ewigen tzeiten" nicht mehr auf dem Zollern gebaut und gesiedelt werden dürfe.

Schon 30 Jahre später war es vorbei mit dieser Ewigkeit. Öttingers Bruder Eitel Friedrich I. hatte sich beharrlich bemüht, das königliche Verdikt aufheben zu lassen, seinem Sohn gelang dies schließlich. Zur Grundsteinlegung der neuen Burg versammelte sich 1454 reichlich blaues Blut – der Adel sah in dem Projekt auch eine Demonstration gegen die politisch und wirtschaftlich immer stärker werdenden Städte.

In den folgenden Jahrhunderten nutzten wechselnde Burgherren die Festung vor allem als militärisch nur schwer einzunehmende Zufluchtsstätte. Der aus Kalkablagerungen des Jurameeres bestehende Bergkegel war zu jener Zeit noch gänzlich unbewaldet, Überraschungsangriffe so kaum möglich.

Nach den Wirren des Dreißigjährigen Krieges sicherte sich Österreich das Recht, die Burg zu nutzen, irgendwann jedoch verlor die Donaumonarchie das Interesse. Auch den Hohenzollern war das Anwesen nicht mehr wichtig – langsam verkam das Schloss zur Ruine.

„In den eingefallenen Zimmern hängen noch hie und da halbvermoderte Gemälde der Grafen von Hohenzollern und anderer Fürsten dieses Stammes", notierte 1809 der spätere Fürst von Pückler-Muskau, der zur Burg aufgestiegen war: „Verloschene Inschriften bedecken die Wände langer Gänge, die der Wind mit schauerlichem Geräusch durchsaust, und zerbrochene Möbel liegen auf den durchlöcherten Fußböden umher."

Dem preußischen Kronprinzen Friedrich Wilhelm schlug dieser Anblick aufs Gemüt, als er 1819 das verfallene Gemäuer besichtigte. In den folgenden Jahren setzte er alles daran, die Burg neu aufzubauen.

Als Architekten beauftragte er Friedrich August Stüler, einen Schüler des Baumeisters Karl Friedrich Schinkel. Das Werk gelang, zumal viele Angehörige der hohenzollerschen Linien nach der gescheiterten Revolution von 1848/49 wieder enger zusammenrückten und so die Finanzierung ermöglichten. Die Einweihung der Burg 1867 erlebte der König indes nicht mehr – sechs Jahre zuvor war er in Sanssouci gestorben.

Sein eher romantisch geprägter Bezug zum Schloss war inzwischen politisch überlagert: Nun sollte das Bauwerk Aufstieg und Herkunft des Hauses Hohenzollern verkörpern, „von der mittelalterlichen Burg zum national-dynastischen Denkmal", wie der Kunsthistoriker Rolf Bothe sagt. Ziel sei gewesen, „die Bedeutung Preußens, seine Bindungen an das alte Reich und seinen Anspruch auf die Führung des neu zu schaffenden Reichs" zur Geltung zu bringen.

Die symbolische Bedeutung der Burg als Stammsitz des Kaisers nahm nach der Reichsgründung 1871 weiter zu, obwohl er selbst dort nicht residierte. Allerdings wuchs zugleich die Kritik an der eher exzentrischen Architektur.

Spott und Hohn entluden sich aber erst nach dem Ende der Monarchie in Deutschland über Erfinder und Eigentümer der Festung: „Wenn man glaubt, der Abstieg der Hohenzollern habe erst mit Wilhelm II. begonnen, so erscheint der letzte Kaiser hier nur als Vollender dieses auf ihrem Stammschlosse zu Stein gewordenen romantischen Größenwahns", notierte 1929 eine Berliner Zeitung.

Den Besuchern anno 2007 fällt derlei Fundamentalkritik kaum mehr ein. Sie schlurfen in Filzpantoffeln durch einige der nach dem Zweiten Weltkrieg mit viel Nippes und wertvollen Kunstgegenständen ausgestatteten 140 Räume der Burg, durch Bibliothek und Grafensaal, das Schlafzimmer der Königin oder den Blauen Salon. Sie drängen sich durch erst 2001 freigelegte Kellergänge und Kasematten, bestaunen Uniformrock und Tabakdose Friedrichs des Großen sowie eine mit Korallengriff gefertigte Kinderrassel Seiner Majestät Wilhelms II. und betreten andachtsvoll die Christus-Kapelle, in der nach dem Krieg die Särge mit den Gebeinen von Friedrich dem Großen und dessen Vater Friedrich Wilhelm I. lagerten, bevor sie 1991 nach Potsdam überführt wurden.

Was eine wirklich gruselige alte Burg ausmacht, fehlt indes: Folterkeller und Verlies gibt es nicht. Ist die Festung etwa eine Mogelpackung? „Nein", sagt Geschäftsführer Alisch, „die meisten wissen genau, was sie hier erwartet, je weiter die Anreise ist, desto besser sind die Leute informiert."

Gäste aus Nippon zum Beispiel. Ihnen bietet Alisch noch einen besonderen Service an: eine japanische Hochzeitszeremonie im festlichen Burgsaal. „Da erzähle ich dann von dicken Mauern als guter Grundlage einer Ehe, vom Kaiser und vom Tenno – das hören die Japaner immer gerne." Natürlich gibt's das nicht umsonst.

Verwalter Alisch muss im Auftrag des jetzigen Burginhabers und Chefs des Hauses Hohenzollern, Georg Friedrich Ferdinand Prinz von Preußen, 31, sehen, wie er den Laden am Laufen hält: „Unsere Hauptaufgabe ist es, dieses Bauwerk zu erhalten", sagt Alisch, „seit mehr als zehn Jahren schon schaffen wir das ganz ohne öffentliche Zuschüsse."

Mal gibt eine englische Theatergruppe im Burghof William Shakespeares „Hamlet", mal spielt die Popgruppe Die Prinzen auf, um zusätzliche Besucher anzulocken, oder es werden mittelalterliche Feste oder Märchen-Wochenenden veranstaltet. Dazu kommen Falkner-Vorführungen und im Winter ein Weihnachtsmarkt. Und wer privat mal mit Freunden im hohenzollerschen Ambiente feiern möchte, kann Räumlichkeiten anmieten.

Alles friedlich also derzeit rund um den Zollern, wenn da nicht eine latente Bedrohung wäre. Die liegt in der Tiefe, etwa sechs bis sieben Kilometer direkt unter der Burg. Dort lauert seit Millionen Jahren ein tektonisches Monster: Die Reibung zwischen Afrikanischer Kontinental- und Eurasischer Platte hat hier eine Schwachstelle gefunden, aus der sich bisweilen Spannungen in Beben eruptiv entladen. Oben, auf der Burg, fallen dann Türme zusammen. Wie am 3. September 1978, als die Messgeräte eine Erdbebenstärke von 5,7 registrierten. Knapp sechs Millionen Euro kosteten die Renovierungsarbeiten. Das soll nicht noch einmal passieren, und deshalb sind rund um die Burg kleine, rote Vermessungspunkte angebracht, die untereinander und mit Satelliten im All in Kontakt stehen. „Jede kleinste Veränderung wird vermerkt", sagt Verwalter Alisch, „nun können wir sehen, wohin sich der Berg bewegt, und rechtzeitig baulich gegensteuern."

So scheint die Burg Hohenzollern – nicht nur bei Tiefnebel – ein wenig zwischen den Welten zu schweben.

Gottesreich an der Ostsee

Erst verfolgte der Deutsche Orden die Pruzzen, die Ureinwohner jenseits der Weichsel, dann errichtete er einen der modernsten Staaten des Mittelalters. Der Bernstein-Handel ließ die Gotteskrieger reich werden, so dass sie lange Zeit sogar auf Steuern verzichten konnten.

Von Klaus Wiegrefe

Weithin sichtbar schimmert die dunkelrote Silhouette der größten, aus Backsteinen errichteten Burg Europas am Ufer der Nogat, einem Nebenfluss der Weichsel. Mehrere hundert Meter zieht sich die Außenmauer am Wasser entlang, biegt dann landeinwärts ab und umschließt ein Gebirge von Türmen, Wehrgängen, Zugbrücken und den prächtigen Hochmeisterpalast mit dem berühmten Sommerrefektorium. Nur eine einzige Säule trägt dessen herrliches Gewölbe mit den feinen Rippen, die an Palmen erinnern, welche den Kreuzfahrern im Heiligen Land einst Schatten spendeten.

Die Anspielung ist kein Zufall, denn erbaut hat die 21 Hektar große Anlage der Marienburg vor 700 Jahren der „Orden der Brüder vom Deutschen Haus St. Mariens in Jerusalem", Deutscher Orden genannt, und seine Ursprünge liegen im Palästina zur Zeit der Kreuzzüge. Kaufleute aus Bremen und Lübeck hatten damals eine Spitalbrüderschaft gegründet, die Pilger und Kreuzfahrer medizinisch versorgte. 1198 wurde daraus ein Ritterorden, der deutsche Christen schützen sollte, die zu den heiligen Stätten pilgerten.

Die Gotteskrieger (Motto: „Helfen, Heilen, Wehren") waren bald für Disziplin, Opfergeist und Pflichtbewusstsein berühmt. Die Kunde von ihnen drang auch zum polnischen Herzog Konrad von Masowien, der vergebens versuchte, die baltischen Pruzzen im späteren Ostpreußen zu christianisieren. Im Winter 1225/26 bat er schließlich den Orden um Hilfe. Und mit dieser polnisch-deutschen Kooperation begann die politische Geschichte der späteren Großmacht Preußen.

Herzog Konrad hatte eine begrenzte Zusammenarbeit mit den Männern in den weißen Mänteln vor Augen; der Orden suchte jedoch seit längerem nach einem geschlossenen Terrain, um einen eigenen Staat zu gründen. Der heidnische Nordosten Europas schien vielversprechend. Ordenschef Hermann von Salza – sein Titel lautete Hochmeister („magister hospitalis") – ließ sich daher nicht nur vom Herzog das Kulmer Land jenseits der Weichsel schenken, sondern erwirkte von Kaiser Friedrich II. das Recht, alle Eroberungen zu behalten. Auch der Papst stellte sich hinter den Orden und erklärte Ostpreußen zum Kreuzzugsgebiet.

Im Frühjahr 1231 überquerte ein Trupp Ordensritter mit 1000 Mann Gefolge die Weichsel und errichtete erste Ordensburgen auf preußischem Boden. Es waren meist nur von Wällen geschützte Wehrbauten aus Holz, die Arbeit an der prächtigen Marienburg – dem späteren Ordenssitz – begann erst 40 Jahre danach. Aber schon bei den ersten Landnahmen zeigte der Orden seine Leistungsfähigkeit.

In immer neuen Feldzügen stießen dessen Heere entlang der Küste vor und gründeten Städte, über hundert insgesamt, deren gitterförmiges Straßennetz noch heute auf den Stadtplänen erkennbar ist: in Thorn (polnisch Torun), Kulm (Chelmno), Elbing (Elblag). Das Ordenshaus lag meist an einer Ecke oder am Stadtrand. Mancher Ortsname erinnert an den Gründer; Königsberg etwa, das heutige Kaliningrad, wurde nach König Ottokar II. von Böhmen benannt, der wie viele Adelige aus ganz Europa an den Kreuzzügen gegen die Pruzzen teilnahm. Nach kirchlicher Lesart ließen sich damit Sünden tilgen.

Es muss ein unwirtliches Gelände gewesen sein, durch das die Ritter ihre Pferde lenkten: Sümpfe, Seen und Urwälder aus Eichen, Weißbuchen und Birken. Die Kiefern und Fichten der Masurischen Seenplatte, die heute Touristen anziehen, stammen aus späterer Zeit.

Über die Pruzzen, die in dieser Wildnis lebten, ist wenig bekannt. Ungefähr 1800 Worte ihrer Sprache sind überliefert, darunter Ortsnamen wie Sangnitten, Canditten oder Willgaiten; ihre Götter hießen Pattollo oder Wurschaito. Der Sage nach kam das baltische Volk aus Gotland; es wird als groß, blond, blauäugig und

Gottesreich an der Ostsee

Die Marienburg, einst Sitz des Deutschen Ordens, kam 1772 zu Preußen; im 19. Jahrhundert wurde sie romantisierend restauriert.

überaus hilfsbereit beschrieben. Der Name „Pruzzen" könnte sich vom litauischen „prausti" („waschen") oder einer Bezeichnung für Pferdezüchter herleiten: Das kaschubische „prus" bedeutet „Hengst". Besonders empörte die christlichen Kämpfer, dass die Pruzzen mehrere Frauen haben durften.

Gut ein halbes Jahrhundert, bis 1283, dauerte die Eroberung, von den ungefähr 170 000 pruzzischen Ureinwohnern im späteren Ostpreußen lebten anschließend nur noch 90 000. Was mit den anderen geschah, ist nicht in allen Fällen eindeutig zu beantworten.

Die Missionierung mit dem Schwert war de jure verboten, der Orden sollte nur die pruzzischen Stämme befrieden und das Seelenheil der Heiden der Kirche überlassen. Wie blutig diese Praxis verlief, ergibt sich aus einem Bericht, den der Chronist Peter von Dusburg über den Sieg des Ordens über ein Pruzzenheer bei Riesenburg geschrieben hat: „Dort verschlang das geschwungene Schwert der christlichen Ritterschaft das Fleisch der Ungläubigen, hier schlug ihr Speer blutige Wunden … und so wurde ein großes

Blutbad unter dem Volk der Prussen angerichtet; an diesem Tage fielen nämlich über 5000. Darauf kehrten die Kreuzfahrer alle freudig heim und lobten die Gnade des Erlösers."

Sicher ist, dass die Kreuzritter immer wieder heidnische Männer ermordeten, Frauen und Kinder gefangen nahmen, Hütten und Dörfer abfackelten. Allerdings galt der Kampf gegen die Heiden den Zeitgenossen als Gottesdienst, und so vermuten heute Historiker, dass manche Darstellung Dusburgs – des wichtigsten Zeugen – übertrieben ist.

1249 ordnete der Papst an, dass Pruzzen, die sich und ihre Kinder nicht innerhalb eines Monats taufen ließen, allen Besitz verlören und das Land verlassen müssten. Den christianisierten Pruzzen hingegen versprach das Kirchenoberhaupt die „Freiheit eines Christenmenschen" und eine Garantie ihrer Habe. Dennoch wanderten viele Ureinwohner lieber ins benachbarte Litauen ab, wo der Papst (noch) nichts zu sagen hatte. Andere ließen sich nur pro forma bekehren und folgten insgeheim weiter den alten Riten. Erst mit der Reformation kam das Christentum in alle Winkel des Landes.

Deutsche und polnische Historiker haben in der Vergangenheit den Kampf zwischen Pruzzen und dem Orden zu einem nationalen Konflikt stilisiert. Doch im Heer des Ordens fochten auch polnische Adelige. Gelegentlich verbündeten sich Pruzzen und Christen gegen andere Pruzzen oder Christen. Nach Ansicht des Historikers Andreas Kossert entwickelte sich Preußen sogar zu einem „Schmelztiegel". Im Süden siedelten Polen, deren Nachfolger nach Masuren weiterzogen, in den Norden und den Nordosten kamen Litauer. Ganz besonders förderte der Orden deutsche Siedler. Zunächst rollten die Wagen von Fernhändlern und ritterlichen Großgrundbesitzern heran. Dann machten sich Bauerntrecks im Altreich auf den Weg, sie liefen durch Pommern, Schlesien oder zogen die Netze entlang.

Ein preußisches Gemeinschaftsgefühl scheint um 1400 aufgekommen zu sein, maßgeblich beflügelt durch den bald sprichwörtlichen Wohlstand der „Herren in Preußen". Denn der Ordensstaat – bei der Christianisierung noch ganz dem Mittelalter verhaftet – zeigte in der effizienten Wirtschaftspolitik eine erstaunliche

Modernität. Die Hochmeister ließen ein umfangreiches Deichsystem an der Weichsel errichten, das die Niederung vor dem berüchtigten Hochwasser schützte. Ein fruchtbares Gemüseanbaugebiet entstand – bis heute haben Erbsen, Bohnen und Zwiebeln aus Kwidzyn, ehemals Marienwerder, in Polen einen guten Ruf.

Das straffe Verwaltungssystem des Ordens war legendär. Dem Hochmeister standen sogenannte Großgebietiger zur Seite, die ihn berieten, etwa der Treßler (Schatzmeister), der Spitler (Leiter des Hospitalwesens), der Trapier (zuständig für Ausrüstung und Kleidung) oder der Marschall (Chef des militärischen Bereichs). Es gab einheitliche Längenmaße und Gewichte und auch eine einheitliche Währung.

Und so blühte der Handel. Preußen exportierte Holz für den Schiffbau nach England und bezog von dort Tuche; preußisches Getreide ging in fast alle westeuropäischen Städte. Und immer wieder Bernstein, das als Material für Rosenkränze geschätzt und auch in den Orient ausgeführt wurde.

Der Orden hatte sich gleich nach dem Einmarsch ins Pruzzenland das sogenannte Bernsteinregal gesichert: Nur besonders befugte Untertanen durften das kostbare Harz sammeln und mussten es hinterher an den Orden verkaufen. Strandvögte wachten darüber, dass jedes Stück abgegeben wurde. Unbefugte Bernstein-Sammler riskierten die Todesstrafe. Aufgrund dieser Monopolstellung konnte der Orden die Menge des sogenannten Goldes der Ostsee knapp und damit die Preise hochhalten.

Vom Wohlstand profitierten viele der Zuwanderer. Die ersten 150 Jahre seiner Existenz verzichtete der Ordensstaat sogar fast vollständig auf Steuern, weshalb der Orden die Macht nicht – wie andere Territorialherren in Europa – mit den Ständen, also Adel, Städten und Klöstern, teilen musste. Gern erzählte man sich die Geschichte von einem Bauern, der einen Hochmeister bewirtete und dem Ordenschef einen Sack zum Sitzen anbot; der Sack war mit Gold gefüllt.

Nur an den Pruzzen ging der Aufschwung größtenteils vorbei. Sie wurden unterdrückt und mussten für die neuen Nachbarn malochen. Noch im 17. Jahrhundert wurde in einigen Landesteilen Pruzzisch gesprochen, dann verschwand die Sprache.

Der Ruhm ließ Preußen zu einer „Macht werden, die man gern zum Freunde hatte und von deren Kriegsführung und Verwaltung jeder Staatsmann lernen konnte", wie der Historiker Erich Weise schreibt. 1308 eroberten die Gotteskrieger das Herzogtum Pommerellen mit Danzig, später kamen auch Estland, Gotland und die brandenburgische Neumark dazu. Zeitweise herrschten die Hochmeister über ein geschlossenes Territorium mit mehr als 500 000 Menschen.

Freilich zeigten sich bald auch die Grenzen des Ordensstaates, der sich mit seinen Expansionsgelüsten zu übernehmen drohte. Offen blieb auch die Frage, ob prosperierende Städte wie Danzig, Elbing oder Königsberg auf Dauer die Vormundschaft der Kirchenkrieger akzeptieren würden.

Die Ordenschefs beherrschten in ihrer Hochzeit das Land mit Hilfe von gut 120 Ordensburgen, deren Besatzungen sich mit Rauch-, Feuer- und Spiegelsignalen verständigten. Von manchen Festungen stehen noch Ruinen, andere dienen heute als Alten- und Pflegeheim, als Hotel oder – wie die Burg Tapiau – als Gefängnis. Es waren damals hochmoderne Bauten, zugleich Festung, Verwaltungszentrale und Wohnung der Ritter, mit zentraler Luftheizung und Toiletten, was die Seuchengefahr minderte. Die Aborte befanden sich im sogenannten Dansker, einem Wehrturm mit Vorbauten, die über einen Graben reichten.

Die bekannteste Feste ist die Marienburg. Als 1309 Hochmeister Siegfried von Feuchtwangen den Sitz des Ordens von Venedig an die Nogat verlegte, wurde die Burg zu einer der prächtigsten Residenzen Europas ausgebaut, vergleichbar der Alhambra in Granada. Fast fünf Millionen Ziegelsteine sollen dafür gebrannt worden sein. An der Außenseite errichteten die Gotteskrieger eine über acht Meter hohe Marienstatue, die mit Mosaiksteinen verkleidet wurde. Sie kündete weithin sichtbar vom Triumph der Männer, auf deren weißen Mänteln ein schwarzes Tatzenkreuz prangte.

Paradoxerweise ging der christliche Ordensstaat ausgerechnet am Fortschreiten der Christianisierung zugrunde. 1386 ließ sich der litauische Großfürst Jagiello taufen, damit gab es keine heidnischen Territorien mehr in Ostmitteleuropa. Offiziell war der Auftrag des Ordens erfüllt. Die Litauer schlossen sich nun mit dem polnischen König zusammen, und gemeinsam nahm man den Ordensstaat von zwei Seiten in die Zange.

1410 kam es zur berühmten Schlacht bei Tannenberg, einer der größten Schlachten des Mittelalters. Einem Chronisten zufolge unterlagen die Ordensritter, weil sie den Vorteil der Überraschung nicht nutzten: Hätte „das Ordensheer sofort angegriffen, sie hätten Ehre und Gut erwerben können". Stattdessen wurden sie umzingelt, ungefähr jeder dritte Ordensritter fand den Tod; auch Hochmeister Ulrich von Jungingen fiel. Anschließend plünderten die Sieger das Land und verlangten gigantische Kriegsentschädigungen.

Alle Versuche des Ordens, mit Hilfe von nun erstmals erhobenen Steuern zu alter Herrlichkeit zurückzukehren, schlugen fehl. Das Land war verwüstet, die Kassen blieben leer. 1454 wagten die großen Städte und ein Teil der Ritterschaft den Aufstand gegen die neuen Ansprüche. Wie unwichtig ethnische Zugehörigkeiten waren, lässt sich daran ersehen, dass die Rebellen den polnischen König um Hilfe baten.

Der Orden griff auf Söldner zurück und verpfändete als Sicherheit für die Soldzahlungen seine Burgen, darunter auch die Marienburg. 1457 ließen sich die böhmischen Landsknechte auf der Marienburg nicht länger hinhalten und verkauften die Wehranlage an den polnischen König. Der Hochmeister musste nach Königsberg ausweichen und im sogenannten Zweiten Thorner Frieden wertvolle Ländereien an Polen abtreten.

Das Ende kam dann ganz schnell: Ein Hochmeister nach dem anderen bemühte sich verzweifelt um Hilfe aus dem Heiligen Römischen Reich Deutscher Nation. Vergebens. Der 1511 gewählte Albrecht von Brandenburg-Ansbach aus dem Hause Hohenzollern zog daraus die Konsequenz, verwandelte den maroden Ordensstaat in ein weltliches, also vererbbares Herzogtum und unterstellte den Staat dem polnischen König.

Im Namen des Herzogtums lebten die pruzzischen Anfänge fort: Es hieß Herzogtum Preußen.

Teil 2
Anfang und Aufstieg

Mit der Krönung Friedrichs I., eines Sprösslings des Hohenzollerngeschlechts, wurde aus dem Kurfürsten ein König in Preußen. Friedrich Wilhelm I. reformierte den Feudalstaat radikal und baute ihn zu einem Militärstaat aus. Doch keiner verkörperte die preußische Staatsidee so wie Friedrich II.

Strahlkraft der Krone

Erst unter dem Großen Kurfürsten, mehr als zwei Jahrhunderte nachdem die aus Schwaben stammende Hohenzollern-Dynastie in der Mark Brandenburg die Herrschaft übernommen hatte, begann der Aufstieg Preußens zu einer europäischen Macht. Seine erste kulturelle Blüte erlebte es unter Friedrich I., der sich 1701 selbst zum preußischen König krönte.

Von Frank-Lothar Kroll

Die Geschichte Preußens steckt voller Überraschungen. Eine davon, gleich die erste, zeigt sich mit Blick auf jenes Herrscherhaus, dessen Repräsentanten diesen ost- und mitteldeutschen Staat später so berühmt machen sollten: das Haus Hohenzollern. Der Herkunft nach hat dieses Geschlecht nämlich weder mit Preußen noch mit Brandenburg das Geringste zu tun. Die Hohenzollern sind eine Dynastie des deutschen Südwestens. Ihre Ursprünge liegen in Schwaben. Dort, am Nordrand der Schwäbischen Alb, unfern der Stadt Hechingen, zeugt noch heute die Zollernburg von der frühen Geschichte des im Jahr 1061 erstmals urkundlich erwähnten Geschlechts.

Später, am Ende des 12. Jahrhunderts, verlieh der deutsche Kaiser den schwäbischen Hohenzollern das Amt der Burggrafen von Nürnberg. Durch eine schon damals wendige und geschickte Politik gelang den hohenzollernschen Burggrafen von Nürnberg die Erwerbung stattlicher Territorien im fränkischen Raum – Ansbach und Bayreuth gehörten ebenso dazu wie Kulmbach und die Plassenburg.

In die Mark, nach Brandenburg, sind die Hohenzollern erst 1415 gekommen. Dies war nicht zuletzt ein Resultat ihrer treuen Dienste für Kaiser und Reich. Denn es war der deutsche König Sigismund (1368 bis 1437), der den hohenzollernschen Nürnberger Burggrafen Friedrich VI. (1371 bis 1440) damals, in krisengeschüttel-

Strahlkraft der Krone

ter Zeit, mit dem Territorium der Markgrafschaft Brandenburg belehnte.

Besonders glücklich über sein neues Land im Nordosten des Reiches dürfte Friedrich VI. – als Markgraf von Brandenburg nannte er sich hinfort Friedrich I. – wohl kaum gewesen sein. Zwar war der Besitz der Markgrafschaft mit der Kurwürde verbunden. Damit besaß der brandenburgische Markgraf das nicht unerhebliche Recht, als einer der sieben Kurfürsten den Kaiser des Reiches zu wählen. Doch sonst bot die Mark Brandenburg zu jener Zeit, als sie an den fränkischen Hohenzollern fiel, ein eher trostloses Bild. Seit fast einem Jahrhundert besaß das Land kein für längere Zeit regierendes Fürstenhaus mehr. Die dort einstmals mit Erfolg amtierenden Askanier waren 1320 ausgestorben. Danach waren anarchische Zustände eingekehrt. Faustrecht und Fehdewesen herrschten vor. Der Landadel bekriegte sich erbittert und verdiente sein Geld vorzugsweise durch Raubrittertum. So hatte der hohenzollernsche Markgraf zunächst alle Hände voll zu tun, um sein neues Gebiet einigermaßen in den Griff zu bekommen.

Gern ist er dort nicht gewesen, der erste Kurfürst aus dem Haus Hohenzollern. Er nutzte jede sich bietende Gelegenheit, um den unwirtlichen Gefilden zu entfliehen. 1426 hat er sich dann endgültig von der Mark verabschiedet und ist in seine fränkische Heimat zurückkehrt, wo er 1440 auch gestorben ist. Gleichwohl vermochten er und seine Nachfolger – unter ihnen gab es Träger so wunderlich klingender Namen wie Albrecht Achilles (1414 bis 1486) oder Johann Cicero (1455 bis 1499) – die Mark Brandenburg mit der Zeit dauerhaft zu stabilisieren. Zunächst geschah dies übrigens mit Hilfe geschulten Personals, das aus den fränkischen Stammlanden importiert wurde. Die neue Dynastie reorganisierte auf diese Weise die Verwaltung, hob die Wirtschaftskraft, förderte Handel und Wandel und gewährleistete vor allem den Landfrieden, indem sie den aufmüpfigen märkischen Adelsgeschlechtern die Zügel anlegte.

Vom 15. bis zum frühen 17. Jahrhundert hat das Kurfürstentum Brandenburg Regenten von höchst unterschiedlicher Begabung hervorgebracht. Eine überragende Persönlichkeit, die gleichzeitig auch gesamteuropäische Ausstrahlungskraft besessen hätte, ist nicht dabei gewesen. Das lag nicht zuletzt an der außerordentlichen Kleinheit und Unbedeutendheit des kurbrandenburgischen Territoriums, das, verglichen mit anderen fürstlichen Landesherrschaften des Reiches, etwa denjenigen der Habsburger oder der Wettiner, keinesfalls konkurrenzfähig war. Zudem mussten auch die Kurfürsten von Brandenburg, wie alle deutschen Obrigkeiten, Stellung beziehen im großen Streit der Konfessionen, den Martin Luther (1483 bis 1546) 1517 entfacht hatte. Sie taten dies zugunsten des Protestantismus.

Zunächst, 1538, trat der regierende brandenburgische Kurfürst Joachim II. (1505 bis 1571) zum lutherischen Bekenntnis über. Seitdem waren alle brandenburgisch-preußischen Herrscher Oberste Bischöfe der evangelisch-lutherischen Landeskirche ihres Staates – bis zum Ende der Monarchie im November 1918 sollte dies auch so bleiben. Dann jedoch, 1613, wechselten die Hohenzollern erneut ihr Glaubensbekenntnis. Kurfürst Johann Sigismund (1572 bis 1619), ein mehr durch Trunksucht als durch politisches Geschick von sich reden machender Regent, konvertierte zum Calvinismus. Dies geschah auch deshalb, weil er sich dadurch Sympathien bei den calvinistischen Bewohnern der am Niederrhein gelegenen Herzogtümer Jülich und Kleve verschaffen wollte. Auf diese heißbegehrten, weil wirtschaftlich leistungsstarken Gebiete hatte der brandenburgische Kurfürst einen durch Heirat erworbenen Anspruch. Tatsächlich sind Kleve, Mark und Ravensberg – sie gehören heute zum Bundesland Nordrhein-Westfalen – 1614, im Vertrag von Xanten, an Brandenburg gelangt und bildeten seitdem die hohenzollernschen Westterritorien. Obwohl der brandenburgische Kurfürst im Rahmen dieser Geschehnisse calvinistisch geworden war, verlangte er von seinen Untertanen nicht das Gleiche. Das aber war damals bemerkenswert. Verzichtete er doch so stillschweigend auf das ihm zustehende Recht, der Bevölkerung seines Landes ein einheitliches religiöses Bekenntnis vorzuschreiben. Der Herrscher versah diesen Schritt mit einem bezeichnenden Kommentar: „Auch", so ließ Johann Sigismund damals verlauten, „wollen Seine Kurfürstlichen Gnaden zu diesem Bekenntnis keinen Untertanen öffentlich oder heimlich wider seinen Willen zwingen, sondern den Kurs und Lauf der Wahrheit Gott allein befehlen, weil es nicht an Rennen und Laufen, sondern an Gottes Erbarmen gelegen ist." Von nun an besaß der hohenzollernsche Landesherr eine andere Konfession als die Mehrheit seiner Landeskinder. Für die in Brandenburg-Preußen später so sprichwörtlich werdende Handhabung des Toleranzprinzips sollte diese Tatsache nicht ohne Bedeutung bleiben.

Und noch ein weiteres Ereignis beförderte in den Jahren, unmittelbar bevor der Dreißigjährige Krieg Brandenburg erreichte, den Aufstieg der Hohenzollernherrschaft: die Erwerbung des Herzogtums Preußen 1618. Es war dies jenes Territorium, das vom ehemaligen (seit 1226 bestehenden) Deutschordensstaat nach dessen verheerenden militärischen Niederlagen gegen Polen-Litauen im Zweiten Thorner Frieden 1466 übrig geblieben war. Auch dorthin, in das Land zwischen Weichsel und Memel, das später sogenannte Ostpreußen, hatte es die Hohenzollern nicht sogleich verschlagen. Auch hier war es ein Angehöriger der fränkischen Linie der Dynastie – Albrecht, Markgraf von Brandenburg-Ansbach (1490 bis 1568) –, dessen Wahl zum Hochmeister des Deutschen Ordens 1511 dafür sorgte, dass sich die Hohenzollern in Königsberg etablieren konnten.

Albrecht war ein frommer und gebildeter Mann. Rasch fand er Zugang zur Lehre Martin Luthers. Der Reformator war es dann auch, der dem gewählten Deutschordenshochmeister empfahl, seinen Staat in ein weltliches evangelisches Erbherzogtum zu verwandeln. Albrecht folgte diesem Rat 1525 und amtierte seitdem bis zu seinem Tod 1568 als „Herzog in Preußen". Sein kleines Reich verwandelte er dabei in einen protestantischen Musterstaat – 1544 gründete er die später zu so großer Berühmtheit gelangte Königsberger Universität. Sein Unglück bestand allein darin, dass er keinen geeigneten Nachfolger fand. Denn der Sohn, Albrecht Friedrich (1553 bis 1618), zeigte von früher Jugend an bedenkliche Zeichen von Geisteskrankheit und wurde zunehmend regierungsunfähig. Das Land musste von einem Administrator verwaltet werden. Doch Herzog Albrecht hatte vorgesorgt. Durch Heiraten und Erbvereinbarungen wurde im Fall eines – mit großer Wahrscheinlichkeit eintreffenden – Aussterbens des herzoglich-preußischen Hauses niemand anderen als den brandenburgischen Hohen-

Anfang und Aufstieg

zollern der Besitz des wertvollen Landes zugesprochen. Albrecht Friedrich starb 1618, und sogleich nahmen die brandenburgischen Kurfürsten das Herzogtum in Besitz. Erst seitdem bildeten Brandenburg und Preußen ein miteinander verbundenes Staatswesen. Der 1618 beginnende Dreißigjährige Krieg erreichte das Land erst im Winter 1626/27. Dafür wütete er dort umso heftiger. Dies lag zum Teil daran, dass sich das Staatsgebiet damals noch in eine sehr ungefestigte Ländergruppe aufgliederte. Es war dreigeteilt in einen westlichen Teil (mit Kleve, Mark und Ravensberg), einen mittleren Teil (die Mark Brandenburg) und einen östlichen Teil (das Herzogtum Preußen). Zwischen diesen drei Landesteilen gab es keine verbindenden Grenzen, wohl jedoch war in ihnen eine Menge trennender lokaler und regionaler Traditionen vorhanden. Darüber hinaus dürfte es aber auch an der schwächlichen und kleinmütigen Politik des seit 1619 regierenden Kurfürsten Georg Wilhelm (1595 bis 1640) gelegen haben, dass das Land zunehmend von feindlichen Heeren verwüstet wurde. Solch glückloses Agieren endete erst 1640 mit dem Amtsantritt des Großen Kurfürsten Friedrich Wilhelm (1620 bis 1688), der den allmählichen Aufstieg Brandenburg-Preußens im Konzert der europäischen Mächte einleitete.

Friedrich Wilhelm, ein überaus ehrgeiziger Herrscher, war der erste wirklich bedeutende Repräsentant der nun immerhin schon 225 Jahre regierenden Hohenzollerndynastie. Sein Amt übernahm er mit 20 Jahren; er sollte es fast ein halbes Jahrhundert lang ausüben. Während seiner Jugend hatte er vorübergehend in den Niederlanden gelebt. Die Eindrücke, die er dabei zu sammeln vermochte, waren für ihn zeitlebens von Gewicht.

Unauslöschlich blieben für ihn aber auch die Erlebnisse des Dreißigjährigen Krieges. Früh schon hatte der neue Herrscher erkannt, dass sein territorial zersplittertes Land ohne natürliche Grenzen jeglichen Übergriffen fremder Mächte preisgegeben war. Gerade die Friedensregelung von 1648, die das 30-jährige Wüten in Deutschland und Europa endlich unterbunden hatte, offenbarte dem Monarchen, dass man ohne eigene Machtinstrumente auf dem Parkett der europäischen Diplomatie keinen Staat machen konnte. Damals, in Münster und Osnabrück, waren den Kur-

Strahlkraft der Krone

Friedrich Wilhelm, der Große Kurfürst, mit seiner Gemahlin
Louise Henriette von Oranien (Gemälde von Pieter Nason, 1666)

brandenburgern zwar einige bescheidene Territorialgewinne in Mitteldeutschland zugesprochen worden. Doch eigentlich hätte ihnen darüber hinaus auch das im Nordosten an Brandenburg angrenzende Pommern zufallen müssen. Ähnlich wie bei den niederrheinischen und den herzoglichpreußischen Besitzungen besaßen sie nämlich unanfechtbare Erbansprüche auf dieses Land, dessen Herrscherhaus – die Dynastie der Greifen – 1637 ausgestorben war. Aber Schweden, damals noch eine europäische Führungsmacht, verhinderte die Einlösung des Erbes. Nur Hinterpommern gelangte 1648 zu Brandenburg. Vorpommern mit der Insel Rügen blieben in schwedischer Hand – übrigens bis 1815.

Solche Erfahrungen führten den Großen Kurfürsten zu Einsichten, denen er im Verlauf seiner Regierungszeit Rechnung zu tragen versuchte. Sie bildeten die Leitlinien eines politischen Programms, das sich in drei Maximen zusammenfassen lässt. Erstens: Zur äußeren Machtentfaltung bedarf es der Straffung und Bündelung aller politischen Kräfte im Innern. Zweitens: Eine effektive Landesverteidigung ist nur möglich durch den Aufbau einer schlagkräftigen Armee. Drittens: Zur Durchsetzung eigener politischer Ziele sind Bündnisse mit auswärtigen Mächten unerlässlich. So simpel und unspektakulär sich diese drei kurfürstlichen Leitlinien in der Rückschau ausnehmen mochten – aus der Perspektive der Zeitgenossen erschienen sie ambitioniert und waren keineswegs von Anfang an zum Erfolg verdammt.

Zunächst, und mit großer Entschiedenheit, strebte Kurfürst Friedrich Wilhelm danach, die einzelnen Territorien seines zersplitterten Staates, die bisher ein weithin voneinander getrenntes Eigenleben geführt hatten, miteinander zu verklammern. Stärkste Träger regionalen Eigensinns waren von jeher die Stände gewesen, die organisierten Interessenvertretungen der jeweiligen Landeseliten. Sie wehrten sich denn auch erbittert gegen die Einschränkung ihrer politischen Mitspracherechte. Besonders gegenüber den traditionsbewussten Ständen in Ostpreußen und am Niederrhein musste die Regierung mehrfach Gewalt ausüben, um dem Gedanken eines allgemeinen Untertanenverbandes Respekt zu verschaffen.

Die wohl folgenreichste Entscheidung zur strukturellen Modernisierung seines Staates im Innern traf der Große Kurfürst durch den Aufbau eines schlagkräftigen stehenden Heeres. Die Zahlen sprechen für sich: 1641, ein Jahr nach seinem Regierungsantritt, umfasste die brandenburgische Armee nur wenig mehr als 3000 Mann. 1688, im Todesjahr des Kurfürsten, hatte der Staat bereits 30 000 Soldaten fest unter Waffen. Sie wurden geführt von einem Offizierkorps, das sich vornehmlich aus einheimischen Adligen rekrutierte.

All das hatte freilich auch seinen Preis. Der kostspielige Truppenunterhalt konnte nur mit Hilfe fremder Geldzahlungen bewerkstelligt werden. Um die laufenden Bedürfnisse der Soldaten zumindest einigermaßen befriedigen zu können, wurden eigens neue Behörden gegründet, so etwa ein „Generalkriegskommissariat" und eine „Feldkriegskasse", die sich mit der Zeit zu mächtigen Zentralinstanzen des Staates entwickelten. Die finanzielle Leistungskraft des Landes geriet gleichwohl an die Grenzen des Erträglichen – zumal die vom Kurfürsten vorgesehene Vereinheitlichung des Steuersystems nur zum Teil gelang. In den Städten konnte, nach niederländischem Vorbild, eine alle Bürger gleichermaßen belastende Verbrauchsteuer eingeführt werden, die Akzise. Auf dem Land jedoch blieb es bei den herkömmlichen öffentlichen Abgaben, den Kontributionen, von denen der Adel bis 1799 befreit blieb.

Über die Auswärtige Politik des Großen Kurfürsten Friedrich Wilhelm ist immer wieder viel gerätselt worden. Jähe Bündniswechsel, plötzliche Neujustierungen der allgemeinen Generallinie sowie ein von Schwankungen und Unbeständigkeiten geprägter Politikstil hinterließen schon bei den Zeitgenossen den Eindruck von Unzuverlässigkeit und prinzipienlosem Machiavellismus. Doch diese Sichtweise trügt. Zunächst ist festzuhalten, dass Friedrich Wilhelm außenpolitisch nie souveräne Gestaltungsfreiheit besaß. Stets musste er sich den Machtverhältnissen anpassen, die andere, überlegene Staaten geschaffen hatten. Und dann darf, bei aller Verwunderung über den außenpolitischen Zickzackkurs des Monarchen, nicht übersehen werden, dass er stets ein territoriales Ziel im Blick hatte, auf das er durch Kooperation mit allerdings mehrfach wechselnden Bündnispartnern rastlos, jedoch ohne Erfolg, hinarbeitete. Dieses Ziel hieß: Vorpommern.

Anfang und Aufstieg

Im Ersten Nordischen Krieg, den Schweden von 1655 bis 1660 gegen Polen und Dänemark führte, stand der Kurfürst zunächst auf schwedischer Seite, wechselte aber mitten im Krieg ins gegnerische Lager. Immerhin erreichte er dadurch, dass ihm von beiden miteinander streitenden Parteien die Souveränität über sein 1618 erworbenes Herzogtum Preußen garantiert wurde. Bisher hatte es noch der polnischen Lehnshoheit unterstanden.

Mit den Schweden ist er dann noch einmal 1675 aneinandergeraten, nachdem diese in die Mark Brandenburg eingefallen waren und als es dem Kurfürsten zum Erstaunen ganz Europas gelang, die Eindringlinge in der Schlacht von Fehrbellin an der Spitze seiner neuformierten Heeresmacht in die Flucht zu schlagen. Friedrich Wilhelms Soldaten vertrieben die Schweden aus Vorpommern und besetzten die Insel Rügen. Damals wurde der Brandenburger in einem elsässischen Volkslied als „Großer Kurfürst" besungen. Bald jedoch musste er die siegreich errungene Kriegsbeute wieder an die Schweden zurückgeben – und zwar auf Geheiß Frankreichs, im Frieden von Saint-Germain, 1679. Die Franzosen mochten damals einen Gesichts- und Gebietsverlust ihres nordischen Verbündeten nicht dulden.

Überhaupt erwies sich das Verhältnis zum Frankreich Ludwigs XIV. (1638 bis 1715), je länger desto deutlicher, als das Hauptproblem kurbrandenburgischer Außenpolitik. Im Grunde gab es zwischen den beiden Ländern keinerlei gemeinsame Interessen. Der Bourbone stand im katholischen, der Hohenzoller hingegen im evangelisch-reformierten Lager, und beide Seiten bekämpften einander erbittert. Die Pariser Begehrlichkeiten richteten sich auf deutsche Reichsterritorien im Elsass, in Berlin indes war Friedrich Wilhelm als einer der sieben Kurfürsten zur strikten Wahrung der territorialen Integrität des Reiches verpflichtet. Ludwig XIV. wollte den Brandenburger zu einem Vasallen Frankreichs machen, Friedrich Wilhelm jedoch strebte danach, die französische Politik als deren Alliierter eigenständig zu beeinflussen.

Trotz solch gegensätzlicher Grundorientierungen haben die beiden Herrscher zwischen 1664 und 1684 nicht weniger als acht Bündnisverträge und Neutralitätsabkommen miteinander geschlossen. Kurbrandenburg geriet dabei allerdings immer stärker in den Sog französischer Weltmachtambitionen. Die Annäherung ging so weit, dass der brandenburgische Kurfürst gegen Erhalt hoher Geldsummen dem Bourbonen freie Hand bei dessen Plünderungen und Raubzügen im Elsass gewährte – bis hin zur Annexion Straßburgs durch Frankreich 1681. Brandenburg-Preußens Sonderinteressen wurden hier auf nicht eben ruhmvolle Weise der Wahrung von Reichsrechten übergeordnet.

Erst als sich Ludwig XIV. anschickte, die Niederlande zu erobern, kam der Kurfürst zur Besinnung. Einen Angriff Frankreichs auf das glaubensverwandte und seit frühen Kindertagen so geliebte Land der Oranier konnte und wollte er unter keinen Umständen hinnehmen. So schloss Brandenburg-Preußen 1686 ein Abkommen mit dem Habsburgischen Kaiser, dem traditionellen Feind Frankreichs, versprach Hilfestellung beim Kampf gegen die Türken und beteiligte sich an den Vorbereitungen zur Landung Wilhelms III. von Oranien (1650 bis 1702) in England. All das trug nun eine klar antifranzösische Stoßrichtung.

Zur allmählich erfolgten Abkehr von Frankreich mochte auch dessen konfessionspolitische Indolenz beigetragen haben. 1685 hatte Ludwig XIV. das Edikt von Nantes aufgehoben, mit welchem einer seiner Vorgänger, Heinrich IV. (1553 bis 1610), den französischen Protestanten, den sogenannten Hugenotten, 1598 Gewissens- und Kultfreiheit garantiert hatte. Tausende hugenottische Glaubensflüchtlinge mussten daraufhin ihre angestammte Heimat verlassen. Kurfürst Friedrich Wilhelm bot den Verfolgten ohne Zögern Asyl an – bis zum Ende des Jahrhunderts sollten mehr als 20 000 Hugenottenflüchtlinge ihren Weg nach Brandenburg-Preußen finden. Die französischen Einwanderer stärkten dort nachhaltig das calvinistische Bevölkerungselement. Mit ihren gruppenspezifischen Fertigkeiten und Begabungen haben sie dem Hohenzollernstaat in den folgenden Jahrhunderten wertvolle Dienste geleistet – auf wirtschaftlichem und militärischem Gebiet ebenso wie im geistig-kulturellen Bereich. Berühmte Vertreter des späteren intellektuellen Lebens in Preußen entstammten französischen Flüchtlingsfamilien.

Eine Bilanz der Regierungszeit des Großen Kurfürsten Friedrich Wilhelm darf – neben dem militärischen und dem politischen Aufbauwerk – schließlich auch jene Verbindungslinien nicht unerwähnt lassen, die damals zum geistigen Leben der europäischen Nachbarn im Westen geknüpft wurden, vor allem zu den Niederlanden. Von dort aus gelangten die philosophischen Ideen des Neustoizismus nach Brandenburg-Preußen. Deren Hauptvertreter Justus Lipsius (1547 bis 1606) verfocht in seinen einflussreichen Schriften eine rigorose Pflichtenethik, die auf Disziplin und Selbstkontrolle setzte und nicht nur bei den Niederländern selbst, sondern auch im calvinistischen Milieu des Berliner Hofes eine nicht geringe Anhängerschaft fand. Sogar der Kurfürst persönlich versuchte in diesem Sinne, Irrationalität und Leidenschaftlichkeit seines Handelns zugunsten der Verstandes- und Vernunftkräfte zurückzudrängen. Gelungen ist ihm dies nicht immer. Doch der Wille dazu war vorhanden, zumindest im Kreis seiner Familie, Berater und Mitarbeiter. Die vom Neustoizismus geforderte Sammlung und Anspannung aller verfügbaren Kräfte im Interesse von Tat und Leistung sollte jedenfalls schon sehr bald zu einem Wesensmerkmal dessen zählen, was man später den „preußischen Stil" genannt hat.

Eigentlich hätte er niemals zur Regierung gelangen sollen, der drittälteste Sohn und Nachfolger des Großen Kurfürsten und spätere erste preußische König. Doch medizinische Misslichkeiten sorgten dafür, dass der ursprünglich vorgesehene, bestens ausgebildete und hochbegabte brandenburgisch-preußische Thronfolger, Kurprinz Karl Emil (1655 bis 1674), der Lieblingssohn des Großen Kurfürsten, an der Ruhr gestorben war. Erst seitdem war der Drittälteste, Prinz Friedrich (1657 bis 1713), nun allerdings sehr intensiv auf seinen zukünftigen Herrscherberuf vorbereitet worden. Friedrich war, damals wie später, alles andere als eine glanzvoll-barocke Erscheinung. Von frühester Kindheit an litt er am körperlichen Mangel einer Rückgratverkrümmung, war schief und verwachsen und versuchte seine äußere Misere mittels voluminös auftoupierter Perücken und prachtvoll überbordender Gewandung, so gut es eben ging, zu tarnen. Vollauf gelungen ist ihm das nicht.

Vielleicht erklärt sich aus alledem ja auch das ihn zeitlebens dominierende Bedürfnis nach Glanz und Größe, nach höfischem Prunk und gravitätischem Zeremoniell. Und vielleicht findet darin sogar sein geradezu obsessiv anmutendes Streben nach fürstlicher Rangerhöhung, gipfelnd im Erwerb der preußischen Königskrone, eine letzte und tiefste Ursache. Andererseits gab es auch objektiv gute Gründe, damals, an der Wende vom 17. zum 18. Jahrhundert, eine Aufwertung der eigenen monarchischen Würde zu betreiben. Die deutschen Fürstenhäuser veranstalteten in jenen Jahren geradezu eine Art Wettrennen zwecks Erlangung europäischer Königskronen. 1697 war der den Brandenburgern benachbarte Kurfürst von Sachsen zugleich auch König von Polen geworden. Seit den neunziger Jahren des 17. Jahrhunderts besaßen die hannoverschen Rivalen Aussichten auf den englischen Königsthron, die sich 1714 realisieren sollten. Und auch der Kurfürst von Bayern strebte damals – wenn auch vergebens – nach einer Königskrone für seine wittelsbachischen Lande. So standen denn die kurbrandenburgischen Aspirationen auf einen Kronerwerb von Beginn an in einem gesamtdeutschen, ja gesamteuropäischen Kontext.

Zudem waren im Zeitalter barocker Repräsentation Rangfragen und Standesangelegenheiten beim Verkehr der europäischen Monarchen untereinander stets mehr als eine Sache individueller Eitelkeit. Fürstliche Titel und Würden besaßen im Handlungsrahmen der höfischen Gesellschaft, wie wir seit Norbert Elias wissen, eine überpersönliche Bedeutung. In den zwischenstaatlichen Beziehungen der Diplomatie wirkten sie wie ein System von Zeichen und Signalen, eine Art zeremonieller Code, an dessen Parametern sich Macht und Machtansprüche der miteinander um Validität und Dignität konkurrierenden Fürstenhöfe gewissermaßen ablesen ließen. Sie waren Statussymbole von hoher Effektivität, wurden zu Mitteln und Formen politischer Aussagen in einer Welt, die von völlig anderen Wertvorstellungen beherrscht war als die heutige. In diesem Sinn erscheint die von Kurfürst Friedrich III. angestrebte Rangerhöhung durchaus als signifikanter Qualitätsschub für die Stellung des brandenburgisch-preußischen Staates innerhalb des europäischen Mächtekonzerts.

Seit 1693 verhandelte der brandenburgische Kurfürst mit dem habsburgischen Kaiser über den ihn und seine gesamte Politik beherrschenden Plan der Königserhebung. Sein Vater und Vor-

Anfang und Aufstieg

gänger, der Große Kurfürst Friedrich Wilhelm, hatte dafür durch seinen 1686 vollzogenen Wechsel vom französischen ins habsburgische Lager ungewollt und unbewusst den Boden bereitet. Nun feilschte man nur noch um die konkreten Modalitäten dieses großangelegten militärisch-politischen Geschäfts – denn um nichts anderes hat es sich damals bei den Gesprächen zwischen den Vertretern des Hohenzollern und des Habsburgers im Grunde gehandelt.

Der Kaiser benötigte Truppen für seine große Auseinandersetzung im unmittelbar bevorstehenden Krieg mit dem französischen König Ludwig XIV. um die Vorherrschaft in Europa. Damit aber konnte man in Berlin dienen. Jetzt machte es sich bezahlt, dass Brandenburg-Preußen während der vergangenen Jahrzehnte eine ansehnliche Heeresmacht auf die Beine gestellt hatte. Und so verpflichtete sich Kurfürst Friedrich III. schließlich dazu, 8000 seiner Soldaten zur Verteidigung der habsburgischen Ansprüche auf die auch von Frankreich begehrte Thronfolge in Spanien verfügbar zu halten. Zugleich signalisierte er in seiner Eigenschaft als Kurfürst des Reiches seine Bereitschaft, im Fall einer künftigen Kaiserwahl ausnahmslos für den habsburgischen Kandidaten zu stimmen. Als Gegenleistung gewährte ihm der Habsburger nicht nur die Zahlung einer beträchtlichen Summe Geldes, sondern sicherte ihm auch die sofortige Anerkennung des heißbegehrten Königstitels zu: „König in Preußen" wurde Friedrich III. im Krontraktat vom 16. November 1700 erstmals genannt. Damit war zugleich klar, dass sich der neue hohenzollernsche Titel nicht auf kurfürstlich-brandenburgische, sondern auf herzoglich-preußische Herrschaftsrechte bezog. Dies wiederum hatte seine guten Gründe. Denn anders als die Markgrafschaft Brandenburg gehörte das Herzogtum Preußen nicht zum Heiligen Römischen Reich, es war ein souveränes Territorium, unabhängig von jeder lehnsrechtlichen Bindung, auch von jener zur Krone Polens, die der Große Kurfürst in weiser Voraussicht bereits Jahrzehnte zuvor zu lösen gewusst hatte.

Die Krönung Friedrichs III. zum „König in Preußen" erfolgte am 18. Januar 1701 in Königsberg. Friedrich, der sich seitdem, als König, Friedrich I. nannte, setzte sich die eigens dafür gefertigte Krone selbst aufs Haupt. Erst danach wurde er durch zwei neu-

Strahlkraft der Krone

Friedrich I. krönt sich 1701 zum König in Preußen
(nach einem Aquarell von Woldemar Friedrich, 1890)

ernannte Landesbischöfe feierlich gesalbt. Schon am Vortag hatte er den später zu so legendärer Berühmtheit gelangenden Schwarzen Adlerorden gestiftet – mit dem zukunftsträchtigen Wahlspruch der Hohenzollernkönige: „Suum cuique", „Jedem das Seine". Darüber hinaus hatte der Oberzeremonienmeister des kurfürstlich-königlichen Hofes, Johann von Besser (1654 bis 1729), eine prachtvoll bebilderte Schilderung der Königsberger Krönungsfeierlichkeiten verfasst, die sogleich in Druck ging und der europäischen Öffentlichkeit das Geschehen im fernen Ostpreußen anschaulich vor Augen führen sollte. Alle europäischen Mächte erkannten die neue preußische Königswürde an. Nur der Papst in Rom bequemte sich damit bis zum Jahr 1787, weil er die Rangerhöhung eines evangelischen Fürsten nicht hinnehmen mochte.

Der Preis, den Preußen für all das zu zahlen hatte, war hoch. Das neue Königreich mit seinen rund eineinhalb Millionen Einwohnern war flächenmäßig zwar erheblich größer als die unmittelbar benachbarten Rivalen Sachsen und Hannover. Doch reich waren die Brandenburger nie gewesen, und so blieb denn der neue König in Berlin in hohem Maß darauf angewiesen, auch weiterhin seine Soldaten gegen Bargeld zu vermieten. Brandenburgisch-preußische Truppen kämpften fortan im Westen, Süden und Norden Europas, und sie standen auch dort im Kugelhagel, wo keinerlei eigene Interessen zu vertreten waren, etwa im fernen Oberitalien.

Die eigentliche Bedeutung der Regierungszeit des ersten preußischen Königs lag jedoch auf einem Gebiet, das im Gesamtrahmen brandenburgisch-preußischer Geschichte bisher eine eher randständige Rolle eingenommen hatte: auf dem Feld der Wissenschaftsförderung und der Kunstpflege. Hier erlangte Brandenburg-Preußen unter Friedrich III. (I.) erstmals europäisches Niveau. Und auch hier standen ästhetische und politische Gesichtspunkte in einem unlöslichen Zusammenhang. Kunstproduktion war in der Epoche des Barock nämlich immer zugleich auch Ausdruck eines staatlichen Ranganspruchs, Bautätigkeit und Mäzenatentum gerieten, wenn man so will, zu einer Notwendigkeit politischen Symbolhandelns, einer „Necessität", wie man dies mit einer der damaligen Zeit entlehnten Vokabel treffend bezeichnet hat. Nicht zuletzt bot der aufwendige Ausbau der um 1700 etwa 20 000 Einwohner zählenden kurfürstlich-königlichen Haupt- und Residenzstadt Berlin ein probates Mittel, um der neuen Königsherrschaft ein weithin sichtbares urbanes Zentrum zuzuordnen. Auf diese Weise konnte das bisherige hohenzollernsche Länderkonglomerat, zumindest symbolpolitisch, als ein gleichsam vorweggenommenes staatliches Ganzes antizipiert werden.

Das Berliner Schloss wurde durch die von Friedrich III. (I.) nacheinander engagierten Architekten Andreas Schlüter (circa 1660 bis circa 1714) und Johann Friedrich Eosander von Göthe (1669 bis 1728) zur damals modernsten Residenz Europas ausgebaut. Man legte Wert darauf, dass es mehr zu sein vermochte als ein bloßer Ort höfischen Lebens und monarchischer Prachtentfaltung. Mit seinen Tagungsräumen und Besprechungszimmern, seinen Kassen und Kanzleien, seinem Archiv und seiner Registratur und, nicht zuletzt, seiner Bibliothek und den umfänglichen königlichen Kunstsammlungen war es ein politischer, kultureller und administrativer Mittelpunkt des Hohenzollernstaates, dessen Leistungskraft sichtbar bündelnd und nach allen Seiten spiegelnd.

Preußens kultureller Rang offenbarte sich während der Regierungszeit Friedrichs III. (I.) jedoch nicht nur in der Strahlkraft des hauptstädtischen Hofes. Er wurde sichtbar in zahlreichen Sektoren des öffentlichen Lebens innerhalb wie außerhalb der Residenz. Namhafte Wissenschaftler und Gelehrte wurden damals für den Hohenzollernstaat verpflichtet – so der Historiker Samuel von Pufendorf (1632 bis 1694) oder der Staatsrechtslehrer Christian Thomasius (1655 bis 1728). Als Professor an der 1694 gegründeten neuen brandenburgisch-preußischen Landesuniversität Halle verfocht Thomasius die später so wegweisend werdende Ansicht, dass der Staat eine natürliche, weltliche Einrichtung sei, eine Institution, deren Gewaltmonopol sich nicht mehr aus göttlicher Übertragung herleite, sondern auf dem Herrschaftsrecht des Monarchen beruhe, der dieses Recht freilich im Interesse des öffentlichen Wohls zu handhaben und zum Nutzen aller Bürger auszuüben habe. Gedanklich verwies das bereits auf jene Regierungspraxis, die dann später, unter Friedrich dem Großen (1712 bis 1786), als aufgeklärter Absolutismus in ganz Deutschland Schule machen sollte. Übrigens war Thomasius einer der ersten Hochschullehrer, der seine Vorlesungen vorwiegend in deutscher Sprache zu halten pflegte.

Auch andere europäische Intellektuelle von Rang zog es damals in die aufstrebende Spree-Metropole – Pierre Bayle (1647 bis 1706) und François Fénelon (1651 bis 1715) aus Frankreich ebenso wie den europaweit bekannten Universalgelehrten Gottfried Wilhelm Leibniz (1646 bis 1716), der den Kurfürsten und König bei der Realisierung eines seiner Lieblingsprojekte beriet: der 1700 ins Leben gerufenen Berliner Akademie der Wissenschaften. Nimmt man zu alledem noch die gleichfalls vom Hof geförderten Aktivitäten der pietistischen Theologen Philipp Jakob Spener (1635 bis 1705) in Berlin und August Hermann Francke (1663 bis 1727) in Halle mit ihren ambitionierten philanthropisch-pädagogischen Stiftungen – von Schulen und Lehrerseminaren bis zu Waisenhäusern und Krankenpflegeanstalten –, so bietet die Regierungszeit des ersten preußischen Königs aufs Ganze gesehen eine Bilanz, die doch sehr von jenem barschen Urteil absticht, das sein Enkel und zweiter Amtsnachfolger über ihn gefällt hat: „Seine Seele", schrieb Friedrich der Große in den selbstverfassten „Denkwürdigkeiten zur Geschichte des Hauses Brandenburg" rückblickend über seinen kurfürstlich-königlichen Großvater, „glich den Spiegeln, die jeden Gegenstand zurückwerfen. Er war äußerst bestimmbar ... Ihm lag mehr an blendendem Glanz als am Nützlichen, das bloß gediegen ist ... Er zeigte Herrscherpracht und Freigiebigkeit. Aber um welchen Preis ... Er bedrückte die Armen, um die Reichen zu mästen. Seine Günstlinge erhielten hohe Gnadengehälter, während sein Volk im Elend schmachtete ... Er hat auch ein Gebetbuch verfasst, das aber zu seiner Ehre nicht gedruckt worden ist."

Das waren nicht etwa Worte aus dem Mund eines radikalen Republikaners. Hier urteilte immerhin ein regierender Monarch über die Leistungen eines anderen, obendrein noch die eines direkten leiblichen Verwandten. Man muss jedoch kein Verfechter der borussischen Geschichtsauffassung sein, um in den Aktivitäten des ersten Hohenzollernkönigs eines der entscheidenden Fundamente zu erblicken, auf denen Friedrich der Große, Jahrzehnte später, sein eigenes politisches Lebenswerk errichten konnte: den Aufstieg Preußens zur Großmacht.

Der Soldatenkönig

Friedrich Wilhelm I. war einer von Preußens Gründervätern. Er reformierte den Feudalstaat seines Vaters und formte aus Preußen einen Militärstaat mit bemerkenswerten Ansätzen einer Fiskal- und Industriepolitik.

Von Georg Bönisch

Schroff konnte er sein, jähzornig und brutal. Wenn es denn sein musste, auch dem eigenen Sohn gegenüber. Wer Friedrich Wilhelm in die Quere kam, dem gab er die schlichte Empfehlung: Lecke mich „im arß". Oft war ihm auch der Stock Ordnungsmittel, für einen „Hundsfott" allemal – dabei will er Menschen „für den größten Reichtum" gehalten haben.

Durchaus konnte er liebevoll sein, wenn es denn notwendig war. „Mein Fiekchen", hauchte er – die gesellschaftlich korrekte Anrede „Madame" wäre ihm nie in den Sinn gekommen. Und griff seiner Frau Sophie Dorothea, die in den 34 Jahren gemeinsamer Ehe 14-mal schwanger war, zärtlich an die Hüfte, coram publico, gegen die Etikette.

Und gegen die Usancen an den Höfen zu seiner Zeit hatte er keine Mätressen, kein Fiekchen nebenbei. „Das schönste Mädchen, das man mir verschaffte", so beschrieb Friedrich Wilhelm seine Monogamie, „wäre mir gleichgültig." Nur seine Kerls, vor allem die ganz langen, die waren ihm nicht egal. Und seine Uniform nicht, die war sein täglicher Anzug. Auch deshalb heißt er „Soldatenkönig". Gewiss ein schöner Titel, für einen Chefpreußen freilich wenig überraschend und leicht in die Irre führend. Wahr ist, dass ihn alles Militärische brennend interessierte, und schon in jungen Jahren schlug er vor, sämtliche Kanonen des preußischen Heeres sollten das gleiche Kaliber haben und sämtliche Einheiten gleiche Bajonette – Standards sind sowohl praktisch als auch preiswert.

Wahr ist auch, dass er seine Armee nach der Russlands, Frankreichs und Österreichs zur viertgrößten in Europa machte – ein hypertrophes Instrument der Macht, denn Preußen lag vom Staatsgebiet her erst an 10. Stelle in der europäischen Rangliste und von der Zahl seiner Einwohner an Position 13.

Aber ein Schlachtenlenker, und dies insinuiert der Begriff „Soldatenkönig" genauso gut, konnte er schon deswegen nicht sein, weil er selbst nur an einem Krieg zu Beginn seiner Laufbahn beteiligt war, treffend nannte ihn der französische Politiker Marquis de Mirabeau „roi militaire et pacifiste". Und für einen schneidigen Kommandeur, hoch zu Ross, hatte er mitnichten das körperliche Rüstzeug: Zweieinhalb Zentner wog er bei 1,65 Metern, vier Männer mussten den Dickwanst aufs Pferd hieven.

Friedrich Wilhelm, ein König der Widersprüche. Ausgeprägt sein Intellekt, Lesen und Schreiben schon in der Muttersprache bereitete ihm indes große Mühe – gut möglich, dass er Legastheniker war; er wusch sich gründlich und täglich, während die allermeisten Wasser mieden; kein Austernschlürfer, Schinken mit Grünkohl liebte er oder Bratwurst mit Zuckerbirnen. Ganz außergewöhnlich für einen barschen Menschen: Er malte – „in tormentis", soll heißen, er versuchte mit seinen gichtigen Fingern, sich Schmerzen von der Seele zu malen.

Denn Friedrich Wilhelm war auch schwer melancholisch – und seltsam weich.

Und erstaunlich erfolgreich. Den maroden Staatshaushalt, den sein Vater hinterließ, glich er nicht nur aus, sondern erwirtschaftete einen Überschuss; deshalb hieß er unter Zeitgenossen auch „Plusmacher". Das Geld, das durch aufoktroyierte Sparsamkeit erzielt wurde, kam zwar weitgehend der Truppe zugute – sie war schließlich das Hauptmittel seiner Politik, bei den Nachbarn Respekt und Achtung zu erzeugen. Andererseits heizte ein großes Heer die Konjunktur an, so diente es gleichzeitig, sagt der Historiker und Preußenspezialist Peter-Michael Hahn, „auch der Wirtschaftsförderung aller Provinzen".

„Finanzmann und Feldmarschall", mit diesen beiden Begriffen definierte Friedrich Wilhelm seinen Beruf als König. „Parol' auf dieser Welt", schrieb er dem Freund und Vertrauten Leopold von Anhalt-Dessau, dem „Alten Dessauer", sei „nichts als Müh' und Arbeit". Das war keine Klage, das war ein Lebensmotto.

So muss er unter den Fürsten seiner Zeit als Ausnahmeerscheinung gelten. Überall sonst an den Höfen nämlich galt repräsentative Prachtentfaltung als eine Form des „Gottesgnadentums" – bei ihm nicht. Natürlich fühlte sich auch Friedrich Wilhelm – und wohl ernsthafter als die meisten Standesgenossen – als ein „Amtmann Gottes". Doch daraus leitete er einen anderen Auftrag ab: tätig zu sein im Dienste des Staates und der ihm anvertrauten Menschen. Dies schloss für sie ein, seiner Maxime Folge leisten zu müssen: „nicht räsonieren, ordre parieren!"

Wiederum die Achtung vor diesem Diktum könnte ein Grund dafür sein, dass seine Bürger anders erzogen wurden, eben zu klassisch-preußischen Untertanen: gehorsam, diensteifrig, diszipliniert, im Idealfall ehrlich und unbestechlich. Wer unwillig war und auf ererbte Vorrechte pochte wie mancher Adlige aus Ostpreußen, der zog sich den unbändigen Zorn des Königs zu. Er drohte, „der Junker Autorität wird ruiniert werden", und verkündete in seinem typisch deutsch-französischen Kauderwelsch, „ich … stabiliere die Souveränität wie einen rocher von bronze".

Wenn es in der Epoche des Absolutismus einen absoluten Herrscher gab, der keinen Widerspruch duldete, dann war es Friedrich Wilhelm. Aber so baute er, indem er gleichzeitig den Feudalstaat des Vaters über den Haufen warf, aus Brandenburg-Preußen jenen Staat, den man forthin unter Preußen verstand, den Militärstaat, der auch gleichzeitig ein merkantiler war mit durchaus bemerkenswerten Ansätzen einer Industriepolitik.

Friedrich Wilhelm war einer von Preußens Gründungsvätern. Er war aber auch, und darin sind sich Beobachter von damals und heute durchaus einig, dessen „größter ‚innerer' König".

Die Welt, in die Friedrich Wilhelm 1688 hineingeboren wurde, war noch die Welt des Protzes und Pompes. Der Vater, Friedrich I., war vorwiegend beschäftigt mit dem Repräsentieren, die Mutter, Sophie Charlotte, eine hochgebildete Frau aus dem Hause Hannover, sehr beschäftigt mit den schönen Künsten. Eine Hugenottin, die nur Französisch sprach, versuchte sich als erste Ausbilderin – ziemlich erfolglos. Sein Deutsch lernte der Junge teils von Dienern, Soldaten oder Kutschern, deswegen auch sprudelte er lebenslang ein grobianisches Deutsch heraus. Ein geduldig leidender Privatlehrer soll geklagt haben, als Galeerensklave wäre er glücklicher geworden. Gegen Latein, ein Pflichtprogramm eigentlich, sperrte sich Friedrich Wilhelm, überhaupt sperrte er sich gegen alles, was nicht wirklich nutzbringend war. „An ihm", schreibt der Historiker Christian Graf von Krockow, „haftete etwas untilgbar Rustikales." Was Wunder, dass Friedrich Wilhelm dann nicht nach der Mutter kam. Groß ist auch der Gegensatz zum Vater, dem Prachtentfaltung und umständliches Hofzeremoniell alles bedeuteten – dem Sohn hingegen nichts. Stattdessen erschreckte er edle Gesellschaften, wenn er in Kamine kroch und dann verdreckt durch die Säle lief. Dennoch, der Vater hat ihn geprägt durch eine denkwürdige Entscheidung. Als Friedrich Wilhelm zehn Jahre alt war, schenkte er ihm zu Weihnachten Wusterhausen, ein schlichtes Schloss südöstlich von Berlin, eher ein Gut. Der Knirps war nun qua Amt sein eigener Geschäftsführer, eine Aufgabe, die er trotz dieses Alters mit erstaunlicher Gewissenhaftigkeit und Energie erfüllte.

„Königs Wusterhausen", wie das Anwesen später hieß, könnte durchaus das Labor des jungen Kronprinzen gewesen sein. Hier begann seine Leidenschaft für die Jagd (von der er trotz zunehmender Körperfülle nicht ließ), hier begann seine Leidenschaft für Soldaten – er exerzierte und kommandierte eine aus Jägern, Treibern und Bediensteten zusammengestellte „Jägerkompanie"; manche, wie der Geschichtswissenschaftler Hans-Joachim Giersberg, sind sogar geneigt zu sagen, hier habe Friedrich Wilhelm den „Ausbau Preußens zu einem modernen europäischen Staatswesen ausprobiert".

Erst einmal fabrizierte der Bursche sich selbst eine „Rechnung über meine Dukaten" und dann einen „Jahresabschlussbericht"; jeder Pfennig kam in die Bilanz, die ein Belegstück seiner Knauserei war, die alle traf, ihn selbst zuerst. Entsetzt fragte die Mutter: „Können Mitgefühl und Mitleid Raum in einem Herzen finden, das von Eigennutz, vom Geist der Ökonomie beherrscht wird?"

Eine übertriebene Sorge, denn jene Sparsamkeit hatte kaum einen Grund, der in Hartherzigkeit verankert war – sondern, wie Friedrich Wilhelm es entdeckte und empfand, als komplementäre Tugend von Fleiß und Ordnungssinn. Zweimal besuchte er, im Herbst des Jahres 1700 und im Winter 1704/05, die Niederlande;

die Großmutter, Luise Henriette von Oranien, hatte den Calvinisten dort als Landesmutter schlechthin gegolten – fürsorglich und fromm, fleißig und ordentlich sowieso.

Und beide Male hatte er miterleben können, dass sein Gastland, geformt von genau diesen Bürgertugenden, den calvinistischen, blühte und gedieh; unvorstellbar reich kam es ihm vor, während sein Vaterland ihm armselig und rückständig erschien. Jenes Bildungserlebnis, meint Krockow, habe „den jungen Mann unverlierbar geprägt".

Sein Vater starb im Februar 1713, wenig später nur war Schluss mit dem Getue am Hof. Der Stellenplan, von der Zofe bis zum Zeremonienmeister: erbarmungslos zusammengestrichen. Hofmusiker wurden entlassen, große Teile des Luxusinventars verkauft oder versteigert. Der neue König, nunmehr Friedrich Wilhelm I., profilierte sich als Sparkommissar der schärfsten Kategorie – er reduzierte die jährlichen Kosten für den Hofapparat jetzt und gleich von 600 000 Taler auf 150 000.

Für sich und seine Familie reservierte er im Etat pro Tag gerade mal 93 Taler, hielt aber schriftlich fest, dass „diese nicht draufgehen müssen". Und rechnete vor: „Wenn ich in Potsdam oder in Wusterhausen bin, die Königin aber in Berlin, dann müssen es nicht mehr als 70 oder 72 Taler sein. Wenn die Königin sich aber bei mir befindet, dann darf es täglich nur 55 Taler kosten."

Zwar sollte weiterhin reichlich Fleisch gegessen werden, Seine Majestät fraß wie ein Scheunendrescher, jedoch sollte alles nicht so teuer sein wie bisher, höchstselbst prüfte Friedrich Wilhelm die Marktpreise. „Ich will auch", gab er Weisung, „dass künftig von Hamburg oder anderen fremden Orten nichts verschrieben werden soll, ohne dass ich vorher gefragt worden bin und es genehmigt habe." Denn so gehe Geld aus dem Land, das besser den eigenen Leuten zustehe, „gut Rindfleisch, gute fette Hühner und dergleichen" sollten vor Ort gekauft werden, und einmal dabei, reduzierte der 25-Jährige die Bezüge seiner Offiziere und Beamten um ein Drittel.

Der Führungswechsel, für viele im Lande ein Kulturschock also. Gestern noch Friedrich I., ein König vom „Typ A: dem leutseligen, pompösen Verschwender", so der Historiker Christopher Clark, ein

Monarch, aufs Image bedacht, eher abgeneigt der täglichen Fron, regieren zu müssen. Plötzlich der Sohn, „Typ B": ungemütlich, ein Workaholic, der selbst für seine höchsten Beamten des Winters den Dienstbeginn auf acht Uhr festlegte und des Sommers auf sieben. Wer zu spät kam, den bestrafte die Gehaltsabteilung – bei Ministern waren es 100 Dukaten pro Stunde, ein kleines Vermögen.

Überdies wollte der neue König nicht differenzieren zwischen Soldaten und Zivilisten, er war für Gleichbehandlung. „Wenn das Geringste unter meinen Dienern passiert", verfügte er, „so werde ich sie vor ein Kriegsgericht stellen, und nach den Kriegsartikeln werde ich über sie erkennen lassen" – da kannte er kein Pardon, ganz Absolutist: „Ich habe Commando bei der Armee und soll nicht Commando haben bei den Blakisten?" Das waren seine „Tintenkleckser", und die Frage war natürlich nicht rhetorisch gemeint.

Für Betroffene konnte dies durchaus dramatische Folgen haben. Fehlleistungen der Beamten wurden regelmäßig bestraft, der Katalog reichte von Entlassung und Bußgeldern bis hin zum Schadensersatz; den ostpreußischen Kriegs- und Domänenrat Albrecht Ernst von Schlubhut, überführt der Unterschlagung, ließ der König am Arbeitsplatz in Königsberg aufhängen – eine schlimmere Form der Abschreckung ist kaum vorstellbar.

Zu Beginn seiner Regierungszeit existierten zwei Oberbehörden, die beide mit Geld (und damit dem Nährboden eines Staates) zu tun hatten – einmal das „Generalfinanzdirektorium", das vor allem die Einkünfte aus den Krongütern verwaltete, immerhin ein Drittel der landwirtschaftlich nutzbaren Fläche des Landes. Die andere Behörde hieß „Generalkriegskommissariat", angeschlossen war die „Generalkriegskasse"; hier landeten die an den Stadttoren erhobenen indirekten Verbrauchsteuern („Akzise") und die im ländlichen Bereich fälligen direkten Steuern („Kontributionen"), die zur Finanzierung der Armee eingesetzt wurden. Über beide Ämter legte Friedrich Wilhelm die „Generalrechenkammer", eine Prüfungsinstanz, die sowohl Verschwendungen aufspüren sollte als auch Schlendrian. Wer will, der kann von dieser Erfindung im Jahr 1714 eine direkte Linie ziehen zum heutigen Bundesrechnungshof.

Der Soldatenkönig

Direktorium und Kommissariat nahmen nicht nur, sie regten auch an – im Sinne einer Gewerbeförderung. Waren, die eingeführt werden mussten, zogen Geld aus dem Land, ergo musste die Produktion im Land forciert werden, eine Idee übrigens, die schon Friedrich Wilhelms Großvater hatte. Dabei ging es weniger um Luxusgüter, sondern um Massengüter: Wolle beispielsweise und Tuche. Der Export von Rohwolle, etwa ins benachbarte und viel besser situierte Sachsen, wurde verboten, darauf stand lebenslange Festungshaft. Und es erging die Anordnung, „Hökerweiber, Verkäuferinnen und anderes Weibsvolk" dürften nicht müßig herumsitzen, vielmehr müssten sie spinnen oder stricken. Tatsächlich gelang es mit dieser Form des Staatsrigorismus, eine einigermaßen leistungsfähige Industrie aufzubauen – gerade die Armee war ein großer Abnehmer.

Es dauerte eine gewisse Zeit, bis der reformorientierte „Soldatenkönig" erkannte, dass ein Nebeneinander zweier Zentralbehörden zur Kontrolle der Staatsfinanzen starke Reibungsverluste zeitigte, zumal auch deren wirtschaftspolitische Ansätze auseinanderdrifteten. Während beispielsweise die Domänenverwaltung zwecks Ertragssteigerung die Ausfuhr vor allem agrarischer Produkte ins Ausland favorisierte, dachten die Experten der Steuerbehörde eher in umgekehrte Richtung – Stichwort Schutzzölle. Ein Amt grub dem anderen das Wasser ab, es kam sogar zu Prozessen und einer Art Konkurrenzkampf um die Gunst des Königs, wer denn der bessere Geldbeschaffer sei.

Da zog der König, Pragmatiker wie er nun mal war, die Notbremse – und schuf 1723 ein Superministerium, das auch einen Supernamen trug: „General-Ober-Finanz-Kriegs-und-Domänen-Direktorium", kurz Generaldirektorium. Eine Lösung, die halten sollte bis zur Zerschlagung Preußens durch die napoleonische Armee 1806/07 und Vorläuferin einer modernen Verwaltungsstruktur war; quasi auf einem Flur die geballte Kompetenz. „Finanzen", „Wirtschaft" und „Militär", „Justiz" und „Außenpolitik" erhielten ihre eigenen Departments.

Und es blieb auch des stets argwöhnischen Monarchen Rechnungshof, die Generalrechenkammer. Nach dem Motto: Vertrauen nein, und das auch noch gut kontrolliert.

Anfang und Aufstieg

Das Tabakskollegium Friedrichs I.
(Gemälde vermutlich von Georg Lisiewski, 1737)

Das Generaldirektorium war, einigermaßen überraschend, eine Kollegialbehörde. Standen Entscheidungen an, mussten sich alle Entscheidungsträger versammeln – links des Tisches saßen die Minister, rechts die Chefbeamten, der Stuhl an der Stirnseite blieb frei für ihn, pro forma, denn Friedrich Wilhelm nahm so gut wie nie an solchen Sitzungen teil. Diskussionen durften – und sollten – offen geführt werden, der König drohte sogar förmliche Untersuchungen für den Fall an, dass irgendwer den aus seiner Sicht notwendigen Informationsaustausch zwischen den Ressorts blockierte.

Allerdings, konstatiert Clark, sei auf diese Weise auch jenes System „von Überwachung, Regulierung und Routine" entstanden, das allen modernen Bürokratien gemein ist. Ein Aperçu nur: Wenn die Minister und Chefbeamten Überstunden machten, musste ihnen auf Kosten der Verwaltung eine warme Mahlzeit spendiert werden – die freilich in zwei Schüben serviert wurde. Während die einen aßen, arbeiteten die anderen, dies sollte wohl sicherstellen, dass das Räderwerk der Arbeit nie stillstand.

Gewiss ein Detail, aber ein solches ist kennzeichnend für Friedrich Wilhelm, Kleinigkeiten durchdachte er ebenso wie Großmanöver. So gab er den Auftrag, die Sümpfe im Havelland trockenzulegen – innerhalb einer Dekade konnten 15 000 Hektar fruchtbares Acker- und Weideland gewonnen werden. Gleichzeitig wurde damit begonnen, auch Oder-, Warthe- und Netzebruch urbar zu machen, immerhin eine Fläche von 500 Quadratkilometern.

Zudem war Preußen seit dem Dreißigjährigen Krieg ein ziemlich menschenarmes Land, in Ostpreußen hatten Seuchen und Hungersnöte zwischen 1710 und 1711 ein Drittel der dortigen Bevölkerung hinweggerafft, etwa 250 000 Menschen. Neues Blut musste also her, um in den spärlich besiedelten Gebieten das wirtschaftliche Leben wieder aufzubauen und insgesamt die Produktivität zu steigern. Daher präsentierte Friedrich Wilhelm sein Land nach Kräften als Einwanderungsland, die Offerte galt allen: Reichsdeutschen und Schweizern, Böhmen oder Niederländern. Das „Retablissement", die Neu- oder Wiederbesiedlung Ostpreußens, war vor allem attraktiv für protestantisch getaufte Menschen aus dem Salzburger Land; dort verfolgte der (katholische) Erzbischof sie gnadenlos als „Ketzer". Friedrich Wilhelm versprach materielle Hilfe, wenn sie denn kämen in die Niederungen Ostpreußens: Steuerfreiheit, Land, Holz und Steine. Er hielt Wort, und der Strom der Emigranten riss nicht ab, schließlich waren es etwa 20 000 Neubürger.

So halfen die Salzburger mit, den Landstrich wieder nach oben zu bringen – ihre Ansiedlung ist ein Beweis für die innenpolitische Stärke des Monarchen. Auf außenpolitischem Parkett wirkte er indes eher hilflos, weil ihm Winkelzüge nicht lagen. „Diplomatische Verwickelungen", heißt es in der „Allgemeinen Deutschen Biographie" von 1877, habe er für „eine Teufelsgeschichte" gehalten, „die ihn von nützlicheren Sachen abziehe". Bei Verhandlungen sei er „oft zu misstrauisch" gewesen, öfter noch zu leichtgläubig, zu ungeduldig und dann zu offensiv, wenn Zurückhaltung gefordert war. Und was vielen Politikern des 18. Jahrhunderts als Meisterstück galt, nämlich Verträge einzugehen, um sie zu brechen, und Verpflichtungen zu übernehmen in der Absicht, sie nicht zu erfüllen, das sei für ihn „moralische Verworfenheit" gewesen, „Windschlägerei", eben nichts für „einen honneten Mann".

Im Übrigen, mit seiner Armee hätte er manches außenpolitische Ziel leicht erreichen können, so diszipliniert war sie und so stark. Als Friedrich Wilhelm den Thron bestieg, zählte sie 38 000 Mann, in einem ersten Schub ließ er sie gleich um knapp 10 000 aufstocken. „Das sollte niemanden beunruhigen", notierte er, „ist mein Heer doch meine einzige Freude." Schließlich hatte er die Ist-Stärke mehr als verdoppelt, und eine neue Form der taktischen Ausbildung verbesserte einerseits die Manövrierfähigkeit großer Truppenverbände in schwierigem Gelände, andererseits sollte sie sicherstellen, dass der Feind ohne Feuerpausen ständig unter Beschuss genommen werden konnte. Ursprünglich wurden die Soldaten zwangsrekrutiert, oft auf unmenschliche Weise, so dass unter jungen Männern Panik ausbrechen konnte, wenn ein Offizier aufkreuzte. Der König greife „bei der Aushebung zu solch übereilten Maßnahmen, als schwebte er in großer Gefahr", meldete der britische Gesandte William Breton nach Hause, „wenn es so weitergeht, dann wird hier bald der Markt zusammenbrechen ..."

Erst spät stoppte Friedrich Wilhelm die Praxis der Zwangsrekrutierung – und ersetzte sie durch eine Form der Konskription, die heute als Vorläufer der allgemeinen Wehrpflicht gilt: das Kantonsystem. Das Land war nun in militärische Bezirke („Kantone") eingeteilt, denen jeweils ein Regiment zugewiesen wurde, und alle Männer im diensttauglichen Alter mussten sich in Regimentslisten einschreiben („enrollieren") lassen. Wer das Land verließ, um dieser Pflicht zu entgehen, wurde als Deserteur verfolgt.

Natürlich gab es Freistellungen, der Bauer mit eigenem Hof musste nicht dienen, ebenso Handwerker nicht, die in staatswichtigen Jobs arbeiteten. Auch Söhne aus reichem bürgerlichem Hause nicht, so viel zur Wehrgerechtigkeit. Zudem wurden die jungen Männer nach ihrer Grundausbildung wieder beurlaubt, in der Regel dienten sie nur zwei bis drei Monate im Jahr. Die zivile Wirtschaft nahm keinen Schaden mehr wie noch zu Zeiten der Zwangsrekrutierung; gleichzeitig besaß das neue Militärsystem den Vorteil, weitgehend unabhängig zu sein von ausländischen Söldnern – zwei von drei preußischen Soldaten waren Landeskinder.

Einmal nur ließ Friedrich Wilhelm seine Truppe marschieren, und dann noch zu einem Zeitpunkt, als der Gegner, die Schweden nämlich, schon fast am Boden lag. Außerdem hatte er, es war im Jahr 1715, die kriegerische Auseinandersetzung von seinem Vater und Vorgänger quasi ererbt; sie brachte ihm Vorpommern ein bis zum Flüsschen Peene einschließlich Stettin – die einzige Beute des „Soldatenkönigs".

Dass er trotz seiner hochgerüsteten, gutausgebildeten und vermutlich auch motivierten Truppe ansonsten jedwede Fehde scheute, lag sicherlich an seiner Abneigung, sich einzumischen in die europäischen Machtspiele. Vielleicht lag es auch an seinem Glauben – für einen frommen Christen wie ihn könnte das Kriegsrisiko durchaus frevelhaftes Glücksspiel auf Kosten seiner Leute gewesen sein; der Spruch „So schnell schießen die Preußen nicht" stammt nicht von ungefähr aus jener Zeit.

Überhaupt war es ihm viel lieber, seinen Jungs einfach zuzuschauen beim Drill – den Krieg nur übend. Immer wenn es ging, arbeitete er in einem Zimmer mit Ausblick auf den Exerzierplatz, er malte seine Soldaten sogar, heimlich. Lustgärten wurden eingeebnet, um daraus Paradeplätze zu machen. Das Heer war ein politisches Instrument, zugleich jedoch, formuliert Clark, sei es der „institutionelle Ausdruck der Weltanschauung dieses Königs" gewesen: ein geordnetes, hierarchisches, männlich geprägtes System, in dem der Einzelne seine Interessen und seine Identität zurückstellte hinter das Ganze. Die Autorität des Königs – uneingeschränkt anerkannt.

So groß seine Zuneigung schon war, sie erfuhr noch eine Steigerung, wenn es um seine „lieben blauen Kinder" ging, die „Langen Kerls", des „Königs Regiment", seine in Potsdam und Brandenburg stationierte Garde. Die Soldaten – 3481 im Stellenplan des Jahres 1739 – waren wirklich hochgewachsen, jedenfalls im Vergleich zum Chef: im Durchschnitt zwischen 1,88 Meter und 1,95 Meter. Für ihre Rekrutierung in halb Europa warf der notorische Geizkragen das Geld zum Fenster raus. Er zahlte regelrechte Handgelder wie heute im Profisport, je länger der Kerl, desto teurer, 9000 Taler soll die Rekordsumme gewesen sein; sein Lieblingsregiment kostete etwa doppelt so viel wie ein normales Infanterieregiment.

Dieser Truppenteil wurde manchmal aufgestockt in wahrem Tauschhandel. Leichten Herzens trennte sich Friedrich Wilhelm vom „66-Ender", der wohl berühmtesten Rotwildtrophäe der Welt, bekam er doch im Gegenzug vom sächsischen Kurfürsten August („dem Starken") einige „Lange Kerls"; seitdem hängt das Riesengeweih in Schloss Moritzburg nahe Dresden. Und die Fama geht um, dass ein Baron einen langwierigen Prozess deshalb zu seinen Gunsten entschieden habe, weil er dem Herrscher für dessen „corps der großen Grenadiere" zwei wahre Mannsbilder abstellte.

Im Mittelpunkt des wohl größten Deals dieser Art steht das legendäre „Bernsteinzimmer", das bis 1716 einen Eckraum des Berliner Stadtschlosses zierte. Der russische Zar Peter („der Große") war begeistert, als er es sah – und bekam es geschenkt, weil sich Friedrich Wilhelm die Gunst des mächtigen Mannes aus Sankt Petersburg sichern wollte. Demontiert und in Kisten verpackt, kam es im Frühjahr 1717 dort an. Postwendend, als Dank für die prompte Bedienung, sandte der Zar dem König 55 Soldaten – alle über zwei Meter groß.

Ob die Favorisierung der „Langen Kerls" nur Spleen war oder Marotte, ist umstritten, ihr Kampfeswert konnte ja nie richtig getestet werden. Für den Historiker und Militärexperten Jürgen Angelow jedenfalls besaßen sie Symbolkraft – als „bildhafter Ausdruck des ‚formidablen' Heeres und einer durch und durch soldatischen Staatsräson". Gleichzeitig hätten sie das in Preußen „drastisch veränderte Verhältnis zu absolutistischer Reputation und Herrschaftssymbolik" verkörpert, weg vom Hofstaat und hin zum effektiv gelenkten Militärstaat.

Zeitlebens fürchtete Friedrich Wilhelm, es könnte zu einem Rückfall kommen in den Feudalstaat alter Prägung. Auslöser dieser Sorge war ausgerechnet sein ältester Sohn Friedrich, der Kronprinz. Für den König stand unumstößlich fest, dass der Nachfolger seinen Glauben, seine Gedanken, seine Neigungen und Abneigungen haben müsse, ansonsten würde alles zusammenbrechen, wofür er so hart gearbeitet hatte.

Früh in Friedrichs Leben war indes deutlich, dass er diesen Ansprüchen des Vaters kaum genügen könnte. Er schlief lange, er war gern allein oder saß häufig bei Mutter oder Schwester, um

Der Soldatenkönig

Friedrich Wilhelm I. prügelt einen verschlafenen Potsdamer Torschreiber, der die Bauern vor dem Stadttor warten lässt, aus dem Bett (Holzstich nach einer Zeichnung von Heinrich Mert, 1889)

Romane zu lesen. Ständig fiel er vom Pferd, und vor dem Schießen fürchtete er sich. Politische Geschäfte interessierten ihn kaum, lieber spielte er Flöte. Der Vater war als Junge zupackend, neugierig, immer ehrlich und schonungslos offen, Friedrichs Sprache hingegen ironisch, indirekt. „Ich möchte wohl wissen, was in diesem kleinen Kopfe vorgeht", merkte der König einmal an, als der Kronprinz zwölf Jahre alt war. Er sollte es nie erfahren.

Um ihn in seinem Sinne zur Räson zu bringen, unterwarf er Friedrich einem sturen Programm täglicher Aufgaben, und alles auf die Minute genau: Militärparaden, Inspektionsrunden, Ratsversammlungen. Über den 14-Jährigen schrieb der kaiserliche Botschafter Friedrich Heinrich von Seckendorff voller Mitleid, er sehe „bei seinen jungen Jahren so ältlich und so steif" aus, „als ob er schon viele Campagnen getan hätte".

Friedrich Wilhelms Charakter erschwerte das Erziehungsgeschäft, und er wusste darum. „Ja, meine Krankheit kenn ich", sagte er über seinen Jähzorn, der ihn ständig überfiel. „Ich bin ein böser Mensch, und wenn ich einen Tag gut bin, so bin ich doch hernach gleich wieder böse. Aber ich kann nicht anders werden."

Vater und Sohn, das war ein kalter Krieg, ein reiner Nervenkrieg. Und er kulminierte, als sich Friedrich im Jahr 1730 nicht durchsetzen konnte, die englische Prinzessin Amalia zu heiraten; Plan der Mutter, und ursprünglich auch des Königs, war, im Rahmen einer Doppelhochzeit Friedrichs Schwester Wilhelmine mit dem englischen Thronfolger zu vermählen, was aber politisch nicht durchgesetzt werden konnte im Konzert der europäischen Mächte. Preußens Herrscher folgte schließlich dieser Linie.

Die Entscheidung gegen ihn löste bei Friedrich ganz offenbar den ganzen Stau jahrelangen Ärgers und der Frustrationen – er floh vom Königshof, wie er es monatelang schon geplant hatte. Es gab Mitwisser dieser ungeheuerlichen Idee eines Thronprätendenten, einer war der 26 Jahre alte Kürassier-Leutnant Hans Hermann von Katte, intelligent, gebildet, musisch begabt und Friedrichs engster Freund. Beide, berichtete ein Zeitgenosse, seien miteinander umgegangen „wie ein Liebhaber mit seiner Geliebten".

Der Plan flog auf, weil alle Beteiligten des Fluchtkomplotts viel zu unvorsichtig ans Werk gegangen waren. Friedrich wurde in ein

Der Soldatenkönig

Verlies gesperrt, schon um sieben musste die Kerze gelöscht werden, und schließlich hatte er einen langen Katalog schriftlicher Fragen des Generalauditeurs zu beantworten – Nummer 184 lautete: „Ob er sein Leben wolle geschenket haben oder nicht?" Friedrich teilte seinem Vernehmer (und somit auf direktem Weg dem Vater) mit, er werde sich dem Willen und der Gnade des Königs voll und ganz unterwerfen, das klang ziemlich kühl in einer solchen Lage.

Katte kam sofort vor ein Kriegsgericht, das ihn zu lebenslanger Festungshaft verurteilte. Der König verwarf diesen Spruch – und verhängte per Dekret die Todesstrafe. Katte habe desertieren wollen und den Hochverrat des Kronprinzen unterstützt, das schlimmste aller Majestätsverbrechen. Eigentlich verdiene er, mit glühenden Zangen zerrissen und aufgehängt zu werden, aus Rücksicht auf seine Familie aber wolle er gnädig sein und legte die Form der Exekution fest: Tod durch Enthaupten.

Friedrich kämpfte um das Leben des Freundes, bot sein eigenes an, vergebens. Katte täte ihm leid, sagte der Vater, „es wäre aber besser, dass er stürbe, als dass die Justiz aus der Welt käme". Und für den Sohn ordnete er die schwerste Bestrafung an, die nur vorstellbar war: Er müsse vom Fenster seiner Zelle aus der Hinrichtung zuschauen. Sekunden vor dem entscheidenden Hieb fiel Friedrich in Ohnmacht, und so sah er nicht, wie Kattes Kopf „mit einem glücklich geratenen Streich durch die Hand und Schwert des Scharfrichters ... abgesondert", vermeldete ein Augenzeuge.

Erstaunlich ist, dass dieser brutale Akt das Verhältnis zwischen Vater und Sohn nicht gänzlich zerrüttete, im Gegenteil. Allmählich legte sich der Zorn Friedrich Wilhelms, und beide kamen sich näher, Schritt für Schritt. Der König war längst ein kranker Mann, er litt an Atemnot, an einer Herzerkrankung, an chronischer Gicht, an Wassersucht, – und, was damals noch nicht erkannt werden konnte, vermutlich an Porphyrie, einer Stoffwechselstörung, die durchaus die Psyche beeinflussen kann.

Am 30. Mai 1740 übergab er seinem Sohn die Regierungsgeschäfte, „Staat, Land und Leute, die volle Souveränität". Tags drauf, es war sein Todestag, gab er die letzten Befehle, einer lautete, die Getreidespeicher wieder aufzufüllen, bevor der Winter einbreche – bis zum Schluss dachte Friedrich Wilhelm I. an sein Volk.

Diener auf dem Thron

Die Macht des Staates zu bewahren und auszuweiten war das politische Credo Friedrichs des Großen. Als Mensch war er eine schillernde Figur: Philosoph, musisch begabter Schöngeist und ein Misanthrop, der am Glück des Lebens verzweifelte.

Von Christopher Clark

Kein europäischer Monarch des 18. Jahrhunderts hat die Zeitgenossen so in den Bann geschlagen und die Historiker so fasziniert wie Friedrich der Große. Zu verstehen, wer der König war, ist allerdings kein leichtes Unterfangen, da Friedrich zwar überaus wortreich war (seine posthum veröffentlichten Werke umfassen 30 Bände), aber nur selten in sich hineinsehen ließ.

Seine Schriften und Reden spiegeln eine für das 18. Jahrhundert charakteristische Hochschätzung für Esprit wider – der Stil ist aphoristisch, leicht und konzise, der Ton stets distanziert: enzyklopädisch, amüsiert, ironisch oder gar spöttisch. Doch der Mensch hinter dem beißenden Witz der satirischen Verse und der kühlen räsonierenden Prosa der historischen Memoiren und politischen Denkschriften bleibt ungreifbar.

Was die Größe seines Intellekts angeht, kann es keinen Zweifel geben. Sein ganzes Leben hindurch verschlang er Bücher: Fénelon, Descartes, Molière, Bayle, Boileau, Bossuet, Corneille, Racine, Voltaire, Locke, Wolff, Leibniz, Cicero, Cäsar, Lucian, Horaz, Gresset, Rousseau, Montesquieu, Tacitus, Livius, Plutarch, Sallust, Lukrez, Nepos und Hunderte andere mehr. Er las immer neue Bücher, studierte aber auch wiederholt jene Texte, die ihm am wichtigsten waren. Eines allerdings blieb für ihn ein kultureller blinder Fleck: die deutsche Literatur.

In einem bissigen (und mitunter auch amüsanten) literarischen Erguss verurteilte Friedrich, zu der Zeit ein mürrischer alter Mann von 68 Jahren, die deutsche als eine „halb barbarische Sprache", in der es „also tatsächlich unmöglich ist", selbst für einen „mit dem größten Talent begabten Schriftsteller", sich elegant auszudrücken. Deutsche Autoren, schrieb der König, „gefallen sich in einem weitschweifigen Stil, sie häufen Einschaltung auf Einschaltung, und oft findet man erst am Ende einer vollen Seite das Verb, von dem der Sinn des ganzen Satzes abhängt".

So stark war Friedrichs Bedürfnis nach Anregung durch Bücher, dass er eine mobile „Feldbibliothek" einrichten ließ, um bei Feldzügen nicht auf die Gesellschaft seiner Lieblingsbücher verzichten zu müssen. Das Schreiben (ausschließlich auf Französisch) war ihm ebenfalls wichtig, nicht nur als Mittel zur Kommunikation, sondern auch als geistige Zuflucht. Sein Ehrgeiz war es, den Wagemut und die Energie eines Mannes der Tat mit der kritischen Distanz des Philosophen zu vereinen. Die Kombination dieser beiden Spezies, auf den Punkt gebracht in der jugendlichen Selbstbeschreibung als „roi philosophe", bedeutete, dass keine der beiden Rollen einen ausschließlichen Anspruch auf ihn erheben konnte: Unter den Königen war er ein Philosoph und unter den Philosophen ein König.

Aus seinen Briefen von den Schlachtfeldern, verfasst an den Tiefpunkten seiner militärischen Fortune, spricht ein zeitweise leicht affektierter Stoizismus. Umgekehrt atmen seine Aufsätze zu praktischen und theoretischen Angelegenheiten das Selbstvertrauen und die Autorität dessen, der echte Macht ausübt.

Friedrich war darüber hinaus ein ausgezeichneter Musiker. Seine Vorliebe für die Flöte passte hervorragend ins Bild, da dieses Instrument mehr als jedes andere mit dem kulturellen Prestige Frankreichs assoziiert wurde. Die Querflöte, die Friedrich spielte, war eine vergleichsweise junge Entwicklung der französischen Instrumentenbauer, welche die alte, zylindrische Flöte mit sechs Grifflöchern zum subtilen und chromatisch vielseitigen, konisch gebohrten Instrument der barocken Ära weiterentwickelt hatten. Die berühmtesten Flötisten des frühen 18. Jahrhunderts – Philidor, de la Barre, Dornel, de Montéclair – waren Franzosen, und auch das Repertoire stammte überwiegend von französischen Komponisten. Das Instrument war folglich eng mit der kulturellen Überlegenheit verbunden, die Friedrich und viele seiner deutschen Zeitgenossen mit Frankreich assoziierten.

Anfang und Aufstieg

Das Flötenspiel war für den König eine ernste Angelegenheit. Sein Lehrer, der Flötenvirtuose und Komponist Johann Joachim Quantz, bezog ein Gehalt von 2000 Talern im Jahr, was ihn auf eine Stufe mit einigen der höchsten Beamten im Königreich stellte – Carl Philipp Emanuel Bach hingegen, ein Komponist von weit größerer historischer Bedeutung, der als Kammercembalist in Friedrichs Diensten stand, musste sich mit einem Bruchteil dieser Summe bescheiden. Friedrich übte und spielte unablässig, mit einem Perfektionismus, der an Besessenheit grenzte. Selbst auf Feldzügen konnte in den preußischen Lagern zur Abendzeit das melodische Spiel des Königs gehört werden.

Der Bezug zwischen Friedrichs politischen Schriften und seinem Handeln als Herrscher war bemerkenswert direkt. Im Kern seines Denkens stand die Bewahrung und Ausweitung der Macht des Staates. Ungeachtet seines eher irreführenden Titels umriss Friedrich in seinem berühmten Antimachiavell (1739/40) sehr deutlich seine Position hinsichtlich der Zulässigkeit des Präventivschlags und des „Interessenkrieges". Im sogenannten Interessenkrieg verfolgt der Fürst eine gerechte Sache und ist demnach geradezu verpflichtet, zur Wahrung der Interessen seines Volkes wenn nötig auch zur Gewalt zu greifen. Eine deutlichere Blaupause für die Eroberung Schlesiens 1740 und den Einmarsch in Sachsen 1756 kann man kaum verlangen.

In beiden politischen Testamenten (1752 und 1768), die der König zur privaten Belehrung seines Nachfolgers verfasste, drückte er sich sogar noch offener aus. In seinem zweiten Testament sprach er mit bemerkenswerter Kaltblütigkeit darüber, wie „nützlich" es für Preußen sei, Sachsen und Polnisch-Preußen (das Territorium, das Ostpreußen von Brandenburg und Hinterpommern trennte) zu absorbieren und damit die Grenzen „abzurunden" und die östliche Provinz des Königreichs verteidigungsfähig zu machen. Die für uns Heutige einleuchtenden Themen – wie etwa die Befreiung von Glaubensgenossen oder die Verteidigung alter Rechte – werden in dieser Schrift mit keinem Wort erwähnt. Der König ergeht sich hier in ungehemmtem Phantasieren über die Expansion des Staates.

Friedrich war auch ein großartiger und höchst origineller Historiker. Zusammengenommen bilden die „Denkwürdigkeiten zur Geschichte des Hauses Brandenburg" (vollendet im Februar 1748), die „Geschichte meiner Zeit" (vollendet in einem ersten Entwurf 1746), die „Geschichte des Siebenjährigen Krieges" (vollendet 1764) und seine 1775 vollendeten Memoiren zu den Ereignissen in dem Jahrzehnt zwischen dem Frieden von Hubertusburg und der ersten Polnischen Teilung, ungeachtet seiner Neigung zu oberflächlichen Urteilen, die erste umfassende historische Darstellung der Entwicklung der preußischen Lande.

**Friedrich der Große
(Porträt von Anton Graff, 1781)**

So einnehmend und überzeugend sind Friedrichs historische Notizen und Erinnerungen, dass sie seit ihrem Erscheinen die Wahrnehmung seiner Herrschaftszeit – und die seiner Vorgänger – geprägt haben. Das feine Gespür für historischen Wandel, das man bereits in den politischen Testamenten des Großen Kurfürsten und Friedrich Wilhelms I. findet, erreicht in Friedrichs Schriften die Ebene der Selbstreflexion. Vielleicht war es das Fehlen einer göttlichen Vorsehung in Friedrichs Denken, was ihn daran hinderte, sich selbst und sein Werk in eine zeitlose Heilsordnung einzubetten.

Sein Vater Friedrich Wilhelm I. schloss seine Instruktionen für seinen Nachfolger vom Februar 1722 mit dem frommen Wunsch, der „allmechtige Gott durch Jesum Kristum" möge seinem Sohn und seinen Nachfolgern zu „wohlergehen biß ans ende der weldt" verhelfen. Friedrich dagegen verwies in der Eröffnung seines politischen Testaments von 1752 auf den ungewissen und flüchtigen Charakter aller historischen Errungenschaften: „Ich weiß, dass der Augenblick des Todes den Menschen und seine Projekte zerstört und dass alles im Universum den Gesetzen der Veränderung unterworfen ist."

Anfang und Aufstieg

Sein gesamtes Leben hindurch bewahrte Friedrich eine bemerkenswerte Gleichgültigkeit den religiösen Konventionen seiner Zeit gegenüber. Er war entschieden irreligiös: In seinem politischen Testament von 1768 bezeichnete er das Christentum als „einen alten metaphysischen Roman, voll von Wundern, Widersprüchen und Absurdität, geboren aus der glühenden Einbildungskraft der Orientalen", und übertragen nach Europa: „Enthusiasten haben ihn vorgetragen, Ehrgeizige haben vorgegeben, davon überzeugt zu sein, Dumme haben ihn geglaubt."

Auch was Fragen der sexuellen Moral betraf, zeigte er sich ungewöhnlich locker. Voltaire erzählt in seinen Memoiren den Fall eines Mannes, der wegen sexuellen Verkehrs mit einer Eselin zum Tode verurteilt worden war. Das Urteil wurde von Friedrich persönlich mit der Begründung annulliert, in seinen Landen habe man sowohl die Freiheit des Gewissens wie auch die Freiheit des Penis. Ob nun wahr oder nicht (Voltaire ist in solchen Dingen nicht immer zu trauen), die Geschichte vermittelt einen authentischen Eindruck des Libertinismus, der in Friedrichs Umgebung herrschte.

Julien Offray de La Mettrie war ein zeitweiliger Star an Friedrichs Hof und Autor der materialistischen Abhandlung „Der Mensch als Maschine" („l'homme machine"), in der er die Meinung vertrat, der Mensch sei nichts als ein Verdauungstrakt mit Schließmuskeln an beiden Enden. Während seines Aufenthalts in Berlin fand La Mettrie die Zeit, zwei weitere Aufsätze zu ausgefallenen Themen zu verfassen: „Die Kunst, Wollust zu empfinden" („l'art de jouir") und „Der kleine Mann mit dem großen Schwanz" („le petit homme à longue queue"). François Baculard d'Arnaud, ein weiterer von Friedrichs französischen Gästen, schrieb eine Abhandlung über „l'art de foutre", also die Kunst des Fickens. Friedrich selbst soll in einem (leider verschollenen) Gedicht die Freuden des Orgasmus erörtert haben.

War Friedrich homosexuell? Ein zeitgenössisches, unter einem Pseudonym in London veröffentlichtes „mémoire secrète" behauptete, der preußische König residiere über einen Hof voller Lustknaben und pflege in regelmäßigen Abständen Verkehr mit Höflingen, Stallburschen und wechselnden Jünglingen. Der undankbare Voltaire – der einst seine Liebe zu Friedrich in offen erotischen Worten bekundet hatte – unterstellte dem König später in seinen Memoiren, er habe die Angewohnheit gehabt, sich nach dem Lever ein Viertelstündchen mit einem ausgewählten Lakai oder „jungen Kadetten" zu verlustieren, wobei, wie er hämisch hinzufügte, „es nicht bis zum Äußersten kam", weil Friedrich die schlechte Behandlung durch seinen Vater nie überwunden habe und deswegen „unfähig war, die Führungsrolle zu spielen". Deutsche Memoirenschreiber reagierten darauf mit pflichtbewussten Gegenattacken und verwiesen auf die vitale Heterosexualität des jungen Friedrich.

Es ist schwer zu beurteilen, welche dieser Sichtweisen der Wahrheit näherkommt. Voltaire schrieb nach seiner Entzweiung mit dem König und mit einem Auge auf die Vorliebe des Pariser Lesepublikums für Schlüpfrigkeiten. Die Geschichten wiederum über frühere „Mätressen" beruhen samt und sonders auf Gerüchten, Klatsch und Hörensagen am Hofe. Unbestritten ist, dass Friedrich als junger Prinz dem einflussreichsten Minister am Hof seines Vaters, Friedrich Wilhelm von Grumbkow, anvertraute, er fühle sich zu wenig zum weiblichen Geschlecht hingezogen, um sich vorstellen zu können, eine Ehe einzugehen. Die sexuelle Biografie des Königs zu rekonstruieren ist unmöglich – und unnötig; es könnte durchaus sein, dass er nach seiner Thronbesteigung auf geschlechtlichen Verkehr mit wem auch immer verzichtet hat und möglicherweise sogar schon davor.

Gesprochen hat er darüber aber auf jeden Fall; die Konversationen im Kreis der Tafelrunde um den König waren gespickt mit homoerotischem Geplänkel. Friedrichs satirisches Gedicht „Das Palladion" (1749), das zur großen allgemeinen Erheiterung bei den „petits soupers" des Königs vorgetragen wurde, beschrieb eine skurrile Szene, in der Claude Etienne Darget, einer seiner Potsdamer Lieblinge, von einem Haufen lüsterner Jesuiten missbraucht wird.

Das war starker Tobak, nur für Männerohren bestimmt. Ein derber maskuliner Ton war in der Tat ein Merkmal von Friedrichs engerem Kreis. In diesem Sinne war Friedrichs Hof eine Weiterentwicklung des Tabakskollegiums seines Vaters, das er als Kronprinz mit Abscheu betrachtet hatte. Die Maskulinisierung, die das

Anfang und Aufstieg

Hofleben nach dem Thronwechsel 1713 verändert hatte, wurde nach Friedrichs Thronbesteigung 1740 nicht zurückgerollt, sondern in mancherlei Hinsicht sogar noch verstärkt. Nur während der Rheinsberger Kronprinzenzeit wurden Frauen in das gesellschaftliche Leben an Friedrichs Hof integriert. Natürlich gab es in einem solchen Rahmen wenig Raum für eine funktionierende Ehe. Ob die Ehe zwischen Friedrich und Elisabeth Christine von Braunschweig-Bevern überhaupt je vollzogen wurde, bleibt unklar. Was feststeht, ist, dass Friedrich nach seiner Thronbesteigung den gesellschaftlichen Umgang mit seiner Frau mied und zum Schluss gänzlich einstellte. Er verbannte die Königin in eine Grauzone, in der sie ihre formalen Rechte und Attribute als Königsgattin zwar behielt und – mit einem sehr knappen Budget bedacht – eine eigene, bescheidene Residenz bewohnte, aber nicht ermutigt wurde, Kontakt zum König zu suchen.

Das war ungewöhnlich: Friedrich wählte keine der üblichen Auswege aus einer gescheiterten Ehe. Weder ließ er sich scheiden, noch verbannte er seine Gattin aus dem Land oder nahm sich eine Mätresse. Stattdessen verdammte er Elisabeth Christine zu einer Art Scheintod. Von 1745 an war sie Persona non grata in Sanssouci; andere Frauen wurden in die elegante Sommerresidenz des Königs geladen (zumeist zum sonntäglichen Mittagessen), nicht aber die Königin. In den 22 Jahren von 1741 bis 1762 kam Friedrich nur zweimal, um mit ihr ihren Geburtstag zu feiern. Obwohl sie weiterhin über das, was vom Berliner Hof übriggeblieben war, präsidierte, verengte sich der Horizont ihres Lebens nach und nach auf ihre Niederschönhausener Vorstadtresidenz. In einem Brief aus dem Jahr 1747 sprach sie davon, dass sie „ruhig den Tod erwarten [kann], wenn Gott es für gut halten wird, mich von dieser Welt zu nehmen, in der ich nichts mehr zu tun habe". Da war sie gerade mal 31 Jahre alt.

Friedrichs Korrespondenz mit der Königin war von einem eisigformalen Ton geprägt. Auch bei den seltenen Gesprächen blieb er auf Distanz. Berühmt ist die unvergessliche Begrüßung, mit der Friedrich die Königin nach Jahren der Trennung 1763 bei seiner Rückkehr aus den Kriegen empfing: „Madame sind korpulenter geworden."

Ob uns all dies in unserer Suche nach dem „wahren Friedrich" weiterbringt, ist eine müßige Frage. Friedrichs Persönlichkeit basierte auf der Zurückweisung von Authentizität als Tugend an sich. Die Vorhaltungen seines Vaters, sich wie ein ehrbarer und tugendhafter Mann zu verhalten, hatte der junge Friedrich mit einer aufgesetzten, geckenhaften Höflichkeit quittiert und war in die Rolle des sarkastischen, simulierenden, moralisch agnostischen Außenseiters geschlüpft. In einem Brief von 1734 an seinen früheren Hauslehrer, den Hugenotten Jacques Egide Duhan de Jandun, verglich er sich mit einem Spiegel, der, dazu verpflichtet, seine Umgebung zu reflektieren, nicht wagt zu sein, wozu die Natur ihn gemacht hat.

Die Neigung, sich als Subjekt, als Individuum aufzulösen, durchzieht seine Schriften wie ein roter Faden. Sie findet sich in dem gezierten Stoizismus seiner Korrespondenz in Kriegszeiten, in seinem Sarkasmus, mit dem er selbst seine engsten Gefährten auf Distanz hielt, und in seiner Neigung, bei der Reflexion über politische Prinzipien, die Person des Königs mit der abstrakten Natur des Staates zu verschmelzen.

Selbst Friedrichs Arbeitseifer, der immens und unerschöpflich war, lässt sich als Flucht vor der Introversion sehen, die Untätigkeit mit sich bringt. Friedrich riss den Schutzwall, den er gegen das von seinem Vater verhängte grausame Regime errichtet hatte, niemals wieder ein. Er blieb der selbsternannte Misanthrop, der die Verworfenheit der Menschheit beklagt und am Glück dieses Lebens verzweifelt. Unterdessen fuhr er – mit erstaunlicher Energie – darin fort, sein kulturelles Kapital zu mehren.

Endlose Stunden übte und spielte er Flöte, bis ihm die Zähne ausfielen und seine Embouchure, die Mundstellung, ruiniert war. Immer wieder las er die römischen Klassiker (auf Französisch), feilte an seinem französischen Prosastil, verschlang die neuesten philosophischen Werke und rekrutierte neue Gesprächspartner, um die Freunde zu ersetzen, die gestorben waren oder ihn verraten hatten, indem sie sich eine Frau genommen hatten.

Eines der zentralen Themen in Friedrichs politischen Schriften war der Staat. Sein Vater, Friedrich Wilhelm I., hatte seine Politik durch die Notwendigkeit der Konsolidierung seiner „Souveränität" legitimiert. Friedrich aber beharrte auf dem Primat des Staates als eines abstrakten, von seiner Person getrennt stehenden Gebildes. „Ich habe es für meine Pflicht gehalten", schrieb er im politischen Testament von 1752, „zum Wohle des Staates zu arbeiten, und das auf allen Gebieten." Und gegenüber seinem Bruder Heinrich erklärte er im Februar 1776, er habe sein Leben voll und ganz dem Staat gewidmet. Für den König stelle der Staat eine Art Unsterblichkeit dar. Das sterbliche Ich des Königs werde mit seinem Tod ausgelöscht; der Staat aber als veräußerlichtes Selbst des Monarchen bleibe bestehen. „Dabei habe ich allein den Staat im Auge", schrieb Friedrich, „denn mir ist wohl bewusst, dass mir alles, sollte selbst der Himmel einstürzen, im Augenblick nach meinem Tode völlig gleichgültig sein könnte."

In seiner logischen Konsequenz implizierte der Primat des Staates eine Relativierung, ja, eine Herabsetzung der Position des Herrschers. Nirgendwo wird das von Friedrich deutlicher angesprochen als in seinem politischen Testament von 1752, wo es heißt: „Der Herrscher ist der erste Diener des Staates. Er wird gut besoldet, damit er die Würde seiner Stellung aufrechterhalte. Man fordert aber von ihm, dass er wirksam für das Wohl des Staates arbeite."

Diese Auffassung war nicht neu – die Vorstellung vom Herrscher als „premier domestique" des Staates findet sich bereits in den Schriften Fénelons, Bossuets und Bayles. Auch Samuel von Pufendorf, Biograf des Großen Kurfürsten und der einflussreichste deutsche Kenner der Werke des britischen Philosophen Thomas Hobbes, hatte den Souverän funktional als den Garanten der kollektiven Interessen des Staates definiert. Die gleiche Argumentation durchzieht auch die Arbeiten des Halleschen Philosophen Christian Wolff; dessen Schriften, die den Aufstieg des abstrakten Rechts- und Verwaltungsstaates mit weitreichender Verantwortung in den Bereichen Gesundheit, Bildung, soziale Gerechtigkeit und Sicherheit feierten, hatte Friedrich als Kronprinz mit Bewunderung gelesen.

Kein preußischer Monarch aber hatte dieses Konzept so sehr in den Mittelpunkt seines Selbstverständnisses als König gerückt wie Friedrich der Große. Das erklärt unter anderem seine Abneigung gegen den friderizianischen Personenkult, der sich gegen Ende des Siebenjährigen Krieges in Preußen entfaltete, und seinen Verzicht auf die konventionellen Zeichen einer dynastischen Monarchie. Sein Beharren darauf, einen alten blauen Soldatenrock zu tragen, dessen Revers mit Spuren von spanischem Schnupftabak befleckt war, brachte die Selbstunterordnung des Monarchen unter die von ihm repräsentierte politische und gesellschaftliche Ordnung plastisch zum Ausdruck.

Friedrich verkörperte die Staatsidee so absolut, dass viele hohe Beamte zu der Überzeugung gelangten, dem Monarchen zu dienen sei ein und dasselbe, wie dem Staat zu dienen. Das höchste Ziel der Verwaltung müsse es sein, verkündete Ludwig Graf von Münchow in seiner Antrittsrede als Direktor der neuen Kammer im schlesischen Glogau, „dass wir ohne alle Nebenabsichten sowohl des Königs als auch des Landes Beste (befördern) müssen … dass kein Tag – ja, wenn es möglich –, keine Stunde hingegangen, worinnen wir nicht wirklich dem Könige einen Dienst getan". Der König war also weit mehr als nur der oberste Vorgesetzte; er war ein Vorbild, dessen Werte und Lebensweise von hohen Beamten verinnerlicht wurden.

Was das für den einzelnen Beamten bedeuten konnte, erfahren wir aus dem Tagebuch von Friedrich Anton von Heinitz, Leiter des Departements für Bergwerks- und Hüttenwesen im Generaldirektorium. Heinitz war nicht Preuße, sondern Sachse, und 1777, im Alter von 52 Jahren, in Friedrichs Dienste getreten. In einem Tagebucheintrag vom 2. Juni 1782 meinte Heinitz, man müsse die harte Arbeit für das öffentliche Wohl als Akt der Anbetung Gottes betrachten. „Du hast darin an dem König ein Exempel so wenig seinesgleichen. Er ist arbeitsam, zieht seine Schuldigkeit aller Erholung vor, besorgt zuvörderst seine Geschäfte … Er hat in seinem Stande nicht seinesgleichen, der die Enthaltsamkeit, Einförmigkeit hat, der seine Zeit so einzuteilen weiß."

Friedrich projizierte die abstrakte Autorität des Staates auch mit den Mitteln der Architektur. Nirgendwo wird das sichtbarer als in dem Ensemble öffentlicher Gebäude, das am Anfang der Straße Unter den Linden im Zentrum Berlins an das Forum Fridericianum (dem heutigen Bebelplatz) angrenzt. Eine der ersten Amtshand-

Anfang und Aufstieg

lungen Friedrichs als König bestand darin, den Hofarchitekten Georg Wenzeslaus von Knobelsdorff mit dem Bau eines Opernhauses an der Ostseite des Platzes zu beauftragen. Das Opernhaus war nach seiner Vollendung eines der größten in ganz Europa und bot 2000 Zuschauern Platz.

1747 wurde auf der Südseite des Platzes, an das Opernhaus angrenzend, mit dem Bau der Sankt-Hedwigs-Kathedrale zu Ehren der katholischen Untertanen des Königs begonnen. Die Kirche war ein bemerkenswertes Denkmal der interkonfessionellen Toleranz einer protestantischen Stadt. Um keinen Zweifel an dieser Botschaft aufkommen zu lassen, wurde der Portikus nach dem Vorbild des synkretischen Pantheons des antiken Roms gestaltet. In den siebziger Jahren des 18. Jahrhunderts kam dann an der Westseite des Forums die großzügig angelegte neue Königliche Bibliothek hinzu.

Natürlich spielte bei diesen Projekten auch der Wunsch nach traditioneller monarchischer Repräsentation eine Rolle. Zugleich aber stellte das Forum einen sehr bewussten Ausdruck des kulturellen Auftrags des Staates dar. Die Pläne und Aufrisse der neuen Gebäude sowie des Platzes insgesamt fanden große Verbreitung und waren Gegenstand gelegentlich kontroverser Diskussionen in den Berliner Zeitungen und Salons. Nach ihrer Fertigstellung waren Oper und Bibliothek der allgemeinen Öffentlichkeit zugänglich. Vielleicht am bemerkenswertesten an der Gesamtanlage war das Fehlen eines königlichen Palastes. Ursprünglich hatte Friedrich dort zwar auch einen Königspalast errichten lassen wollen, verlor aber nach dem Zweiten Schlesischen Krieg das Interesse an diesem Vorhaben. Das Opernhaus wurde damit das erste Gebäude seiner Art nördlich der Alpen, das nicht räumlich an ein Königsschloss angrenzte.

Auch die Königliche Bibliothek war, höchst ungewöhnlich für die Zeit, ein freistehendes Gebäude. Das Forum war, anders ausgedrückt, ein Residenzplatz ohne eine Residenz, wodurch es sich, wie Besuchern der Stadt keineswegs entging, von praktisch jedem anderen europäischen Schlossplatz unterschied. In der Architektur, wie in der Person des Königs, war die Repräsentation des preußischen Staates von der der preußischen Dynastie entkoppelt.

Diener auf dem Thron

Um der Notwendigkeit fortlaufender diktatorischer Interventionen seitens des Souveräns zu entgehen, benötigte der Staat allerdings eine kohärente rechtliche Struktur. Auch hier praktizierte Friedrich, was er predigte, rationalisierte das Gerichtswesen und beauftragte führende Juristen der Zeit mit der Ausarbeitung eines Landrechts für die preußischen Staaten. Wiewohl zum Zeitpunkt seines Todes noch nicht abgeschlossen, sollte das „Allgemeine Landrecht für die Preußischen Staaten" zu einer Art Verfassung für das Königreich Preußen werden.

In seinen Bemühungen um den Wiederaufbau Preußens nach dem Siebenjährigen Krieg erwies sich Friedrich als gewissenhafter Diener des Allgemeinwohls – in den Kriegen verwüstete Dörfer wurden wieder aufgebaut, in Vorwegnahme des später im Allgemeinen Landrecht festgeschriebenen Grundsatzes, wonach der Staat gehalten ist, denjenigen zu „entschädigen", der „seine besondern Rechte und Vorteile dem Wohle des gemeinen Wesens aufzuopfern genötigt wird". Gleichermaßen akzeptierte Friedrich die Fürsorgepflicht für Kriegswaisen und -invaliden; unter seiner Herrschaft wurde die Versorgung dieser Gruppen durch staatliche Einrichtungen ausgeweitet.

Die Doktrin vom Primat des Staates bestimmte auch Friedrichs Haltung im internationalen Kontext. Dazu gehörte, erstens, eine recht laxe Einstellung im Hinblick auf internationale Verträge und dergleichen andere Verpflichtungen, da diese, waren sie den Interessen des Staates nicht länger dienlich, jederzeit aufgekündigt werden konnten. Friedrich praktizierte dies zum Beispiel im Falle des Nymphenburger Bündnisses, als er gleich zweimal, 1742 und 1745, seine Verbündeten im Stich ließ, das Bündnis aufkündigte und einen Separatfrieden mit Österreich schloss. Nicht viel anders verhielt es sich mit seinem Einmarsch in Schlesien, der eklatant gegen die Rechtsordnung des Heiligen Römischen Reiches verstieß. Doch das kümmerte Friedrich wenig. Anders als sein Vater hatte er wenig Respekt für das Reich, dessen Verfassungssystem er im politischen Testament von 1752 als „überaltert und bizarr" abtat.

Von Friedrichs Warte aus (und der Pufendorfs und vieler anderer deutscher Kritiker des Reiches im 18. Jahrhundert) verkörperte das Heilige Römische Reich mit seinen überlappenden Jurisdikti-

Anfang und Aufstieg

onen und seinen mehrfachen, einander durchdringenden Ebenen der Souveränität die Antithese des Staatsprinzips. Hinzu kam die bittere Erinnerung an die Jahre 1718 und 1725, als Adelsdelegationen aus der Region Magdeburg vor dem Reichshofrat in Wien mit Erfolg Berufung gegen eine neue preußische Steuer eingelegt hatten.

Das Abkommen von 1746, in dem der Habsburger Kaiser offiziell auf Reichsjurisdiktion über die preußischen Territorien verzichtete, gehörte zu den entscheidenden Erfolgen Friedrichs auf dem Weg zur Konsolidierung der konstitutionellen Autonomie seines Königreichs. Nun konnte Friedrich den brillanten Juristen Samuel von Cocceji, der bereits seinem Vater gedient hatte, mit der Abfassung eines Allgemeinen Landrechts beauftragen, das allein auf der Vernunft und den rechtlichen Gewohnheiten in den preußischen Landen basierte. Das war ein wichtiger Moment, weil er den Anfang vom Ende des alten Reichssystems markierte.

Der Kampf zwischen Preußen und Österreich war so gesehen ein Konflikt zwischen dem „Staatsprinzip", das auf dem Primat des Staates vor allen inneren und überterritorialen Kräften gründet, und einem „Reichsprinzip" verteilter Zuständigkeit und gemischter Souveränität, das seit dem Mittelalter eine prägende Eigenschaft des Heiligen Römischen Reiches gewesen war.

So entschlossen und konsequent Friedrich für die abstrakte Autorität des Staates eintrat, gab es doch etliche frappierende Widersprüche zwischen Theorie und Praxis. Obgleich er prinzipiell die Unumstößlichkeit aller veröffentlichten Gesetze und Verfahrensordnungen anerkannte, schreckte er nicht davor zurück, wenn er es für nötig hielt, sich über die Entscheidungen seiner Justizbehörden hinwegzusetzen. Das berühmteste Beispiel einer solchen Intervention Friedrichs war die Müller-Arnold-Affäre in den Jahren 1779/80.

Der Wassermüller Christian Arnold hatte seinem Grundherren, dem Grafen Schmettau, die Zahlung des Pachtzinses verweigert, weil der örtliche Landrat, Freiherr von Gersdorff, durch die Anlage mehrerer Karpfenteiche das Wasser für die Mühle abgegraben und ihn seines Lebensunterhalts weitgehend beraubt hatte. Als Arnold zur Räumung der Mühle verurteilt wurde, wandte er sich zusammen mit seiner Frau direkt an den König. Entgegen einer scharf formulierten Kabinettsorder des Königs, in der das Urteil revidiert wurde, bestätigte die Justizbehörde Küstrin das ursprüngliche Urteil. Friedrich, die Manipulationen einer Provinzoligarchie witternd, tobte und ordnete an, den Fall an das Berliner Kammergericht zu übertragen.

Doch auch das Kammergericht bestätigte das Urteil gegen den Müller, woraufhin Friedrich befahl, die drei verantwortlichen Richter zu verhaften und zu mindestens einem Jahr Festungshaft zu verurteilen. Die Karpfenteiche des Landrats sollten beseitigt, der Wasserlauf zur Arnoldschen Mühle wieder hergerichtet und der Müller für alle seine Kosten und Verluste entschädigt werden.

Der Fall sorgte nicht nur in den Kreisen der Justizverwaltung für Empörung; er geriet auch zu einer öffentlichen Sensation. In einer in Zeitungen und Gazetten im ganzen Königreich abgedruckten Kabinettsorder rechtfertigte der König sein Vorgehen und erklärte, seine Absicht habe darin gelegen, sicherzustellen, dass „Jedermann, er sei vornehm oder geringe, reich oder arm, eine prompte Justiz administriret" werde und ihm ohne Ansehen der Person „ein unpartheiisches Recht wiederfahren" solle.

Auch im territorialen Sinne war Friedrichs Staatskonzept weniger umfassend als das seines Vaters; er kümmerte sich weit weniger um die Integration der außerhalb gelegenen Gebiete. Viele der im brandenburgischen Kernland eingeführten merkantilistischen Wirtschaftsverordnungen wurden nicht auf die westlichen Provinzen übertragen, deren Erzeugnisse in steuerlicher Hinsicht wie ausländische Waren behandelt wurden. Unter Friedrich Wilhelm I. hatte die Regierung versucht, Ostpreußen mit Hilfe des Magazinsystems in die gesamtpreußische Getreideökonomie zu integrieren; unter Friedrich ließen diese Bemühungen nach.

Auch wurde das Kantonsystem in den westlichen Provinzen nicht durchgehend eingeführt. So hatten, wie er 1768 erklärte, die drei Regimenter von Wesel keinen Kanton, „weil die Bevölkerung dieser Provinzen nicht für den Kriegsdienst taugt; sie ist schlaff und weichlich, und wenn der Klever sich von seinem Zuhause entfernt, bekommt er Heimweh wie die Schweizer".

Bei Friedrich hatten die Kernprovinzen des Königreichs immer Priorität. In einem vielsagenden Absatz des politischen Testaments von 1768 erklärte er: „Die Provinzen, die den eigentlichen Staatskörper bilden, sind Pommern, die Marken, Magdeburg, Halberstadt und Schlesien." Das war für Friedrich zum Teil eine Frage der militärischen Logik, da sich die Kernlande dadurch auszeichneten, dass sie allein sich „verteidigen [können], wenn sich nicht ganz Europa gegen ihren Souverän verbündet". Ostpreußen und die westlichen Provinzen dagegen müsse man bei Ausbruch von Kriegshandlungen aufgeben. Diese Einstellung dürfte mit dafür verantwortlich gewesen sein, dass Friedrich das gewaltige, von seinem Vater begonnene ostpreußische Wiederaufbauprogramm nicht fortführte.

Daneben schien ihm das Verhalten seiner im Siebenjährigen Krieg unter Fremdherrschaft geratenen Untertanen zu denken gegeben haben. Besonders übel nahm er den ostpreußischen Ständen, dass sie 1758 seiner Erzfeindin, der Zarin Elisabeth, die Treue geschworen hatten. Nach 1763 setzte Friedrich, der ansonsten unermüdliche Oberinspektor seines Königreiches, keinen Fuß mehr nach Ostpreußen. Er begnügte sich damit, die ostpreußischen Kammerpräsidenten zum Rapport nach Potsdam oder in sein Hauptquartier während des jährlichen Manövers in Westpreußen einzubestellen. Für Ostpreußen, die Lieblingsprovinz Friedrich Wilhelms I., war das ein erheblicher Bedeutungsverlust.

Der Siebenjährige Krieg bremste auch den Fortgang der administrativen Integration der preußischen Territorien. In den frühen Jahren seiner Regentschaft hatte Friedrich diesen Prozess durch die Schaffung neuer Verwaltungsorgane, wie des V. Departements, zuständig für die Industriepolitik in allen Territorien, oder des VI. Departements für Heeresangelegenheiten, mit ebenfalls allgemeinpreußischer Zuständigkeit, vorangetrieben. Nach 1763 jedoch verloren die Integrationsbemühungen an Dynamik.

Auch die Bestrebungen zur Integration der westlichen Provinzen in die fiskale Struktur der Kernprovinzen ließen ab 1766 nach, als das Projekt eines einheitlichen Akziseregimes aufgegeben wurde und sich in der Folgezeit die Kontrolle der lokalen Verwaltung durch Berlin spürbar lockerte. Diese hemmenden Effekte sind hervorzustreichen, da sehr oft angenommen wird, der Krieg habe die Konsolidierung des Staates in den preußischen Territorien stets vorangetrieben. Nimmt man Friedrichs Kommentare über den Staat wörtlich, scheinen sie gelegentlich zu implizieren, die Funktionen des Königs seien zum Teil in den unpersönlichen kollektiven Strukturen einer Regierung aufgegangen, die in Übereinstimmung mit transparenten Regeln und Vorschriften arbeitet. Die Realität sieht anders aus. Die Regierung Preußens unter Friedrich dem Großen war eine in höchstem Maße persönliche Angelegenheit, und der politische Prozess war in mancherlei Hinsicht sogar noch ausschließlicher auf den König ausgerichtet, als das unter seinem Vater der Fall gewesen war.

Friedrich Wilhelm I. hatte ein kollegiales System der Ministerregierung geschaffen, in dem der Monarch häufig auf die Empfehlungen eines einflussreichen Ministerrates hörte. Nach Friedrichs Thronbesteigung jedoch kam dieses System außer Mode. Nach 1763 schränkte er seine persönlichen Kontakte zu den Ressortministern noch weiter ein; deren Funktionen wurden nun durch die dem König persönlich unterstellten Kabinettssekretäre weitgehend übernommen.

Der politische Prozess konzentrierte sich somit zusehends auf das kleine Häuflein der Kabinettssekretäre, die den Zugang zum König kontrollierten, seine politische Korrespondenz führten, ihn über neue Entwicklungen unterrichteten und in politischen Fragen berieten. Im Gegensatz zu den Sekretären, die den Monarchen auf seinen Reisen begleiteten, blieben die Minister im Allgemeinen in Berlin und, anders als die Minister, die häufig dem Hochadel angehörten, waren die Sekretäre zumeist Bürgerliche.

Ein typischer Vertreter war der unscheinbare, aber ungemein einflussreiche Kabinettsrat August Friedrich Eichel, der Sohn eines preußischen Feldwebels, der für gewöhnlich um vier Uhr morgens mit der Arbeit begann. Unter Friedrich Wilhelm I. waren Verantwortung und Einfluss an die Funktion der Beamten im Regierungssystem gebunden gewesen; unter Friedrich dagegen war die Nähe zum König der entscheidende Faktor für Macht und Einfluss.

Anfang und Aufstieg

Friedrich sah keinen Grund, die Wirksamkeit dieses auf seine Person zugeschnittenen Systems in Frage zu stellen. So verkündete er in seinem politischen Testament von 1752, dass es „in einem Staat wie diesem nötig [ist], dass der Fürst seine Geschäfte selber führt, weil er, wenn er klug ist, nur dem Staatsinteresse folgt, was das seine ist, und weil ein Minister immer Nebenabsichten hat in den Angelegenheiten, die seine eigenen Interessen berühren". Mit anderen Worten, die Interessen des Staates und die des Monarchen waren auf eine Weise identisch, wie das bei niemandem sonst der Fall sein konnte.

Der Haken dabei lag in der Vorbehaltsklausel: „... wenn er klug ist". Das friderizianische System funktionierte gut, solange der weitsichtige Friedrich am Ruder saß. Was aber, wenn ein anderer den Thron besteigen sollte? Und was, wenn dieser König kein genialer Staatsmann wäre? Was, wenn er sich schwertäte, Zwangslagen zu lösen? Was, wenn er zögerlich wäre und vor Risiken zurückschreckte? Was, anders gefragt, wenn es sich bei ihm um einen durchschnittlichen Menschen handeln sollte? Wie würde dieses System mit einem solchen Monarchen an der Spitze unter Druck funktionieren?

Friedrich, das sollten wir nicht vergessen, war der Letzte in einer außergewöhnlich langen Reihe außergewöhnlich begabter Herrscher aus dem Hohenzollerngeschlecht, Herrscher, wie sie die Geschichte nicht gerade jeden Tag hervorbringt. Ohne die Kohärenz stiftende Präsenz einer starken Persönlichkeit im Zentrum bestand das Risiko, dass das preußische Regierungssystem sich in Kompetenzstreitigkeiten und Fraktionskämpfen verzettelte, was dann nach Friedrichs Tod auch tatsächlich geschah. Doch das ist eine andere Geschichte.

Feingeist unter Freunden

Mit dem „Flötenkonzert" zeigte Adolph Menzel
Friedrich den Großen als Menschen.

Von Ulrike Knöfel

Warmes Licht umhüllt Friedrich den Großen; er spielt Querflöte, der Mann am Cembalo begleitet ihn, die anderen Musiker halten inne. Eine kleine Gesellschaft hat sich in dem Rokoko-Saal versammelt, die Damen sitzen, die Herren stehen, alle lauschen.
Friedrich II., der berühmteste preußische König, beim Musizieren: Auf dem Gemälde von Adolph Menzel erscheint er so privat, wie er das als Monarch überhaupt sein konnte. Er trägt die obligatorische Perücke, ist akkurat gekleidet, aber er wirkt unangestrengt.
Das Werk „Flötenkonzert Friedrichs des Großen in Sanssouci" ist 1852 entstanden, also mehr als sechs Jahrzehnte nach dem Tod des Königs. Wie kein anderes Bild hat es dazu beigetragen, dass die Nachwelt seither in Friedrich dem Großen weniger den Kriegsherren und mehr den Feingeist sieht.
Es spiegelt in vielerlei Hinsicht den Geist des mittleren 19. Jahrhunderts, als König Friedrich Wilhelm IV. regierte – der selbst wohl der größte Bewunderer seines Urgroßonkels Friedrich II. war. Diese Jahre der Restauration und des wachsenden preußischen Selbstbewusstseins wurden begleitet von einem regelrechten Kult um Friedrich den Großen. Zugleich stellt das Gemälde eine Seite an ihm heraus, die trotz des höfisch-eleganten Ambientes unmonarchisch wirkt. Die Romantik hatte die Aufwertung des Individuums bewirkt, das Biedermeier die Idealisierung der Familie, des Privaten und überhaupt des Menschelnden.
Menzel war alles andere als ein Biedermeierkünstler, aber bei ihm darf Friedrich II. noch einmal zurückkehren an den Ort, an dem er sich wirklich heimisch gefühlt hatte, nach Sanssouci. Bei der gehobenen Hausmusik, die das „Flötenkonzert" zum Thema hat, sind zwei Schwestern Friedrichs zugegen, ansonsten ersetzen

Anfang und Aufstieg

„Flötenkonzert Friedrichs des Großen in Sanssouci"
(Gemälde von Adolph Menzel, 1852)

unter anderen Pierre Louis Moreau de Maupertuis, der Präsident der Preußischen Akademie der Wissenschaften, und Johann Joachim Quantz, der Flötenlehrer des Königs, den trauten Kreis der Familie. Wohlwollende Blicke, konzentrierte Mienen und ein Maupertuis, der eher gelangweilt an die Decke starrt: Das alles wirkt so schön normal.

Schon vor der Vollendung des Gemäldes hatte ein Bürgerlicher, ein Potsdamer Zuckerfabrikant, Interesse angemeldet. Später

gehörte es zur Kollektion eines Berliner Bankiers, von ihm kaufte es die Nationalgalerie 1876, ein halbes Jahr vor ihrer eigenen Eröffnung, an.

Wie aber passt das Werk in Menzels Kunstkosmos? Als Zeichner und als Maler war er eine Ausnahmebegabung. Ihm gelang ein ganz eigener Naturalismus; und die Leinwände ließ er geradezu vibrieren, aber war er auch ein Schmeichler?

Kunsthistoriker betonen gern sein malerisches Genie – und seine körperliche Benachteiligung. Seine Kleinwüchsigkeit, die ihn zu einem Außenseiter machte und deshalb zu einem besonders guten, auch sensiblen Beobachter. Damit habe er sich auch besonders gut in die Person Friedrichs II. hineinversetzen können, der – vom Vater unterdrückt, vom Volk nicht wirklich geliebt, als Gatte eine tragische Fehlbesetzung – auch eine Einzelgänger-Existenz führte.

Wer weiß: Wie viele andere Künstler eben auch gierte Menzel nach Anerkennung, und er brachte eine gewisse Hartnäckigkeit mit. Schon mit 16 Jahren hatte er die Steindruckerei des früh verstorbenen Vaters übernommen, seine Mutter und zwei jüngere Geschwister ernährt.

Mit 24 Jahren erhielt er den Auftrag, 400 Illustrationen für die von Franz Theodor Kugler verfasste „Geschichte Friedrichs des Großen" zu liefern. Das Buch wurde ein Erfolg, Menzels Name war plötzlich ein Begriff.

Das Malen in Öl brachte er sich in den Abendstunden selbst bei, früh muss er auch schon beschlossen haben, Friedrich dem Großen eine Serie von Gemälden zu widmen.

Kunsthistorisch gesehen ist das „Flötenkonzert" eine Revolution. Menzel interpretierte die so gefragte Historienmalerei auf seine Weise um: Er zeigte die historische Legende Friedrich als Menschen und nicht, wie es erwartbar gewesen wäre, als unbesiegbaren Helden in Denkmalstarre. 1852 hieß es in der Berliner „Kreuz-Zeitung", der Künstler habe sich vom „historischen Style ferngehalten und den Vorgang in lebendigster und effektvollster Wahrheit zur Darstellung gebracht".

So viel Lob erhielt er für die anderen Bilder der Serie nicht. Der private Friedrich war eben beliebter als der Feldherr, den er auch gemalt hatte. Da wiederum wurde die eindeutige Heroisierung vermisst. „Nur mit Mühe findet man es heraus, wer den Ueberfall macht, die Preußen oder die Feinde," kritisierte das „Deutsche Kunstblatt" Menzels „Friedrich und die Seinen bei Hochkirch". Es folgte ein Karrieretief und dann der rettende Auftrag, die Krönung Wilhelms I. zu malen. Sein Ruhm wuchs, Menzel wurde geadelt – als er 1905 starb, erhielt er ein Staatsbegräbnis.

Seine oft drastischen Zeichnungen, etwa von Kriegsverwundeten und Leichen, belegen auch nachträglich noch seinen Ehrgeiz, die Wirklichkeit einzufangen, und sei sie noch so abscheulich. Ein Schlachtenmaler habe er nie sein wollen, äußerte sich Menzel einmal, dafür aber ein Maler mit „Künstlerpflichtgefühl". Mit Gemälden wie dem „Eisenwalzwerk" hat er bewiesen, dass die Gegenwart als Motiv so aufregend sein kann wie die Geschichte.

Bei allem oft frappierenden Realismus im Detail, Menzel war kein Chronist, schon gar keiner der Preußen, sondern Künstler. Als solcher nahm er sich die Freiheit, die Welt (und die Geschichte) so zu zeigen, wie sie vorher noch nicht gesehen worden war. Dass er dafür zu Lebzeiten verehrt würde, dürfte er als angemessen empfunden haben.

„Für das Wohl des Staates"

Auszüge aus dem „Politischen Testament" Friedrichs des Großen von 1752

Soll ein Fürst selbst regieren? In einem Staate wie Preußen ist es durchaus notwendig, daß der Herrscher seine Geschäfte selbst führt. Denn ist er klug, wird er nur dem Staatsinteresse folgen, das auch das seine ist. Ein Minister dagegen hat, sobald seine eigenen Interessen in Frage kommen, stets Nebenabsichten. [...] Der Herrscher dagegen wird den Adel stützen, die Geistlichkeit in die gebührenden Schranken weisen, nicht dulden, daß die Prinzen von Geblüt Ränke spinnen, und das Verdienst ohne jene eigennützigen Hintergedanken belohnen, die die Minister bei allen ihren Handlungen hegen.

Ist es aber schon notwendig, daß der Herrscher die inneren Angelegenheiten seines Staates selber lenkt, um wieviel mehr muß er dann seine äußere Politik selbst leiten, die Allianzen schließen, die ihm zum Vorteil gereichen, seine Pläne selber entwerfen und in bedenklichen und schwierigen Zeitläuften seine Entschlüsse fassen.

Bei dem innigen Zusammenhang zwischen Finanzen, innerer Verwaltung, äußerer Politik und Heerwesen ist es unmöglich, einen dieser Zweige ohne Rücksicht auf die anderen zu behandeln. Sobald das geschieht, fahren die Fürsten schlecht. In Frankreich regieren vier Fachminister das Königreich: Der Finanzminister unter dem Namen des Generalkontrolleurs, der Marineminister, der Kriegsminister und der Minister der auswärtigen Angelegenheiten. Diese vier Könige verständigen und vertragen sich nie. Daher kommen all die Widersprüche, die wir in der französischen Regierung sehen. Eifersüchtig stößt der eine um, was der andere mit Geschick aufbaut. Da gibt es kein System, keinen Plan, der Zufall herrscht, und alles ist in Frankreich der Spielball der Umtriebe am Hofe. Die Engländer erfahren alles, was in Versailles vorgeht. Da gibt es kein Geheimnis, und folglich läßt sich auch keine Politik treiben.

Anfang und Aufstieg

Eine gut geleitete Staatsregierung muß ein ebenso festgefügtes System haben wie ein philosophisches Lehrgebäude. [...] Ein System kann aber nur aus einem Kopfe entspringen; also muß es aus dem des Herrschers hervorgehen. Trägheit, Vergnügungssucht und Dummheit: diese drei Ursachen hindern die Fürsten an ihrem edlen Berufe, für das Glück ihrer Völker zu wirken. [...] Der Herrscher ist nicht zu seinem hohen Rang erhoben, man hat ihm nicht die höchste Macht anvertraut, damit er in Verweichlichung dahinlebe, sich vom Mark des Volkes mäste und glücklich sei, während alles darbt. Der Herrscher ist der erste Diener des Staates. Er wird gut besoldet, damit er die Würde seiner Stellung aufrechterhalte. Man fordert aber von ihm, daß er werktätig für das Wohl des Staates arbeite und wenigstens die Hauptgeschäfte mit Sorgfalt leite. Er braucht zweifellos Gehilfen. Die Bearbeitung der Einzelheiten wäre zu umfangreich für ihn. Aber er muß ein offenes Ohr für alle Klagen haben, und wem Vergewaltigung droht, dem muß er schleunig sein Recht schaffen. Ein Weib wollte einem König von Epirus eine Bittschrift überreichen. Hart fuhr er sie an und gebot ihr, ihn in Ruhe zu lassen. „Wozu bist du denn König", erwiderte sie, „wenn nicht, um mir Recht zu schaffen?" Ein schöner Ausspruch, dessen die Fürsten unablässig eingedenk sein sollten.

Wir haben in Preußen das Generaldirektorium, die Justizbehörden und die Kabinettsminister. Tag für Tag senden sie an den König ihre Berichte mit eingehenden Denkschriften über die Gegenstände, die seine Entscheidung erfordern. In strittigen oder schwierigen Fällen erörtern die Minister das Für und Wider selbst. Damit setzen sie den Herrscher in den Stand, seine Entscheidung auf den ersten Blick zu treffen, vorausgesetzt, daß er sich die Mühe gibt, die vorgetragenen Sachen gründlich und mit Verständnis zu lesen. Ein klarer Kopf erfaßt den Kernpunkt einer Frage mit Leichtigkeit. Diese Methode der Geschäftsführung verdient den Vorzug vor der sonst üblichen, wo der Herrscher im Ministerrate präsidiert; denn aus großen Versammlungen gehen keine weisen Beschlüsse hervor. [...] In schwierigen Fällen kann es sich empfehlen, einen Minister, den man für den klügsten und sachverständigsten hält, um Rat anzugehen. Will man noch einen zweiten befragen, so geschehe das getrennt, um nicht durch Bevorzugung der Ansicht des einen ewige Zwietracht zwischen beiden zu säen. Ich verschließe mein Geheimnis in mir selbst. Nur einen einzigen Sekretär, von dessen Treue ich überzeugt bin, ziehe ich heran. Wofern man mich also nicht selbst besticht, ist es unmöglich, meine Absichten zu erraten. Die Minister sind nur mit den Angelegenheiten betraut, die das Deutsche Reich betreffen. Alle wichtigen Verhandlungen, Verträge oder Allianzen gehen durch meine Hände.

Weltruf mit weißem Gold

Friedrich der Große, Napoleon und Kaiser Wilhelm speisten von ihrem Geschirr. Doch die Königliche Porzellan-Manufaktur (KPM) erwirtschaftete fast nie Gewinn.

Von Jan Friedmann

Als Friedrich der Große im Jahr 1770 eigenhändig die Bücher seines Lieblingsunternehmens prüfte, stellte „Seyne Königliche Majestät" Betrübliches fest: „Allerhöchstdieselbe" bilde noch immer den stärksten Abnehmer der Manufaktur".

Das Erstaunen des preußischen Monarchen, selbst sein bester Kunde zu sein, darf getrost als Koketterie gelten, hatte er doch die Königliche Porzellan-Manufaktur (KPM) nicht zuletzt begründet, um die eigene Liebhaberei zu befriedigen. Nicht weniger als 22 Service ließ Friedrich für seine Schlösser in Charlottenburg, Potsdam und Breslau fertigen. Er erfreute Regenten in ganz Europa mit opulenten Gastgeschenken aus den Werkhallen der Manufaktur.

Porzellan war zu Friedrichs Zeiten eines der begehrtesten Luxusgüter. Zum höfischen Prunk gehörte es, von individuell angefertigten Porzellan-Sets aus mehreren hundert Teilen zu tafeln. Kronleuchter, Spiegelrahmen und Vasen aus Porzellan schmückten die Landhäuser und Adelssitze. Der Ruf der KPM drang bis ins Ausland: Als Napoleon Berlin eroberte, sorgte er zunächst dafür, dass seine Gattin ihre Tafel im heimischen Malmaison standesgemäß mit KPM-Geschirr eindecken konnte.

Die Mächtigen waren fasziniert vom Weißen Gold. Erst nach langem Experimentieren war es den Europäern gelungen, die aus China stammende Kunst der Porzellanherstellung zu entschlüsseln. So entstand auch hierzulande eine Profession, die in Dutzenden Handgriffen und zwei Brenndurchgängen aus den unscheinbaren Grundmaterialien Kaolin, Quarz und Feldspat hauchzarte, durchsichtige Tassen schuf; großflächige Teller, auf die geschickte

Malerhände Blumenmotive und sogar geografische Karten und Festungspläne auftrugen. Doch die Manufaktur in Charlottenburg, deren Produkte noch heute das königsblaue Zepter aus dem Wappen Kurbrandenburgs ziert, steht für mehr als Kunstfertigkeit und Luxus. Die KPM ist das wohl preußischste aller Unternehmen. In seiner Geschichte bündeln sich zugleich Fortschritt und Rückständigkeit, Dynamik und Erstarrung, Fürsorge und Schikane. Die Manufaktur vereinte Gegensätze, die für das Wirtschaftssystem im Absolutismus wie für das gesamte preußische Staatswesen typisch waren.

Zwar konnte die Manufaktur mit ihrer straffen, arbeitsteiligen Produktion schnell zur führenden Herstellungsstätte für Porzellan in Europa aufsteigen und zur französischen sowie der österreichischen Konkurrenz in Sèvres und in Augarten bei Wien aufschließen. Doch griff der Monarch so stark in die Geschicke des Unternehmens ein, dass von einem unabhängigen Wirtschaftsbetrieb kaum die Rede sein konnte. Die Produktpalette richtete sich hauptsächlich nach dem Geschmack des Regenten – der Alte Fritz war ein Fan verspielter Rokoko-Formen. Er trieb die Porzellanmaler an, bis sie schließlich seine Lieblingsfarbe gemischt hatten: „bleu mourant", ein ins Lila gehendes ersterbendes Blau, was Zeitgenossen bei Unwohlsein zu dem Ausspruch veranlasste, ihnen sei jetzt ganz „blümerant" zu Mute.

Friedrich schützte seine Manufaktur nach Kräften vor der Unbill des Marktes: Die KPM durfte mit billigem Brennholz aus den königlichen Forsten Köpenick und Rüdersdorf ihre Öfen heizen und erhielt ein exklusives Produktionsmonopol für Porzellan in ganz Preußen. Als der Absatz dennoch schwächelte, griff der Monarch zu einer Zwangsmaßnahme: Er verpflichtete die preußischen Juden im Jahr 1769 darauf, bei Hochzeiten und Hauskäufen eine bestimmte Menge von KPM-Produkten zu erwerben.

Eine Mischung aus Fürsorge und Zwang prägte auch den Umgang mit den Arbeitern: Die Leistung jedes Einzelnen wurde in Listen festgehalten, wer bummelte oder schlampige Arbeit ablieferte, musste eine Strafe bezahlen. Die Angestellten schufteten 12 bis 14 Stunden pro Tag und ruinierten in den kalten und staubigen Hallen ihre Gesundheit. Anderseits war die Manufaktur für damalige Verhältnisse ein Vorzeigebetrieb und profitierte auch von den Segnungen preußischer Ordnung. Die KPM versicherte ihre Arbeiter in einer Betriebskrankenkasse, bezahlte eine Pension bei Arbeitsunfähigkeit und entschädigte im Todesfall Witwen und Waisen aus einer Sterbekasse.

Die benötigten Fachkräfte ließ Friedrich bevorzugt bei der Konkurrenz in Meißen, dem zweiten deutschen Porzellan-Standort, abwerben, für gutes Geld. 200 Taler jährlich bekam ein Formgießer im Jahr 1765, ein Viertel mehr als der normale Berliner Handwerker. Großverdiener waren der Modellmeister und der Malereivorsteher: Mit bis zu 2000 Talern pro Jahr verdienten sie mehr als der Manufakturdirektor. 1770 arbeiteten bereits 350 Menschen für die KPM.

Friedrich verfolgte mit seiner Wirtschaftspolitik ein höheres Ziel: das eigene Staatswesen für den Wettstreit der europäischen Großmächte fit zu machen. Je unabhängiger, exportstärker und reicher eine Volkswirtschaft, so der Glaube, desto größer werde auch die politische und militärische Macht des Staates sein. Nationalinteressen waren wichtiger als der freie Handel. Deshalb lautete die Vorgabe damals noch, dass sich die Wirtschaft in den Dienst des Staates zu stellen habe. Betriebe waren angehalten, den Import auf ein Mindestmaß zu beschränken und stattdessen durch Exporte fertiger Waren Devisen ins Land zu holen.

Dies gelang indes im Falle KPM nur selten. Trotz reichlicher Subventionen schaffte es die Manufaktur nie, eine solide Wirtschaftsbasis aufzubauen. Die Geschichte der Porzellanproduktion in Preußen ist so auch zugleich eine Geschichte über das Scheitern protektionistischer Wirtschaftspolitik.

Schon die Gründung im Jahr 1763 stand unter keinem guten Stern. Friedrich kaufte die Manufaktur für 225 000 Reichstaler dem Pleitier Johann Ernst Gotzkowsky ab. Dieser hatte mit Billigung des Königs einige Jahre lang versucht, mit Porzellan Geld zu verdienen, war aber an der schwierigen Konjunktur nach dem Siebenjährigen Krieg gescheitert. Der Monarch übernahm Brennöfen, Werkzeuge, Rohstoffe und eine Handvoll Mitarbeiter. An der Ertragslage änderte sich nichts, Friedrich musste seiner Manufaktur sogleich einen Kredit einräumen.

In der Zeit nach Friedrich war der kostspielige Staatsbetrieb den Wirtschaftsliberalen zunehmend ein Dorn im Auge. 1867 eskalierte der Streit: Preußens Landtag wollte die KPM schließen. Es sei nicht Aufgabe des Staates, „alte Thongefäße aus dem Mittelalter nachzuahmen", ätzte ein Abgeordneter. Der Regierung gelang es, die Parlamentarier zu beschwichtigen, indem sie den Umzug der Manufaktur nach Charlottenburg veranlasste und den Abgeordneten eine neue Heimstatt auf dem damaligen KPM-Gelände in der Leipziger Straße in Aussicht stellte – im ehemaligen preußischen Parlamentsgebäude residiert heute der Bundesrat.

Die negative Bilanz der KPM änderte sich auch danach nicht. Bis in die achtziger Jahre verzichtete die Manufaktur darauf, für ihre Erzeugnisse zu werben. Im Jahr 2005 machte sie bei knapp neun Millionen Euro Umsatz satte drei Millionen Verlust.

Nach mehreren gescheiterten Anläufen und einer aufwendigen Sanierung der Werkhallen verkaufte der Berliner Senat das Traditionsunternehmen schließlich in private Hände – ausgerechnet an einen Abkömmling der Hohenzollern. Franz-Wilhelm Prinz von Preußen, ein Urenkel des letzten deutschen Kaiser Wilhelm II., übernahm sich jedoch bei dem Versuch, die Gründung seiner Ahnen wieder profitabel zu machen.

Seit 2006 bemüht sich der Bankier Jörg Woltmann, das Unternehmen auf Weltmarktkurs zu trimmen, erstmals wird ernsthaftes Marketing betrieben. In Zeiten der Globalisierung gründen die neuen Hoffnungen auf luxusvernarrte Abnehmer in Russland, den USA, Asien und dem Nahen Osten. Die KPM lockt sie mit ihrem klangvollen Namen und einer lebenslangen Nachkaufgarantie.

Erste Erfolge werden vermeldet: Der Microsoft-Mitbegründer Paul Allen ließ eigens ein Geschirr-Set mit maritimen Motiven für seine Yacht „Octopus" herstellen. Und beim G 8-Gipfel im Juni in Heiligendamm speisten die Staats- und Regierungschefs wie einst ihre monarchischen Vorgänger von Porzellan der KPM.

Muckefuck in Moabit

Selten waren Flüchtlinge so willkommen wie 1685 die Hugenotten. Mit ihrem Gewerbefleiß stärkten sie das aufstrebende Brandenburg-Preußen und glänzten seither oft auch intellektuell: Die Geschichte einer gelungenen Assimilation.

Von Johannes Saltzwedel

Mit Sack und Pack zogen sie durch die Schweiz den Rhein hinab bis Frankfurt. Andere erreichten von Westen über Köln das Herzogtum Kleve oder entstiegen in Hamburg Schiffen aus Holland. Und so mancher bewältigte den Weg in die geistliche Freiheit großenteils zu Fuß: Fast 1200 Kilometer entlang staubiger Poststraßen hatten beispielsweise die Religionsflüchtlinge aus Nîmes hinter sich, als sie Ende 1685 endlich im ersehnten Berlin ankamen.

Brandenburg-Preußen war für die Réfugiés, Frankreichs ausgestoßene Protestanten, das begehrteste Ziel auf deutschem Boden. Denn nach mehr als anderthalb Jahrhunderten Unterdrückung, die immer wieder zum Bürgerkrieg gegen die selbstbewusste Minderheit ausartete, hatte Frankreichs Sonnenkönig Ludwig XIV. am 18. Oktober 1685 die letzten Reste von Toleranz gleichsam über Nacht beseitigt: Sein Edikt von Fontainebleau verbot den Anhängern des Calvinismus, „dieser falschen Religion", jeden öffentlichen Gottesdienst. Lieber als ihrem Kult jedoch kehrten daraufhin, trotz der angedrohten Galeerenstrafe, große Scharen aufrechter Hugenotten (der Name entstand wohl durch Verballhornung des Wortes „Eidgenossen") der Grande Nation den Rücken.

Brandenburgs weitblickender Herrscher Friedrich Wilhelm, später der „Große Kurfürst" genannt, handelte schnell. Schon am 29. Oktober 1685 ließ er bekanntmachen, dass die Unerwünschten in seinen Landen hochwillkommen seien. Offiziell handelte er aus Mitleid mit den „bedrengeten Glaubens-Genossen", und zudem stärkten diese sein eigenes calvinisches Bekenntnis gegenüber den mehrheitlich lutherischen Untertanen seines Staates. Viel wichtiger aber war, dass die Minderheit als tüchtig, strebsam und überdurchschnittlich gebildet bekannt war. Genau solche Menschen brauchte er für die „Peuplierung" jener Landstriche im weitverstreuten Gebiet brandenburgischer Macht, die seit den Verheerungen des Dreißigjährigen Krieges nur ungenüng bewirtschaftet worden waren. Obendrein kamen die beruflichen Fähigkeiten der hastig aufgebrochenen Flüchtlinge der Wirtschaftsstruktur des Landes gelegen: Wollspinner, Strumpfwirker und Schneider, aber auch Glasmacher, Uhr- und Perückenmacher, Ärzte und Tabakpflanzer bildeten neben der Mehrheit einfacher Arbeiter das Gros der Hugenotten.

Viele der etwa 20 000 Réfugiés, die nun heranströmten, brachten kaum Vermögen mit. Brandenburgs Regent machte ihnen daher die Ansiedlung so einfach wie möglich. Er gewährte zollfreie Einreise und Landschenkungen, umfassende Starthilfe bei der Ansiedelung, dazu neben der eigenen Kirchenorganisation auch eine separate französischsprachige Verwaltung – selten in der Geschichte sind fremde Zuzügler von Amts wegen mit derart offenen Armen empfangen worden.

Zwar reagierten die ansässigen Untertanen immer wieder auch mit Konkurrenzneid, Unverständnis und Spott auf die „Paddenschlucker", die aus purer Not angeblich Frösche aus den Teichen angelten und verspeisten. Sogar Adlige konnten missmutig werden, wenn sie sahen, wie mühelos ihre weltgewandten gallischen Standesgenossen bei Hofe reüssierten. Doch im Laufe der nächsten Jahrzehnte normalisierte sich das eigenständige Dasein der französischen „Kolonie", wie sie amtlich hieß, überall zu einer Selbstverständlichkeit.

Vor allem in Berlin, wo die über 5000 Hugenotten immerhin ein Fünftel der Bevölkerung stellten, ist die Prägung noch heute spürbar: Vom Gendarmenmarkt mit seinem Französischen Dom bis zum 1689 gegründeten „Collège Français", das Ende des 19. Jahrhunderts als „Französisches Gymnasium" zu den Eliteschulen der Hauptstadt zählte, bis zum Komödienhaus hat der enge soziale Zusammenhalt der Einwanderer Bauten und Institutionen hinterlassen.

Sogar die oft eher klägliche Finanzlage der Hugenotten ist dabei verewigt worden: Der sandige Boden vor den Toren, den französische Gärtner und Landwirte zugewiesen bekamen, hieß bei ihnen biblisch „la terre de Moab" oder auch einfach „la terre maudite", das verfluchte Land – woher möglicherweise der heutige Name Moabit stammt. Intellektuell übten die neuen Bewohner schon bald großen Einfluss aus: Prinzenerzieher war bis ins 19. Jahrhundert traditionell ein Hugenotte, und in der 1746 neubenannten „Académie Royale des Sciences et Belles-Lettres" gehörten Réfugiés zur Kernmannschaft – etwa der Philosoph und Wissenschaftspolitiker Jean Henri Samuel Formey (1711 bis 1797), später der Chemiker Francois Charles Achard (1753 bis 1821), Pionier der Rübenzucker-Gewinnung. Literarisch gaben die Franzosen in der Umgebung Friedrichs des Großen, der Voltaires Kultur und Sprache weit höher schätzte als die deutsche, ohnehin den Ton an. Sogar Lessing spottete 1749 gegenüber seinem Verleger-Freund Friedrich Nicolai über die eigentümliche geistige Atmosphäre „in Eurem französierten Berlin".

Dabei wirkte sich die Gegenwart der Franzosen, die bald mehrheitlich in den neuen Ortsteilen Dorotheen- und Friedrichstadt anzutreffen waren, auch ganz praktisch aus. Kulinarisch zum Beispiel: Mit Bockwurst und Schrippen fürs Volk und Spargel, Bouillon oder Ragout – natürlich aus der Kasserolle – an feinerer Tafel verliehen die Réfugiés der kargen Brandenburger Kost ihre eigene Note; bis heute nennen Berliner die beliebten Hackfleischbällchen Buletten. Nicht immer gelangten die Speisenamen authentisch ins Deutsche: Das Schaumgebäck, das an der Spree mit pseudo-gallischem Chic Baiser genannt wird, heißt auf französisch eigentlich meringue, und der falsche Mokka („mocca faux"), den erfinderische Réfugiés aus Zichorien brauten, verwandelte sich in Muckefuck.

Ähnlich forsch (aus „parforce") gemeindete Preußen auch andere Alltagswörter ein: So war der Polier im Maurerwesen ursprünglich ein „parlier", also Sprecher seiner Arbeitsgruppe. Kinkerlitzchen (quincailleries) und Klamauk (clameur), aber auch die Wendung, jemand besonders Zimperliches sei reichlich etepetete (être peut-être), sind hugenottischer Rede abgelauscht. Wird indes jemandem „blümerant zumut", schimmert Friedrichs

Muckefuck in Moabit

Der Große Kurfürst begrüßt die aus Frankreich geflohenen Hugenotten in Berlin (Lithografie nach einem Gemälde von Hugo Vogel, 1885)

des Großen Lieblings-Porzellanfarbe „bleu mourant" (mattblau) kaum noch durch, und was hinter den „Fisimatenten" der Drumherumredner steckt, wissen selbst Sprachforscher nicht recht – am nettesten klingt die Geschichte vom Soldaten, der sich bei verspäteter Kasernenheimkehr mit dem Spruch entschuldigt: „J'ai visité ma tante" (ich habe meine Tante besucht).

Mochten die Nachfahren der einstigen Flüchtlinge auch eng zusammenhalten – noch bis 1896 wurden die Kirchenbücher der reformierten Gemeinde französisch geführt –, so waren sie doch spätestens seit dem Ende des 18. Jahrhunderts vielfach angesehene Mitbürger. Mancher Abkömmling der Hugenotten hat seither Berliner Kulturgeschichte geschrieben. Dazu zählen die Architekten David und Friedrich Gilly, der geniale Landschaftsgärtner Peter Joseph Lenné (1789 bis 1866), der die Schloss- und Parklandschaft um Potsdam gestaltete, aber auch Erfolgsautoren wie der schwärmerische Romantiker Friedrich de la Motte-Fouqué (1777 bis 1843) und der Journalist und frührealistische Erzähler Willibald Alexis (1798 bis 1871). Als 1885 die Hugenotten 200 Jahre nach dem Edikt von Potsdam große Jubiläumsfeiern begingen, hatte ein Autor aus ihren Reihen fast den Gipfel seines literarischen Ruhms erreicht: Der bekennende Märker Theodor Fontane (1819 bis 1898), der seinen Namen gern französisch ausgesprochen hörte. Zum Fest dichtete der große Romancier einen „Prolog" in Blankversen, wo es hieß:

> Land-Fremde waren wir, nicht Herzens-Fremde.
> So ward die Freistatt bald zur Heimatstätte,
> Drin schlugen Wurzel wir und was seitdem
> Durch Gottes Ratschluß dieses Land erfahren,
> Wir lebten's mit, sein Leid war unser Leid,
> Und was es freute, war auch unsre Freude.
> Wohl pflegten wir das Eigne, der Gemeinde
> Gedeihn und Wachstum blieb uns Herzenssache,
> Doch nie vergaßen wir der Pflicht und Sorge,
> Daß, was nur Teil war, auch dem Ganzen diene.

Es war dieser bedingungslose Patriotismus aus alter Dankbarkeit, der dem Reichsgründer Otto von Bismarck einmal das Urteil entlockt haben soll, Preußens Hugenotten seien schlicht die „besten Deutschen".

Praevenire statt Praeveniri

Krieg als Vorsichtsmaßnahme

Von Georg Bönisch

Sein französischer Kollege, Ludwig XV., hieß ihn „verrückt". Ein Adjutant schrieb ihm hinterher, dass „bei seinem Anblick alles zitterte". Die österreichische Erzherzogin Maria Theresia raunte nur: „Monster". Friedrich, der Zweite, der Große, war vor allem auch nüchterner Stratege, und ein Mann des schnellen Entschlusses. Wie auf Drohgebärden potentieller Gegner zu antworten sei, beschrieb er kurz nach der Thronbesteigung 1740 in seinem „Antimachiavell" – nämlich als Erster loszuschlagen, um ihnen so zuvorzukommen, dies sei „unbezweifelbare Maxime" militärischen Handelns. Später schob er eine deutsch-lateinische Version dieser Taktik nach: „besser praevenire als praeveniri".

Krieg als Vorsichtsmaßnahme, gewissermaßen. Damals fand sich dafür der Begriff „Präventivkrieg", kein Begriff der Militärs, obwohl es so klingt, das ist Diplomatensprache in Friedrichs Zeiten. Unter Völkerrechtlern galt der Präventivkrieg als legitimer Akt der Selbstverteidigung, wenn die Angriffsabsicht des Feindes offensichtlich sei. Oder aber, und dies war dann eine speziellere Juristenmeinung, wenn das Gleichgewicht der Kräfte aufrechterhalten werden müsse.

Der Blick auf Europa jenseits des Jahres 1750 zeigt, dass eine jahrhundertealte Konstante im europäischen Mächtesystem nicht mehr galt – die Rivalität zwischen dem Hause Habsburg und der französischen Königsdynastie. England und Frankreich führten erst Scharmützel, später Krieg um Kolonien in Nordamerika, in Indien, in Afrika, und beide suchten Verbündete auf dem alten Kontinent; hier bahnte sich ein erster Weltkrieg an.

Preußens König, bis dahin einigermaßen verbandelt mit den Franzosen, schloss im Januar 1756 ein Bündnis mit England, das Norddeutschland schützen sollte vor fremden Truppen. Und verkalkulierte sich in gleich doppelter Hinsicht: Er hoffte einerseits,

Anfang und Aufstieg

London werde Russland von einem seit längeren bestehenden Vertrag mit Österreich abziehen oder wenigstens in Schach halten – wenn Friedrich etwas fürchtete, dann die russische Militärmaschinerie, 330 000 Soldaten stark, doppelt so viele wie unter Preußens Fahne. Und glaubte andererseits, Frankreichs Gegensatz zu Österreich sei unüberwindlich. Beides war falsch.

Denn die Franzosen reagierten wütend auf die „Konvention von Westminster" und paktierten plötzlich mit Wien; Russland wiederum hielt sein Wort, den Habsburgern beizustehen bei dem Versuch, Schlesien, ihr Schlesien, zu befreien aus den Fängen Preußens – der Verlust dieses Landes (seit 1742) war Österreichs Trauma. Alsbald existierte ein Dreierbund, dessen Truppen Preußen gefährlich umzingelten. Und Friedrich muss klar gewesen sein, welches Ziel diese mächtige Allianz aus Österreichern, Franzosen und Russen verfolgte – sein Land kleinzumachen und auch kleinzuhalten, es also niederzuschrauben auf die Grenzen der alten Markgrafschaft Brandenburg, unbedeutend dann, schmal, ohne Zugang zum Meer.

Friedrich spekulierte, im Frühjahr 1757 werde es zur gemeinsamen Offensive jener drei Gegner kommen, von denen jeder einzelne stärker war als er. In dieser Situation folgte er seiner Doktrin der Vorwärtsverteidigung – und gab am 29. August 1756 Order zum Angriff.

Seine Truppen nahmen überfallartig das reiche Nachbarland Sachsen – weil der Preußenkönig immer schon scharf darauf war („Sachsen wäre am nützlichsten") und auch befürchtete, es könnte Aufmarschgebiet der Feinde werden. Dies war nun kein „bellum iustum", sondern ein flagranter Verstoß gegen alle Regeln, da keine Kriegserklärung erfolgte. Friedrich hatte den Frieden gebrochen und damit nicht nur Empörung ausgelöst in Europa, sondern auch ein Reichsheer gegen sich – beides dürfte ihn kaum gestört haben: Aus seiner Sicht ging es um alles oder nichts.

Sieben Jahre dauerte der Krieg, Friedrich siegte in etlichen Schlachten und musste sich in anderen geschlagen geben. Dennoch hielt er durch, bis seine Gegner genauso ermattet waren wie er. Den Zeitgenossen, sagt der Historiker Christopher Clark, müsse dies „wie ein Wunder" vorgekommen sein, ein Wunder, das einer halben Million Zivilisten das Leben kostete und wohl noch einmal so vielen Soldaten.

Wäre Preußen geschlagen worden in diesem ungleichen Überfallkrieg, sein schnelles Ende wäre sicher gewesen. So aber ist es aufgestiegen in Europas „Pentarchie" (Leopold von Ranke), soll heißen: Preußen etablierte sich als eine Großmacht unter fünfen.

Keim der Zwietracht

Dreimal haben die Hohenzollern Polen zerstückelt. Berlin schikanierte die Nachbarn, versuchte ihnen die Freiheit zu nehmen und ließ ihre Priester verhaften – noch heute steht Preußen jenseits der Oder für germanischen Imperialismus und deutsche Arroganz.

Von Jan Puhl

Friedrich der Große hatte nicht viel übrig für seine neuen Untertanen. Die Polen seien „das letzte Volk Europas". Ohne Ehre und Tugend seien sie gerade mal „fähig zu jener Art von Verbrechen, die sich Feiglinge erlauben können", pöbelte der Flötenspieler und Philosophen-Freund nach der ersten Teilung Polens 1772. Dabei hatte er sich gerade gemeinsam mit Russlands Katharina der Großen und Maria Theresia von Österreich-Ungarn ein knappes Drittel des alten Königreichs einverleibt.

Vor seinem Freund, dem französischen Dichter und Denker Voltaire, versuchte Friedrich den Zugewinn zu bagatellisieren: „Ich habe auf meiner Reise nur Sand, Fichten, Heidekraut und Juden gesehen", schrieb er nach einem Ritt durch die Neuerwerbung Pommerellen.

Doch trotz der abschätzigen Bemerkungen – Friedrich war sehr zufrieden. Ohne Blutvergießen, allein indem er geschickt die Interessen seiner weiblichen Widerstreiterinnen in Wien und St. Petersburg ausgespielt hatte, war es ihm gelungen, die Landbrücke zwischen Ostpreußen und Pommern zu schließen.

Preußen, 1701 aus der Konkursmasse des alten Deutsch-Ordensstaates zum Königreich geworden, beförderte sich durch diese Eroberung endgültig zur Großmacht. Der Keim der Zwietracht zwischen Preußen und Polen war spätestens jetzt gesät. Die Zwietracht sollte in den kommenden 150 Jahren üppig sprießen.

Noch heute steht der Name Preußen in Polen für all das Übel, das die Deutschen ihren Nachbarn im Laufe der Geschichte angetan haben. „Die Feldzüge der Kreuzritter, die Teilungen, Bismarcks Germanisierungspolitik und Hitlers Volkstumskrieg – all das wird Preußen angerechnet", sagt die Posener Historikerin Anna Wolff-Poweska. Militarismus, das Streben nach Hegemonie, der Wille zur Unterdrückung – das sind in den Augen vieler Polen preußische Eigenschaften, die im Gen-Code der Deutschen verankert sind.

Und manche Deutsche bestätigen dieses Bild tatsächlich: Unter dem Namen „Preußische Treuhand" treibt eine dubiose Düsseldorfer Firma Klagen auf Schadensersatz von Vertriebenen voran. Glücklicherweise gelten die Forderungen als juristisch vollkommen aussichtslos.

Doch darf der mitunter hysterische Tonfall in deutsch-polnischen Debatten nicht darüber hinwegtäuschen, dass gerade polnische Wissenschaftler sich längst bemühen, Preußen auch positive Seiten abzugewinnen. „Im preußischen Teilungsgebiet herrschte Rechtsstaatlichkeit. Es wurden Polen enteignet, aber wenigstens nach den Regeln des Gesetzes. Davon konnten die Polen lernen", lobt Wolff-Poweska. In den ehemaligen preußischen Teilungsgebieten fanden die Polen eine bessere Infrastruktur vor als in anderen Landesteilen. So geht es bis heute dem Westen des Landes wirtschaftlich besser als dem Osten.

Die alte polnisch-litauische Adelsrepublik, über die sich Friedrich, Katharina und Maria Theresia Ende des 18. Jahrhunderts hermachten, würde man heute einen „failed state" nennen: Die Zentralmacht war schwach, lokale Krieger-Herrscher trieben ihr Unwesen, es herrschten Armut und Elend, Wirtschaft und Handel lagen darnieder.

Dabei war das Land vor den Teilungen größer als Frankreich. Im 16. Jahrhundert hatte sich der Adel, der etwa zehn Prozent der Bevöl-

kerung ausmachte, große Mitbestimmungsrechte erstritten. Polnische Edle wählten den König, der Sejm – also der Reichstag – beschloss die Gesetze. Die sogenannte Erste Republik war für ihre Zeit tolerant in Religionsfragen, wirtschaftlich und militärisch potent. 1683 trug ein polnisches Entsatzheer wesentlich zum Sieg über die Türken vor Wien bei. Polen galt als die „Antemurale Christianitatis", als Vormauer der Christenheit.

Doch das Bollwerk stand auf wackligem Fundament: Kosakenaufstände im 17. Jahrhundert verwüsteten das Land, schwedische Truppen fielen ein – eine „Sintflut" schrieb im 19. Jahrhundert Polens Literatur-Nobelpreisträger Henryk Sienkiewicz.

Noch mehr aber nagte der innere Zerfall. Die Freiheiten des Adels entpuppten sich auf lange Sicht als Fluch. Der Zusammenhalt unter den etwa 80 000 Familien zerbrach mit der sozialen Zersplitterung. Rund 300 Magnaten häuften unermessliche Reichtümer an, unterhielten prächtige Höfe und schlagkräftige Privatarmeen, während das Gros ihrer Standesgenossen verarmte.

Statt die Sache der Republik in die Hand zu nehmen, schwelgten sie in adligem Standesbewusstsein, dem Sarmatismus. Polens Edle hielten sich für Nachkommen der Sarmaten, eines persischen Nomadenvolkes. Sie trugen Krummsäbel, hohe Stiefel, ließen sich den Kopf bis auf wenige Haarbüschel kahlrasieren und blockierten den Reichstag: Das Liberum Veto aus dem 17. Jahrhundert räumte jedem von ihnen – auch wenn er längst zum Stallknecht abgestiegen war – das Recht ein, im Sejm seinen Einspruch einzulegen. Zwischen 1736 und 1764 scheiterten deshalb alle Reichstage.

Es wurde ein Hobby der machtbewussten Nachbarn Russland und Preußen, sich in die polnischen Angelegenheiten einzumischen, lange bevor sie die Teilung ins Auge fassten. Bestechung und Gewalt waren ihre Methoden. „Versorgen sie sich nur gut mit Kassa; allhier muss jeder vier bis sechs Freunde unter den Personen von Gewicht und eine Anzahl Schreier haben, es genügt nicht, Geld unter diese Leute auszuteilen, man muss mit ihnen leben, sie bewirten und trunken machen, in vino veritas!", riet ein russischer Diplomat einem österreichischen Kollegen 1772. Das Wort eines polnischen Edelmannes war schon für ein paar Tonnen Salz, das eines Fürsten für 30 Dukaten zu haben. Und wenn das nicht half,

Keim der Zwietracht

Die russische Zarin Katharina II., der polnische König Stanislaw II.
August, der österreichische Kaiser Joseph II. und der preußische
König Friedrich II. verhandeln über einer Karte Polens die erste
Teilung des Landes 1772 (zeitgenössischer Kupferstich von
Johann Esaias Nilson)

hetzte man gedungene Mörder auf Abweichler oder ließ Truppen aufmarschieren.

Die Teilung 1772 schreckte den Adel aus seiner Lethargie. Ununterbrochen tagte bis 1775 der Sejm: Ein Immerwährender Rat wurde als Regierung eingesetzt, das Steuerwesen erneuert, die Armee – nach preußischem Vorbild – auf Zack gebracht. Der Reichstag etablierte eine Verfassung, auf die König Stanislaw II. August am 3. Mai 1791 einen feierlichen Eid ablegte; noch heute erinnert ein nationaler Feiertag daran. Der Failed State hatte sich in nur 20 Jahren berappelt: Die „Konstitution vom 3. Mai" huldigte der Rousseauschen Idee von der Volkssouveränität und der Gewaltenteilung nach den Grundsätzen Montesquieus. Das Liberum Veto wurde abgeschafft, auch Bürgerliche konnten, sofern sie denn einen hohen Zensus erfüllten, in den Sejm gelangen.

Den alten Feinden in St. Petersburg, Wien und Berlin passten diese geradezu revolutionären Vorgänge an der Weichsel natürlich nicht – der „französischen Pest" müsse der Garaus gemacht werden, wütete Katharina und ging mit den alten Methoden zu Werke: Sie unterstützte einen Zusammenschluss reaktionärer Adliger, die Konföderation von Targowica, mit Truppen und Geld. Gleichzeitig suchte sie eine Einigung mit dem preußischen Mitbewerber im Westen. 1793 einigten sich der preußische König und die Zarin darauf, Polen zum zweiten Mal zu teilen.

General Tadeusz Kosciuszko, ein im amerikanischen Unabhängigkeitskrieg gehärteter Kämpe, führte im März 1794 den nationalen Aufruhr an. Auf seiner Seite fochten gegen die Besatzer nicht nur Adlige, sondern auch Städter und mit Sensen bewaffnete Bauern für die polnische Sache. Doch Kosciuszko unterlag nach fast acht Monaten russischen Truppen. 1795 vereinbarten Russland, Österreich und Preußen die dritte Teilung. Der letzte polnische König Stanislaw II. August musste abdanken, sein Reich verschwand von der Landkarte Europas.

Das protestantische Preußen, mit seinen 8 Millionen Menschen stand nun vor der Aufgabe, rund 2,6 Millionen mehrheitlich katholische Polen einzugliedern. Dabei ging Berlin keineswegs von Anfang an mit knallharter Germanisierungspolitik zu Werke. So ließ Preußen den Adligen ihr Monopol für Landbesitz – und damit ihre Existenzgrundlage. Um die Bauern ruhig zu stellen, wurde die Erbuntertänigkeit aufgehoben. Andererseits ermunterte Berlin deutsche Bauern und Arbeiter, vor allem in das Großherzogtum Posen umzusiedeln, das gerade eine frühindustrielle Blüte erlebte. Unfrieden stiftete auch, dass Preußen ausschließlich eigene Beamte entsandte, um die besetzten Gebiete zu verwalten.

Nach der Niederlage von 1795 hatten Tausende Polen ihr Land verlassen. Viele schlossen sich Napoleon an. Sie hofften, der den revolutionären Idealen zugewandte Korse würde das Selbstbestimmungsrecht der Polen respektieren und ihren Staat erneuern. Doch diese Hoffnung trog. Napoleon besiegte Preußen zwar und schuf 1807 das Herzogtum Warschau – aber die Polen hatten mehr erwartet. Und nach der Niederlage Napoleons kam alles noch viel schlimmer: Preußen, Russland und Österreich restaurierten auf dem Wiener Kongress die Verhältnisse von 1795.

Friedrich Wilhelm III. wandte sich im Mai 1815 in einem „königlichen Zuruf" an seine polnischen Untertanen. Er versprach, ihre Nationalität, Sprache und Religion zu achten. Und tatsächlich folgten bis 1830 stille Jahre. Die neue Obrigkeit mühte sich, die Bevölkerung auf ihre Seite zu ziehen, indem sie den Bauern die persönliche Freiheit und der Region Selbstverwaltungsrecht einräumte. Ruhig blieb es in Posen auch, als im November 1830 in Kongresspolen ein Aufstand ausbrach. Dieses „Königreich Polen" war ein dem Zaren in Personalunion verbundener Satellitenstaat Russlands. Berlin entsandte Truppen, die ein Übergreifen der Kämpfe auf das Großherzogtum verhinderten. Preußen zog nun die Zügel an: Eduard von Flottwell, der neue Oberpräsident der Provinzialverwaltung, setzte auf Eindeutschungspolitik. Er führte Deutsch als alleingültige Amtssprache ein, schränkte polnische Mitbestimmungsrechte ein und förderte die Ansiedlung deutscher Großgrundbesitzer im Großherzogtum.

Nach dem militärischen Desaster von 1830/31 setzten Polen in allen Teilungsgebieten auf die sogenannte Organische Arbeit statt auf Gewalt. Wohlhabende Patrioten vergaben Stipendien an polnische Schüler und Studenten, förderten polnische Literatur und Geschichtsschreibung, um die preußisch-deutsche Kulturpolitik zu unterwandern.

Unter Friedrich Wilhelm IV. folgte zunächst eine liberale Politik, die den Polen viele Entfaltungsmöglichkeiten ließ, solange sie nur loyal zu Preußen standen. Doch eben das fiel schwer. 1846 flog eine Verschwörung um den Posener Buchhändler Walenty Stefański auf. Sein „Bund der Plebejer" hatte nichts weniger als eine polnische Revolution im Sinne.

Erschrocken schwenkte Friedrich Wilhelm wieder auf Flottwellsche Methoden um. Der Mammutprozess gegen 254 des Aufruhrs verdächtige Polen 1847 in Berlin löste unter den deutschen Intellektuellen des Vormärz eine regelrechte Polen-Begeisterung aus: Polnische Exilanten in Frankreich und deutschen Landen galten als „Sturmvögel der Revolution". Die Verurteilten von 1847 wurden von den deutschen Revolutionären im März 1848 befreit und im Triumphzug durch Berlin geleitet.

Weniger erfolgreich verlief die Revolution jedoch daheim in Posen. Dort hatte sich ein polnisches Nationalkomitee gebildet, das die Aufstellung einer Armee vorantrieb. Dagegen rief Preußens Statthalter den Ausnahmezustand aus. Ende April kam es zu offenen Kämpfen. Doch die meist nur mit Säbeln und Spießen bewaffneten Aufständischen mussten rasch kapitulieren. Der Posener Aufstand 1848 zeigte, dass das polnische Nationalbewusstsein nun endgültig vom Adel auch auf andere Schichten übergesprungen war. „Die Ereignisse von 1848 hatten erstmals eine schroffe Frontstellung zwischen deutscher und polnischer Bevölkerung ausgelöst", schreibt der Polen-Spezialist Jörg K. Hoensch.

Das zeigte sich auch während der Polen-Debatte in der Frankfurter Nationalversammlung. Da die polnische Bevölkerung des Großherzogtums sich kaum an den Wahlen zu der Versammlung in der Paulskirche beteiligt hatte, stand nur ein polnischer Abgeordneter elf Deutschen gegenüber. Die Paulskirchen-Versammlung beschloss, das Großherzogtum in den Deutschen Bund aufzunehmen. Dem preußischen Ministerpräsidenten und späteren Reichskanzler Otto von Bismarck ging das allerdings nicht weit genug: „Das Ziel der Staats-Regierung muss unbeirrt darauf gerichtet sein, die Provinz (Posen) zu germanisieren, und dies lässt sich nur durch Verdrängung des polnischen Elements herbeiführen."

Keim der Zwietracht

In den siebziger Jahren des 19. Jahrhunderts geriet Bismarcks Kulturkampf gegen die katholische Kirche in Posen zum Kampf um das nationale Fortbestehen der Polen. Schließlich war in den Augen polnischer Nationalisten der Katholizismus in dem Jahrhundert der Teilungen zum wichtigsten Merkmal des Polentums geworden, die katholische Kirche die einzige Organisation gewesen, die alle Polen unter ihrem Dach vereinte.

Bismarck versuchte mit allen Mitteln, den Einfluss der Priester zurückzudrängen. 1874 verurteilte ein preußisches Gericht gar den Erzbischof von Posen-Gnesen, Mieczyslaw Ledóchowski, zu zwei Jahren Gefängnis, weil er sich weigerte, Bismarcks neue Regeln anzuerkennen.

In der Schule, so hatte Bismarck angeordnet, musste in allen Fächern, außer im Religionsunterricht, Deutsch gesprochen und geschrieben werden. 100 Millionen Mark bewilligte Berlin, um in Westpreußen und Posen Grundbesitz für deutsche Siedler und Handwerker anzukaufen. 30 000 Polen wurden aus ihrem Land vertrieben.

Doch viel brachte das nicht. Der Anteil der Deutschen wuchs kaum und stagnierte bei 40 Prozent. Die Repressionen ließen Preußens Polen noch enger zusammenrücken.

Trotzdem gab Berlin seine „Germanisierungspolitik" nach Bismarcks Entlassung 1890 nicht grundsätzlich auf. Deutschnationale Kräfte gründeten 1894 den Verein zur Förderung des Deutschtums in den Ostmarken. Sie wurden nach den Anfangsbuchstaben ihrer Gründer Ferdinand von Hansemann, Hermann Kennemann und Heinrich von Tiedemann Hakatisten genannt. Auch Kaiser Wilhelm II. bekannte sich zum Hakatismus: „Hier im Osten zu wirken ist eine Verpflichtung gegen das Vaterland. Und wie der Posten nicht von seiner Wache weichen darf, so dürfen Deutsche nicht aus dem Osten weichen."

1904 verbot Wilhelm II. den Polen sogar, in den Provinzen Westpreußen und in Posen Häuser zu bauen. Das Diskriminierungsgesetz brachte einen neuen polnischen Nationalhelden hervor, den noch heute jedes Kind zwischen Oder und Bug kennt: Michal Drzymala. Das Bäuerlein hatte sich in Kaisertreu, dem heutigen Drzymalowo, zwei Hektar Land gekauft und sich zunächst in einer

Scheune auf seinem Grundstück eingerichtet. Der Dorfgendarm Bock wollte dem Vater von fünf Kindern daraufhin den Ofen als „Merkmal dauerhafter Besiedlung" wegnehmen. In einem Nachbarort entdeckte Drzymala einen alten Zirkuswagen. Den kaufte er und zog samt seiner Familie ein. Brav bewegte er ihn tagtäglich ein wenig hin und her – und trickste so die preußischen Sesshaftigkeitsklauseln aus. Patrioten unter den drei Millionen Polen im Deutschen Reich spendeten für Drzymala 1908 einen luxuriöseren Wagen – aus Fichtenholz, „außen und innen hellgrün angestrichen".

Der Triumph des findigen Drzymala ist nur ein Vorspiel zu einem weit größerem Erfolg der Polen – und der endgültigen Niederlage Preußens: Am 9. November 1918 wird in Berlin die Republik ausgerufen. In Posen bricht am 27. Dezember eine Rebellion aus. Die Aufständischen nehmen die Stadt, den Flughafen und fast die gesamte Provinz ein. Das deutsche Militär zieht sich zurück, viele Deutsche ziehen in den folgenden Jahren nach Westen. Ihr Bevölkerungsanteil sinkt in der Stadt Posen von 42 auf gerade mal 6 Prozent.

Im Versailler Vertrag erhält das neue Polen unter Staatsgründer Józef Pilsudski fast ganz Posen, Teile von Mittelschlesien sowie Pommerellen.

Doch dieser Erfolg ist eine schwere Hypothek. Die Mehrheit der Deutschen, ob nun kommunistisch gesinnt oder national, will den Verlust nicht hinnehmen und sinnt auf Rache. Am 1. September 1939 überfällt die deutsche Wehrmacht Polen und entfacht damit den Zweiten Weltkrieg. Hitlers Vernichtungswille richtete sich nicht nur gegen die polnischen Juden. Die Sicherheitsgruppen der berüchtigten „Gestapo auf Rädern" folgten der Wehrmacht auf dem Fuße und mordeten Intellektuelle, Geistliche. Polen sollte endgültig germanisiert und unterworfen werden.

CHRONIK
Preußens Aufstieg

1415 Burggraf Friedrich VI. von Nürnberg aus der fränkischen Linie des Hauses Hohenzollern wird mit der Mark Brandenburg belehnt und damit Kurfürst.

1608 bis 1619 Der brandenburgische Kurfürst Johann Sigismund erwirbt die ersten westdeutschen Besitzungen für sein Haus und erbt das Herzogtum Preußen als polnisches Lehen. Der Kurfürst tritt zum Calvinismus über.

1618 bis 1648 Im Dreißigjährigen Krieg stirbt in der Mark Brandenburg jeder zweite Einwohner.

1640 bis 1688 Der Große Kurfürst Friedrich Wilhelm führt ein stehendes Heer ein, schwächt die Stände und schafft Ansätze einer zentralen Verwaltung. Mit dem Edikt von Potsdam 1685 lädt er 20 000 hugenottische Glaubensflüchtlinge aus Frankreich nach Brandenburg ein.

1701 Kurfürst Friedrich III. krönt sich zum preußischen König Friedrich I. und baut Berlin zum „Spree-Athen" aus: Er gründet die Akademie der Künste und die Societät der Wissenschaften, lässt das Schloss Charlottenburg und das Zeughaus errichten und das Stadtschloss von Andreas Schlüter ausbauen.

1713 bis 1740 Friedrich Wilhelm I., der Soldatenkönig.

1716 Einrichtung von Kadettenanstalten, in denen junge Adlige zu Offizieren ausgebildet werden.

1717 Einführung der allgemeinen Schulpflicht, deren Durchsetzung nur teilweise gelingt.

1723 Zentralisierung der Verwaltung durch ein „Generaldirektorium", das für Finanz-, Wirtschafts- und Innenpolitik zuständig ist.

1726/27 Einführung des Exerzierreglements im preußischen Heer.

1733 Einteilung des Landes in Kantone zur Erfassung aller dienstpflichtigen Männer des Landes.

1740 bis 1786 Friedrich II., genannt der Große.

1740 bis 1742 Erster Schlesischer Krieg: Friedrich fällt in Schlesien ein, das zu Österreich gehört, und kann es im Berliner Frieden behaupten.

1744 bis 1745 Zweiter Schlesischer Krieg. Um Schlesien gegen österreichische Revanche-Ansprüche zu sichern, marschiert Friedrich in Böhmen ein. Im Frieden von Dresden bestätigt Maria Theresia die Annexion Schlesiens, Friedrich erkennt dafür ihren Gemahl als Kaiser Franz I. an. Die Berliner nennen ihn von nun an „den Großen".

1746 Die Justizreform durch Samuel von Cocceji vereinheitlicht das Gerichtswesen, kürzt die Verfahren ab und legt Ausbildungsrichtlinien für Richter fest, die zu besoldeten Staatsbeamten werden.

1747 bis 1753 Trockenlegung des Oderbruchs unter Anleitung holländischer Fachleute.

1756 bis 1763 Friedrich fällt in Sachsen ein und beginnt damit den Siebenjährigen Krieg, der eingebettet ist in den Machtkampf zwischen Großbritannien (mit Preußen verbündet) und Frankreich um die Vorherrschaft in Nordamerika. Der Friede von Hubertusburg garantiert Friedrich endgültig Schlesien.

1771 Aufgrund der Hungersnot in den Ostprovinzen führt Friedrich den Anbau der Kartoffel ein, die aus Amerika stammt.

1772, 1793, 1795 Österreich, Russland und Preußen teilen Polen auf. Preußen erhält unter anderem Westpreußen, Posen, Neuschlesien und Warschau.

1786 bis 1797 Friedrich Wilhelm II., der Neffe des kinderlosen Friedrich II., ruiniert mit seiner Günstlingswirtschaft die Staatsfinanzen, bringt aber in Berlin Kunst und Kultur zu neuer Blüte.

1792 Preußen führt gemeinsam mit Österreich Krieg gegen das revolutionäre Frankreich, um dort die Monarchie wieder einzuführen, scheitert jedoch in der Kanonade bei Valmy.

Teil 3
Reformstaat Preußen

Nach der Niederlage gegen Napoleon schien das Königreich Preußen am Ende. Doch es begann seine wohl glorreichste Ära. Eine Gruppe von Staatsdienern krempelte das Land von Grund auf um und katapultierte es an die Spitze des zivilen Fortschritts. Preußen wurde ein Hort von Kunst und Kultur.

Aufbruch in die Moderne

Vor 200 Jahren begann in Preußen das größte Reformprojekt der deutschen Geschichte. Spitzenbeamte wie Stein, Hardenberg oder Humboldt modernisierten die Verwaltung und befreiten Millionen Bauern; die Universitäten erlangten Weltruf. So ebneten die Reformer Deutschlands Weg in das Industriezeitalter.

Von Klaus Wiegrefe

Wer am 25. Juni 1807 beim ostpreußischen Tilsit die Szene auf der Memel beobachtete, hätte mit guten Gründen darauf setzen können, dass Preußen als Großmacht aus der europäischen Geschichte für immer verschwinden würde. Frierend, in einen russischen Mantel gehüllt, stand König Friedrich Wilhelm III. am Ufer zwischen russischen Offizieren und blickte auf die beiden Flöße in der Mitte des Stromes, der durch sein Königreich verlief. Der eine Ponton war für das Gefolge gedacht, auf dem anderen befand sich ein prächtig geschmückter Pavillon, an dem zwei Buchstaben weithin sichtbar prangten: A für Alexander, den russischen Zaren, und N für Napoleon, Kaiser des französischen Empire.

Und während Friedrich Wilhelm draußen warten musste, verhandelten drinnen die Herrscher der beiden damaligen Supermächte über die Teilung des alten Kontinents – und auch über das Schicksal des Hohenzollern.

Einige Monate zuvor hatte der korsische Eroberer die vielgerühmte preußische Armee bei Jena und Auerstedt vernichtend geschlagen, war im Triumphzug in Berlin eingezogen und hatte fast ganz Preußen besetzt. Nun plante er, die Hohenzollern zu entthronen und deren Reich aufzuteilen. Russland hätte ein ordentliches Stück bekommen, und natürlich Napoleons Bruder Jérôme, für den ein Königreich Westphalen vorgesehen war, und dem es noch an Ländereien fehlte.

Aufbruch in die Moderne

Am Ende verhinderte der Zar, dass es zum Äußersten kam. Doch auch so besiegelte der zwei Wochen später geschlossene Friede von Tilsit die größte Niederlage in der preußischen Geschichte. Friedrich Wilhelm verlor rund die Hälfte seiner Einwohner und seines Landes. Zudem musste der vom Krieg zerstörte, beinahe bankrotte Rumpfstaat gigantische Zahlungen an Frankreich leisten und die Besatzungskosten übernehmen. Nicht einmal eine Generation nach dem Tod Friedrichs des Großen (1712 bis 1786), der Preußen zur europäischen Großmacht geformt hatte, schien das Königreich am Ende.

Umso erstaunlicher, dass schon wenige Tage nach Tilsit eine ruhmreiche, vielleicht sogar die größte Zeit in der preußischen Geschichte begann. Denn die katastrophale Niederlage machte den Weg frei für eine kleine Gruppe von Staatsdienern, die in den folgenden Jahren ein Feuerwerk an Reformen zündeten und Preußen mit einer Revolution von oben an die Spitze der Moderne in Deutschland katapultierten.

Es waren einige Dutzend Männer um die Minister Karl Reichsfreiherr vom und zum Stein und Karl August Freiherr von Hardenberg, die Militärs Gerhard von Scharnhorst und August Wilhelm Neidhardt Gneisenau oder den Gelehrten Wilhelm von Humboldt. Sie glaubten an die Veredelung des Menschen und wollten Preußen von Grund auf verändern.

Die Reformer zertrümmerten in nicht einmal einem Jahrzehnt die Fundamente der über Jahrhunderte gewachsenen ständischen Gesellschaft. Bauern und Gesinde erhielten das Recht zu leben, wo sie wollten, zu heiraten, wen sie wollten, den Beruf zu ergreifen, den sie wollten. Für Millionen Menschen in Preußen ging das Mittelalter erst jetzt wirklich zu Ende.

Manches, was heute zur Grundausstattung moderner Staaten zählt, wurde damals eingeführt: die kommunale Selbstverwaltung, die Gewerbefreiheit, die Wehrpflicht, die Einkommensteuer (wenn auch nur vorübergehend und mit einem Spitzensatz von fünf Prozent). Auf einmal durfte jeder Rittergüter kaufen und verkaufen (vorher nur der Adel), Unternehmer werden (vorher nur Bürgerliche), ein Handwerk ausüben (vorher nur das Zunftmitglied).

Reformstaat Preußen

Das Spießrutenlaufen, die Strafe für Fahnenflucht, Trunkenheit oder Glücksspiel, überlebten nur wenige Delinquenten (Kupferstich von Daniel Chodowiecki, 1774)

Es war nichts weniger als der „Übergang zur modernen Marktgesellschaft" (Historiker Thomas Nipperdey), den die Preußischen Reformen ermöglichten. Ein Arbeitsmarkt entstand, der freie Wettbewerb setzte sich durch, Fabrikbesitzer investierten, um Gewinne zu erwirtschaften, mit weitreichenden Folgen. Ohne Bauernbefreiung und Gewerbefreiheit wäre Preußen und damit Deutschland vermutlich nie ein Industriestaat geworden.

Und dann die große Überraschung: Ausgerechnet der „Militärstaat" (Friedrich der Große) im Nordosten Europas marschierte nach 1807 an der Spitze des zivilen Fortschritts. Die Reformer entrümpelten das Recht und schafften Anachronismen wie das Spießrutenlaufen für Soldaten ab, was die Zeitgenossen „Freiheit des Rückens" nannten. Endlich wurden jüdische Deutsche ihren christlichen Nachbarn zumindest weitgehend gleichgestellt, was es in Deutschland sonst nur im Königreich Westphalen gab. Preußen, das Dorado ungebildeter Krautjunker, stieg sogar zum Hort der Dichter und Denker auf. Unter dem Abteilungsleiter Wilhelm von Humboldt entstand ein Bildungswesen, das Weltruf erlangte.

Kein Wunder, dass die preußischen Reformen zu den wohl am besten erforschten Abschnitten unserer Geschichte zählen. Das Urteil hat sich dabei mehrfach gedreht. In Zeiten deutsch-französischer Feindschaft, also vor 1945, war die Begeisterung für Stein und Co. auch aus nationalistischen Gründen groß. Damals entstanden im Berliner Regierungsviertel die berühmten Denkmäler für Humboldt (1883 vor der Universität), Gneisenau (1855 beim Prinzessinnenpalais), Scharnhorst (1822 vor der Neuen Wache, heute gegenüber), Stein (1875 auf dem einstigen Dönhoffplatz an der Leipziger Straße, heute vor dem Berliner Abgeordnetenhaus). Deutschen Nationalisten erschien es geradezu als Vollendung der Reformen, dass Preußen in den sogenannten Befreiungskriegen zwischen 1813 und 1815 an der Seite Russlands und Österreichs Napoleon besiegt, diesen vom Thron gejagt und damit die „Schmach von Tilsit" getilgt hatte.

Dass manche Reformer ein eigenes Bündnis mit Russland angestrebt hatten, brachte ihnen nach dem Zweiten Weltkrieg eine wohlwollende Betrachtung der SED-Oberen in der DDR ein. In der Bundesrepublik hingegen gab die Auseinandersetzung mit dem Nationalsozialismus Anlass zu einer kritischen Sicht auf die Reformära. Wo begann Deutschlands Weg in den Abgrund? Bei der Suche nach einer Antwort fiel der Blick auch auf die Schattenseiten der preußischen Modernisierung. Vieles an den Reformen war unvollendet geblieben. Der König hatte sein Versprechen einer Verfassung nicht gehalten. Vor allem aber blieb die Macht der Junker auf dem Lande ungebrochen, was sich als enorme Hypothek auf Deutschlands langem Weg nach Westen erwies.

Inzwischen ist der Blick der Wissenschaftler wieder freundlicher geworden, und das ganz ohne nationale Ressentiments. Denn erneut hat sich die Perspektive gewandelt, weil neues Wissen dazugekommen ist. Der Zusammenbruch des Kommunismus in Europa, aber auch die Probleme der europäischen Industriegesellschaften im Strudel der Globalisierung haben das Bewusstsein dafür geschärft, dass Politik und Verwaltung Modernisierungsprozesse nur in Maßen steuern können. Nicht zufällig vergleicht der australische Historiker Christopher Clark in seinem Bestseller „Preußen. Aufstieg und Niedergang. 1600–1947" die Reformer Hardenberg und Michail Gorbatschow. Wie der sowjetische Generalsekretär stand der preußische Staatskanzler vor der Aufgabe, ein verkrustetes System zu liberalisieren. Beide machten die Erfahrung, dass Reformen oft anderes bewirken, als beabsichtigt war, und dass sich Widerstand gegen Wandel leicht mobilisieren lässt, wenn die positiven Wirkungen erst mittel- oder langfristig eintreffen. Doch während die Sowjetunion auseinanderbrach, stieg Preußen am Ende wieder zur Großmacht auf.

Dass der Hohenzollernstaat reformiert werden musste, stand für viele aus dem Reformerkreis schon vor der Niederlage gegen Napoleon 1806/07 fest. In Frankreich hatte die Revolution ungeheure Energien freigesetzt, in Großbritannien bereits der Kapitalismus Einzug gehalten, doch in dem Königreich zwischen Kleve und Königsberg herrschten immer noch feudale Verhältnisse. Die überwiegend adeligen Rittergutsbesitzer waren auf ihren Ländereien Arbeitgeber, Polizist und Richter in einem; die staatliche Verwaltung hatte dort wenig zu sagen. Die Junker durften „faules, unordentliches und widerspenstiges Gesinde" züchtigen und Eheschließungen verbieten. In Schlesien und Ostpreußen sind Landleute sogar verkauft worden. Hunderttausende Familien lebten in dem absurden System der Gutsherrschaft. Obwohl Schafszucht höhere Profite abwarf, hielten Bauern Ochsen als Zugtiere, weil sie damit kostenlos für den Junker auf dessen Land Frondienste leisten mussten. Niemand konnte anbauen, was er wollte, es herrschte Flurzwang. Wollten die Bauern ihr Land vererben, mussten sie vielerorts den Gutsherrn um Erlaubnis bitten. Die Verhältnisse glichen einer „Barbarei", urteilte der Reformer Theodor von Schön, einer der Väter der Bauernbefreiung.

Die katastrophale Finanzlage Preußens verlängerte den Reformstau noch. Die Ausgaben für das Heer verschlangen bis zu vier Fünftel der Einnahmen – soweit man deren Höhe überhaupt kannte. Denn es gab nicht etwa eine Staatskasse, sondern mehrere.

Kein Wunder, dass unter den jüngeren Beamten und Offizieren eine kleine Reformpartei heranwuchs. Sie stammten häufig aus dem innerdeutschen Ausland, aus Nassau (Stein), Hannover (Scharnhorst), Sachsen (Gneisenau). Hohe Gehälter – ein Minister zählte in Preußen zu den Top-Verdienern – und der Ruhm der preußischen Verwaltung aus der Zeit Friedrichs des Großen zogen talentierte Akademiker an. Für die überkommenen Zustände hatten die Wahlpreußen wenig übrig.

Sie beobachteten vielmehr das französische Experiment von „Liberté, Egalité, Fraternité" oder orientierten sich an Adam Smith, dessen Lehre damals an den Universitäten großen Zulauf fand. Der schottische Ökonom plädierte für ein neues Wirtschaftssystem, basierend auf Privateigentum, Wettbewerb, Freihandel: die freie Marktwirtschaft. Smith zufolge kam den Beamten die Aufgabe zu, dem Markt Spielregeln zu setzen, was auch bedeutete, Motor der Modernisierung zu sein.

Die auffälligsten Begabungen aus der jüngeren Generation waren Freiherr vom Stein und Freiherr (ab 1814 Fürst) von Hardenberg. Der 1757 geborene, sieben Jahre jüngere Stein erwarb sich einen Ruf als Erneuerer, indem er die auf preußischem Territorium liegenden westfälischen Kohlebergwerke auf Vordermann brachte. 1804 stieg er zum Minister für Zoll-, Fabrik- und Handelswesen auf. Hardenberg wiederum gliederte in den neunziger Jahren des 18. Jahrhunderts mit Bravour die an Preußen gefallenen fränkischen Fürstentümer ein, 1804 berief ihn der König zum Außenminister.

Viel ist über die politischen Unterschiede zwischen den Namensgebern der Stein-Hardenbergschen Reformen geschrieben worden. So wird darauf verwiesen, dass Stein deutlich konservativer war, voller Stolz auf seine Herkunft als Reichsritter, der nur dem Kaiser des Heiligen Römischen Reiches deutscher Nation untertan war – auch wenn das Territorium derer vom Stein lediglich die Dörfer Frücht und Schweighausen umfasste, und das Heilige Römische Reich 1806 unterging. Der „Frankreichhasser" Stein (Biograf Heinz Duchhardt) blieb bei allem Liberalismus zeitlebens stärker der ständischen Welt verhaftet als der autoritäre Fiskalist Hardenberg, der den unmittelbaren Zugriff einer gestrafften, zentralisierten Verwaltung auf die Bürger durchsetzten wollte.

Das stimmt alles, und doch trennte die Männer vor allem etwas ganz Persönliches: die Frauen. Der ehrpusselige, schroffe Stein verachtete die Lebensweise des weltläufigen Kavaliers und Lebemanns Hardenberg, der als junger Mann ausgerechnet Steins Schwester Luise den Hof gemacht hatte („eine Brünette mit schönen dunklen Augen ... ich liebe sie unbeschreiblich"). Stein warf dem dreifach verheirateten Kollegen die Scheidungen und die zahlreichen Affären mit „nichtswürdigen Weibern" vor. Hardenberg sei ein „seichter, leerer Windbeutel".

Immerhin waren beide professionell genug, sich bei Hofe zu verbünden, zunächst freilich ohne Erfolg. König Friedrich Wilhelm III. sah zwar durchaus Reformbedarf, vermochte sich aber zumeist gegen eine mauernde Bürokratie und aufmüpfige Junker nicht durchzusetzen. Seine liebste Zeit sei die Bedenkzeit, spottete einer seiner Berater bei Hofe.

Erst nach der vernichtenden Niederlage gegen Napoleon in Thüringen im Oktober 1806 hatten die Reformer den nötigen Rückhalt, denn selbst Ewiggestrige leugneten nun nicht mehr, dass sich etwas ändern musste, wenn Preußen wieder Großmacht werden sollte. Der Korse hatte die Armee – den Stolz des Hohenzollernstaates – regelrecht gedemütigt. In Auerstedt gingen 50 000 preußische Soldaten vor gerade einmal halb so vielen Franzosen in die Knie. Während Friedrich Wilhelm und der Hof daraufhin nach Ostpreußen flüchteten, fielen zahlreiche preußische Festungen kampflos. Dass die meisten preußischen Beamten dem Eroberer einen Loyalitätseid schworen, passte in das Bild eines morschen Staatswesens.

Die gigantischen Kontributionsforderungen Napoleons verstärkten den Reformdruck noch. Preußens Wirtschaft lag darnieder, eine Hungersnot drohte. Der melancholische Friedrich Wilhelm dachte sogar an Rücktritt.

Minister Hardenberg fiel es deshalb nicht allzu schwer, den Monarchen im Juli 1807 zu überreden, Reformer Stein zum leitenden Minister zu ernennen. In der berühmten „Rigaer Denkschrift" empfahl Hardenberg seinem Herrscher zudem ein Crash-Programm. Das Land brauche eine „Revolution im guten Sinn", andernfalls drohe der Untergang.

Hardenberg übernahm nicht selbst die Reformarbeit, sondern zog sich zunächst ins Privatleben zurück, weil Napoleon gegen seine Verwendung ein Veto eingelegt hatte. Aber der Freiherr sorgte dafür, dass Leute seiner Seilschaft Schlüsselpositionen in den beiden Reformkommissionen besetzten, die der König einberief. Die eine kümmerte sich um die Armee, die andere um den Umbau von Staat und Wirtschaft. Als Stein Anfang Oktober das Amt antrat, fand er bereits mehrere Papiere zur Befreiung der Bauern vor.

Dass man mit den Landleuten begann, lag auf der Hand. Die Bauern stellten die Soldaten, und die Landwirtschaft erwirtschaftete den Löwenanteil des Bruttosozialprodukts. So zögerte Stein denn auch nicht lange, modifizierte einen der vorliegenden Entwürfe, besprach ihn mit dem König und unterzeichnete am 9. Oktober das wohl wichtigste Gesetz der preußischen Geschichte: das „Edikt, den erleichterten Besitz und den freien Gebrauch des Grundeigenthums so wie die persönlichen Verhältnisse der Land-Bewohner betreffend".

Die zwölf Paragrafen wirkten wie ein „Donnerschlag" (Historiker Hans-Ulrich Wehler), denn sie beendeten eine jahrhundertealte Tradition: die Erbuntertänigkeit der Menschen auf dem Lande. „Nach dem Martini-Tage 1810 giebt es nur freie Leute" – dieser Satz in Paragraf zwölf ließ Millionen Preußen de jure zu freien Menschen werden. Bauern, Knechte und Mägde durften nach Belieben wegziehen und heiraten, schon bald stieg die Geburtenrate drastisch an. Ihre Kinder mussten nicht mehr für nahezu lau als Gesinde für die Herrschaften Ställe säubern, Wäsche waschen oder Geschirr spülen. Die größten Hoffnungen hingen an diesem Satz: dass Preußens Bauern nun so patriotisch kämpften wie die französischen Landleute, dass preußische Bauernhöfe ähnlich effizient wirtschafteten wie britische Gehöfte, dass die Steuern sprudelten.

Auch andere Schranken fielen mit dem Oktoberedikt: „Jeder Edelmann ist, ohne allen Nachtheil seines Standes, befugt bürgerliche Gewerbe zu treiben, und jeder Bürger oder Bauer ist berechtigt, aus dem Bauer- in den Bürger- und aus dem Bürger- in den Bauerstand zu treten." Das war die Freiheit der Berufswahl; und damit in einer Agrargesellschaft der Wechsel überhaupt möglich war, durften sich alle Parteien ab sofort gegenseitig das Land verkaufen. Der Boden solle zum besten Wirt, lautete die Devise frei nach Adam Smith. Der freie Güterverkehr begann.

Wie zu erwarten, liefen die Rittergutsbesitzer Sturm gegen den neuen Geist des Kapitalismus, der ihnen ihre Privilegien nahm. Sie deckten den Königshof mit Protesten und Änderungswünschen ein. In Schlesien versuchten Gutsherren sogar, das neue Dokument geheim zu halten und fachten damit einen Aufstand der Bauern an. „Lieber noch drei Auerstedts als ein Oktoberedikt", schimpfte ein Freiherr von der Recke.

Die Gutsherren verlangten von den Bauern eine Entschädigung dafür, dass sie auf deren kostenlose Arbeitskraft künftig verzichten sollten. Und sie forderten eine Kompensation von den Landleuten für die Preisgabe angeblicher gutsherrlicher Rechte am Bauernland – obwohl umstritten war, wem der Boden letztlich gehörte, den die Bauern bewirtschafteten. „Der Adel im Preußischen ist der Nation lästig, weil er zahlreich, größtenteils arm und anspruchsvoll auf Gehälter, Ämter, Privilegien und Vorzüge jeder Art ist", klagte Stein über seine Standesgenossen.

Den Hindenburgs, Bredows und Moltkes kam zustatten, dass die preußische Krone ein Jahrzehnt zuvor das vielgerühmte Preußische Allgemeine Landrecht verabschiedet hatte, das Eigentum ausdrücklich garantierte. Diese Bestimmung gilt heute als Voraussetzung für den Weg in die Industriegesellschaft. Aber in der Reformära behinderte sie den Fortschritt, denn die Reformgegner konnten sich darauf berufen. Bei ihrer Lobbyarbeit gingen die Junker erstaunlich modern vor. Sie lancierten Artikel in der Presse, um die öffentliche Meinung zu beeinflussen, und trafen sich in manchen Gegenden alle zwei Wochen in „Kreiskränzchen" mit fester Tagesordnung; da wurden dann die Gesetzesinitiativen der Regierung besprochen und Forderungen formuliert.

Die finanziellen Ansprüche Napoleons an Preußen gaben der Opposition die schärfste Waffe an die Hand. Denn die Regierung benötigte die Zustimmung der Stände, um durch Steuern und Verpfändungen von Krongut das Geld für die Franzosen aufzutreiben. Und die Gutsbesitzer ließen sich ihr Votum mit für sie überaus günstigen Entschädigungsregelungen teuer bezahlen.

Staatliche Generalkommissionen in den einzelnen Provinzen besichtigten die Güter und legten fest, was die Bauern für ihre Freiheit im Einzelfall zu leisten hatten. Und da diese in der Regel nicht über Ersparnisse verfügten, mussten sie Land abgeben – oft die Hälfte ihres Bodens – oder sich hoch verschulden. Die sogenannte Regulierung zog sich das ganze 19. Jahrhundert hin. Einige Bauerngruppen wurden von den Reformern sogar wieder ausgenommen und schufteten noch Jahrzehnte nach dem Oktoberedikt für lau auf den Gütern der Junker.

Die Reformer haben nie versucht, die Landbevölkerung zu mobilisieren – das lag außerhalb ihrer Vorstellungswelt, schließlich sollten die Reformen einer Revolution vorbeugen und diese nicht anfachen. Manch ein Reformer profitierte zudem persönlich von der Entschädigungsregelung.

Von sich aus rebellierten die Landleute nur in wenigen Orten, um ihre Interessen durchzusetzen. Der Historiker Bernd von Münchow-Pohl sieht eine „an Apathie grenzende Passivität", die sich deutlich vom Furor der französischen Bauern 1789 unterschied.

Da die meisten Preußen der Reformära Analphabeten waren und keine Aufzeichnungen hinterließen, sind die Gründe für diese Passivität nicht bekannt. Mochten sie für die Reformen nicht zu Felde ziehen, weil sich zunächst an den tatsächlichen Verhältnissen nicht viel änderte? Einige Monate nach der Reform notierte der kurmärkische Präsident Ludwig Freiherr von Vincke: „Überall Elend, Kummer und Verzweiflung."

Am Ende bezahlten die Bauern für ihre Freiheit mit Land und Geld im heutigen Wert von rund 300 Millionen Euro. Knapp fünf Millionen Hektar Land, eine Fläche von der Größe Niedersachsens, strichen die Großgrundbesitzer ein – und sicherten damit ihre Vormachtstellung bis ins 20. Jahrhundert. Rund hunderttausend Bauern hingegen verloren alles. Aus der Schicht der Landlosen rekrutierte sich später jenes Heer von Arbeitern, das die industrielle Revolution erst ermöglichte – eine der nicht intendierten Folgen der Reform, denn weder Stein noch Hardenberg konnten 1807 wissen, dass sich die Welt so verändern würde.

Am Beispiel der preußischen Reformen weisen Sozialwissenschaftler wie der Historiker Wehler auf die Dialektik von Modernisierungsprozessen hin, deren Schattenseiten „Machtausnützung, die Ausbeutung der Schwächeren, das Abwälzen von Lasten" sind. Und dennoch zählten auch preußische Landleute zu den Gewinnern des Oktoberedikts. Von den Fesseln der Ständegesellschaft befreit, produzierten sie auf dem ihnen verbliebenen Land deutlich mehr als zuvor. Ein „neuer Geist" sei in die Bauern gefahren, notierte 1814 ein preußischer Beamter. Schon nach wenigen Jahren war die Landschaft Ostelbiens vielerorts kaum wiederzuerkennen. Statt steiniger, mit Dornensträuchern bedeckter Böden propere Felder mit Kartoffeln, Klee oder Zuckerrüben – Grundlage einer intensiven Landwirtschaft. Die Nutzfläche stieg um 60 Prozent, die Produktion um 40 Prozent.

Was heute wie eine Marginalie der Geschichte anmutet, rettete vermutlich Zigtausenden Menschen das Leben. Denn im 19. Jahrhundert explodierte die Bevölkerungszahl in ganz Europa, auch in Preußen. Die zehn Millionen Untertanen der Hohenzollern um 1815 haben sich in 50 Jahren ungefähr verdoppelt. Hungersnöte wie in Irland blieben unseren Vorfahren jedoch fast ausnahmslos erspart – dem Oktoberedikt sei Dank.

Verfasst worden war das bahnbrechende Dokument in Memel und nicht in Preußens Hauptstadt Berlin. Napoleon hatte nämlich trotz des Friedens von Tilsit 150 000 Soldaten im Lande gelassen, um Kontributionen einzutreiben; sie zogen erst 1808 ab. Nur das Memelland und Teile Ostpreußens blieben unbesetzt. Zunächst in Memel, dann in Königsberg residierte bis Ende 1809 der Hof und mit ihm Stein, Scharnhorst und die anderen Reformer. Eine bunte Truppe fand sich am Pregel zusammen, Grafen und Fürsten, aber auch ehemalige Hauslehrer, Ärzte, Apotheker und ein Bauernsohn. Viele hatten ihre Familien gar nicht erst in den Nordosten des Königreichs mitgebracht. Die Männer lebten in beschlagnahmten Wohnungen und Häusern.

Die wichtigsten Reformer – Stein, die Offiziere Scharnhorst, Gneisenau, die Agrarexperten Schön, Georg Heinrich Nicolovius und der Bildungsfachmann Johann Wilhelm Süvern – besprachen sich einmal in der Woche. Protokolle wurden leider nicht geführt, auch daher entstand der Eindruck, als versammelte sich eine Gruppe mit klarem Programm.

Aufbruch in die Moderne

Zeitgenössische Porträts der Minister Stein (oben links) und Hardenberg (unten links) sowie der Militärs Scharnhorst (oben rechts) und Gneisenau (unten rechts)

Inzwischen weiß man: Es gab Gemäßigte und Radikale, Anti- und Philosemiten, Konservative und Liberale, Protektionisten und Freihandelsanhänger, Lobbyisten der Gutsbesitzer und Bauernfreunde (davon allerdings nur wenige). Die Menschen dachten damals noch nicht entlang politischer Grundsatzpositionen, sondern orientierten sich von Fall zu Fall. Kaum einer der Reformer begrüßte alle geplanten Maßnahmen. Der Finanzexperte Barthold Georg Niebuhr lehnte die allgemeine Wehrpflicht ab, die zu den Kernpunkten der Reform gehörte. Stein wiederum wollte die Prügelstrafe für Soldaten beibehalten, sein Mitarbeiter Vincke die Zünfte bewahren. Manche Projekte sind weniger am Widerstand bornierter Junker, sondern an Streitereien und Intrigen der Reformer untereinander gescheitert.

Natürlich ging es bei den Kabalen immer auch um den Ruhm vor der Nachwelt, der lange Zeit vor allem Stein zufiel. „Ich bin weit entfernt, (Herrn vom Stein) irgendein Verdienst streitig zu machen, nur ist billig, dass ihm nicht, wie fast allgemein geschieht, zugeschrieben werde, was mir gebührt", beklagte sich später Hardenberg – zu Recht. Denn Steins Engagement im engeren Sinne sind nur zwei Veränderungen zuzuschreiben: Er beendete das chaotische Regierungssystem mit einer Vielzahl von Behörden, die neben- und gegeneinander agierten, mit einem König an der Spitze, der sich eine Beraterrunde (das Kabinett) hielt, deren Mitglieder stets mitredeten, aber selten für etwas verantwortlich waren. Stein etablierte stattdessen ordentliche Ressorts mit verantwortlichen Ministern an der Spitze. Diese Regierungsform hat sich bis in die Gegenwart gehalten.

Und dann die vielgerühmte Städteordnung, eine Art Magna Charta der deutschen Kommunalpolitik. Der Regierungschef erhoffte sich von dem Gesetzeswerk eine „Belebung des Gemeingeistes und Bürgersinns". Mit Beteiligung an der lokalen Politik wollte er das Bürgertum für das preußische Staatswesen mobilisieren. Die Bürger sollten ihre Stadtverordneten und ihren Magistrat wählen. Die Städte erhielten die kommunale Selbstverwaltung, durften über Steuern und Ausgaben entscheiden.

Der von Stein erhoffte Effekt blieb allerdings aus. Für Breslau, Stettin oder Potsdam bedeutete die Reform nämlich in erster Linie

Aufbruch in die Moderne

höhere Kosten, weil die Kommunen die „Policey" übernahmen; so bezeichnete man zusammenfassend das Schul-, Armen- und Gesundheitswesen, die Gewerbeaufsicht, die Instandhaltung von Straßen und öffentlichen Bauten. In Ostpreußen erklärten gleich mehrere Städte, sie würden auf die teure Freiheit lieber verzichten. Und da nur ein Bruchteil der Stadtbewohner ausreichend Einkommen bezog, um das Bürgerrecht zu erwerben, blieben die Chancen der Steinschen Städteordnung ungenutzt. Zu einer Liberalisierung des preußischen Bürgertums kam es erst Jahrzehnte später, unter anderen Umständen. Vielleicht hätte Stein manches noch korrigiert, wenn er länger in preußischen Diensten geblieben wäre. Doch als der König die Städteordnung am 19. November 1808 unterzeichnete, stand der Freiherr bereits vor der Entlassung.

Gut ein Jahr nach dem Frieden von Tilsit war Europa nämlich nicht wieder zur Ruhe gekommen. Seit das Volk in Spanien gegen die französischen Besatzer rebellierte und zugleich Österreich – die andere deutsche Großmacht – zum Krieg gegen Napoleon rüstete, sahen viele am preußischen Hofe die Gelegenheit gekommen, das „Ungeheuer" (Stein über Napoleon) abzuschütteln, auch Stein. Unter den Militärs, die, geleitet von Scharnhorst, dem Chef des Generalstabes und Vorsitzenden der Militär-Reorganisationskommission, die Armee reformierten, kursierte der kühne Plan eines Volkskrieges. Für preußische Offiziere (fast alles Adelige), die sonst Zivilisten (fast alles Bauern) nur verachteten, war das ein geradezu revolutionärer Vorstoß. Doch der König scheute das Risiko, und nachdem die Franzosen einen Brief Steins abfingen, aus dem entsprechende Überlegungen hervorgingen, musste der Minister gehen. Stein verließ Preußen und heuerte später beim russischen Zaren an.

Der Sturz des prominenten Regierungschefs und die Ernennung eher farbloser Nachfolger ließ viele Reformgegner hoffen, dass der wankelmütige König den Kurs wechseln würde. „Ein unsinniger Kopf ist schon zertreten, das andere Natterngeschmeiß wird sich in seinem Gift selbst auflösen", jubelte bereits Hans David Ludwig York, einer der Führer der Opposition, der später als Graf Yorck von Wartenburg zu einem führenden General Preußens aufstieg. Doch nur wenige Monate nach Steins Flucht traf in Königsberg der wohl weltweit berühmteste unter den preußischen Reformern ein: Wilhelm von Humboldt. Und auch wenn die Historiker inzwischen herausgefunden haben, dass der überaus liberale Humboldt nur einer von mehreren war, denen das Verdienst für die Bildungsreform gebührt, so verbindet sich mit seinem Namen die großartige Erfolgsgeschichte.

Stein hatte den Außenseiter noch vor seinem Sturz als „Geheimen Staatsrat und Direktor der Sektion für Kultus und Unterricht" vorgeschlagen, denn Bildung war nach Ansicht der Reformer ideelle Voraussetzung aller Veränderungen. Man wollte nichts weniger als den neuen Menschen, der mit der Freiheit zum Wohle des Staates umzugehen wusste. Vermutlich war Stein auf den 41-jährigen Juristen aufmerksam geworden, weil einer seiner Mitarbeiter Wilhelm und dessen Bruder Alexander, dem berühmten Naturforscher, in deren Kindheit einst Privatunterricht erteilt hatte. Es zählt zu den Treppenwitzen der Geschichte, dass mit Humboldt ausgerechnet ein Mann, der selber nie eine Schule besucht hat und aus ideologischen Gründen ursprünglich den Eingriff des Staates in die Bildungspolitik als Übel ansah, zum Vater des staatlichen Bildungswesens wurde.

Der charmante Spross einer Berliner Aristokratenfamilie zierte sich lange, ehe er die Aufgabe annahm. Humboldt, Freund von Geistesgrößen wie Schiller und Goethe, bevorzugte das Gelehrtendasein. Offiziell residierte er als preußischer Vertreter beim Päpstlichen Stuhl in Rom, de facto studierte der Altertumsliebhaber in der ewigen Stadt die Antike. Am Ende mochte er sich dem aufwallenden Patriotismus dann doch nicht verschließen. „Wir gehören einmal zu dem Lande, unsere Kinder auch, ganz müßig kann man dafür nicht bleiben", schrieb er an Ehefrau Caroline. Im April 1809 rollte Humboldts Kutsche in Königsberg ein.

Humboldt hatte einen guten Start, das Königspaar zeigte sich dem Ankömmling gewogen. Und in der neugegründeten Bildungsabteilung standen ihm erstklassige Mitarbeiter wie der langjährige Schuldirektor Süvern zur Seite. Die brauchte Humboldt, denn vor ihm lag eine Herkules-Aufgabe. In Preußen gab es weder einheitliche Lehrpläne noch verbindliche Qualitätsstandards oder eine geordnete Ausbildung der Lehrer. Beinahe jeder durfte Schulen gründen, sich Unterrichtsstoff ausdenken und Pauker einstellen.

Das Ergebnis: In Volksschulen kamen bis zu hundert Kinder auf einen Lehrer; häufig standen Schneider oder andere Handwerker vor der Tafel, um sich durch den Unterricht etwas dazu zu verdienen. Wenn sie rechnen konnten, galt das als etwas Besonderes. Die beiden Universitäten Preußens in Königsberg und Frankfurt (Oder) – die anderen Hochschulstädte hatte man im Frieden von Tilsit abtreten müssen – waren ebenfalls in beklagenswertem Zustand.

Das Leitbild der Humboldt-Truppe stammte aus dem antiken Griechenland; der dort über 2000 Jahre zuvor herrschende Geist war ihnen das „Ideal desselben, was wir selbst sein und hervorbringen möchten" (Humboldt). Die sogenannten Neuhumanisten sahen in Bildung den „wahren Zweck des Menschen" (Humboldt), losgelöst von den Zwängen der Arbeitswelt, und damit ein Wert an sich; lebenslang und allumfassend sollte sie sein und dem Einzelnen zur Entfaltung seiner Kräfte verhelfen Das klingt heute geradezu poetisch, damals war ein solches Programm eine Kampfansage an die leistungsunabhängige Ständegesellschaft, in der „adelige Nichtskönner" (Historiker Wehler) Schlüsselpositionen besetzten.

Humboldt forderte Elementarunterricht für alle, unabhängig vom Stand. Er schaffte die ständische Gliederung der Schulen ab und sorgte dafür, dass in der Regel die Hochschulen nur besuchen durfte, wer das Abitur bestanden hatte. Dutzende Schulen, die den Anforderungen nicht genügten, verloren das Abiturrecht. Und in der Tat zeigen die Statistiken, dass deutlich mehr Jungen aus dem Kleinbürgertum die Reifeprüfung ablegten. Die hohen Ansprüche bildeten allerdings zugleich eine Barriere, die bildungsfernen Schichten den Aufstieg verstellte.

Es sind gigantische Reformpläne, die Humboldt und seine Leute in wenigen Monaten entwickelten, denn sie wollten ein neues Unterrichtsideal durchsetzen: „Lernen lernen" statt stumpfem Pauken. Humboldt trommelte daher für das humanistische Gymnasium. So wurde dieses zur dominierenden höheren Bildungsanstalt der Deutschen.

Auch sonst sollte alles geändert werden, und vieles wurde Wirklichkeit. Die Reformer führten das Schuljahr ein: „Die gelehrten

Schulen müssen niemals Kinder annehmen als beim Anfang eines neuen Lehrsemesters." Der Staat garantierte fortan die Qualität des Bildungswesens: Lehrer mussten staatliche Prüfungen bestehen, bevor sie am Gymnasium unterrichten durften; der Lehrplan wurde landesweit einheitlich vorgegeben; Schulabgänger hatten – zumindest in der Theorie – gleichen Kenntnisstand. Dass Preußen im ausgehenden 19. Jahrhundert einen Spitzenplatz bei der Alphabetisierung einnahm, liegt maßgeblich an Humboldts Reformen.

Freilich wäre alles noch schneller gegangen, wenn Humboldt und Süvern zudem die Volksschule reformiert hätten. Doch Friedrich Wilhelm meinte, dass Kinder „der arbeitsamen Volksklasse" nur entsprechend „ihren geringen und eingeschränkten Verhältnissen schreiben und rechnen" können sollten. Und so blieb auf dem Lande, wo die meisten Menschen lebten, zunächst noch vieles beim Alten: überfüllte Klassen, schlecht ausgebildete Lehrer, Rohrstockpädagogik.

Wissenschaftler, die den Übergang von traditionellen zu modernen Gesellschaften untersuchen, halten die Verbreitung von Elementarbildung für ein Merkmal von Modernisierung. An Humboldts Reformen wird freilich die Ambivalenz des Modernisierungsprozesses deutlich. Indem der Staat das Bildungsniveau garantierte, bekam er zugleich die Möglichkeit, Untertanen von Kindesbeinen an zu disziplinieren, per Lehrplan, Schulaufsicht und Pädagogenausbildung. Schon 1810 verlangte Friedrich Wilhelm von Lehrern „patriotische Eigenschaften". Von dort war der Weg zur nationalistischen Indoktrination nicht weit, wie sie in der zweiten Jahrhunderthälfte üblich wurde.

Die Krönung der Humboldtschen Reformen bildete die Gründung der Berliner Universität. Am 6. Oktober 1810 wurden die ersten sechs Studenten immatrikuliert: je einer in Medizin, Theologie, Pharmazie und drei in Jura. Die Professoren – Geistesgrößen wie Fichte (Gründungsrektor), Hegel (ab 1817), Schleiermacher (ab 1810) – verlangten von den Studiosi etwas ganz Neues: selbständiges Arbeiten.

Studenten und Lehrende sollten sogar gemeinsam die Forschung vorantreiben. Humboldt legte fest: „Darum ist auch der Universitätslehrer nicht mehr Lehrer, der Studierende nicht mehr

Lernender, sondern dieser forscht selbst, und der Professor leitet seine Forschung und unterstützt ihn." Das Ideal der Einheit von Lehre und Forschung trat von der Spree aus seinen Siegeszug an. Dass der immer noch klamme Staat die Gründung einer Universität bezahlte, zählt dabei zu den Wundern der Reformära.

Weder Stein noch seinen Nachfolgern war nämlich gelungen, wofür sie der König in erster Linie geholt hatte: die Finanzen zu sanieren. Mit immer neuen Steuern brachten sie vielmehr die Leute gegen sich auf. In seiner Not ernannte Friedrich Wilhelm 1810 schließlich doch noch Hardenberg zum Staatskanzler, weil dieser ihm ein Ende der Schuldenwirtschaft versprach; Napoleon, der um die Kontributionen fürchtete, stimmte zu.

Friedrich Wilhelm vertraute damit die Staatskasse ausgerechnet seinem wohl am höchsten verschuldeten Untertan an, denn Hardenberg stand damals vor der Pleite und hatte sich nicht zuletzt deshalb nach dem neuen Amt gedrängt. Dem König bot er an, auf sein Gehalt zu verzichten und versprach, sich stattdessen aus dem Staatshaushalt nur zu nehmen, was er benötigte. Der naive Friedrich Wilhelm stimmte zu, Hardenberg ließ sich das Dreifache der üblichen Bezüge auszahlen und sanierte seine Güter.

Hardenberg blieb zwölf Jahre im Amt, bis 1822; er war von allen Reformern ohne Zweifel der cleverste. Er baute sich einen eigenen Mitarbeiterstab auf, lancierte gezielt seine Leute in die Verwaltung und handelte dem Monarchen umfassende Vollmachten ab. Die Minister hatten Hardenbergs Anordnungen selbst dann Folge zu leisten, wenn diese königlichen Verfügungen zuwiderliefen. Der Historiker Thomas Stamm-Kuhlmann hat Hardenberg sogar als „Ersatzkönig" bezeichnet.

Insofern wäre zu erwarten gewesen, dass Hardenberg jetzt, vier Jahre nach der Niederlage bei Jena und Auerstedt, rasch jene Reformen durchsetzen würde, die noch ausstanden: etwa die Einführung der Wehrpflicht; eine Steuerreform, die nicht mehr zwischen Stadt und Land unterschied und überhaupt erst einmal alle Einwohner besteuerte; oder die politische Entmachtung des Adels auf dem Lande, damit dort die staatliche Verwaltung das Sagen hatte.

Doch der preußische Staat, bis heute Inbegriff omnipotenter Obrigkeit, erwies sich nach 1810 als zu schwach, um das gesamte

Reformprogramm gegen den Widerstand der Stände durchzusetzen. Der Schock der Niederlage war verblasst; Hardenberg stieß sogar auf Widerstand im eigenen Apparat. So legte der Justizminister eine Kabinettsorder, die den Gutsherren das Recht nehmen sollte, auf ihren Ländereien Richter zu spielen, einfach zur Seite; später verschwand das Dokument ganz. Immerhin etablierte Hardenberg 1810/11 die Gewerbefreiheit. Ob Siemens, Krupp oder Borsig – solche Konzerne von Weltrang hätten ohne diese Liberalisierung nicht entstehen können. Sie ermöglichte es jedermann, einen Gewerbeschein zu kaufen und ein Unternehmen zu gründen, nicht nur Zunftmitgliedern. Die Gewerbefreiheit ermöglichte den Aufstieg Preußen-Deutschlands zur Weltwirtschaftsmacht, und dass Preußen diesen Schritt deutlich vor anderen deutschen Staaten tat, sicherte dem Hohenzollernreich einen uneinholbaren Startvorteil auf dem Weg in die Industrialisierung. Das Verdienst kann Hardenberg allerdings nur indirekt gutgeschrieben werden – die Gewerbefreiheit sollte seinen Plänen zufolge Knechten und Tagelöhnern, die von der Bauernbefreiung betroffen waren, eine Zukunftsperspektive auf dem Lande bieten. An Großindustrie hatte der Staatskanzler nicht gedacht.

Noch heute ist die Ansicht verbreitet, dass die preußischen Reformen zur nationalen Aufwallung der Deutschen gegen Napoleon maßgeblich beigetragen hätten. Der Sieg in den Befreiungskriegen ab 1813 wäre demnach eine Folge von Bauernbefreiung, Städteordnung und Gewerbefreiheit gewesen. Die Quellen widersprechen dieser Version, denn die Reformen griffen nicht sofort. Die Wirtschaftslage blieb desaströs. „Die Herzen der Nation sind von der Regierung abgewandt worden", notierte 1811 Militärreformer Gneisenau über die Stimmung der Preußen, „nicht mehr Gleichgültigkeit, sondern offenbares Übelwollen ist es, was in der meisten Herzen und Mund ist."

Als Napoleon seinen Krieg gegen Russland vorbereitete und von Preußen Unterstützung einforderte, blieb Friedrich Wilhelm auch deshalb lieber an der Seite des Korsen, als den Aufstand gegen die Franzosen zu wagen. Im Sommer 1812 marschierten preußische Hilfstruppen mit der Grande Armée in die Weiten Russlands.

Erst nachdem die französischen Soldaten bei ihrem Aufmarsch Richtung Osten das Terrain der verbündeten Preußen geplündert hatten, kippte die Stimmung. Der erbitterte Franzosenhass überdeckte nun die Unzufriedenheit mit dem eigenen Regime.

Mit dem Russlandfeldzug begann die kurze Schlussphase in der vielschichtigen Beziehung zwischen Napoleon und den preußischen Reformern. Sein Sieg bei Jena und Auerstedt hatte ihnen den Weg zur Macht geebnet, seine Finanzforderungen dann den Reformgegnern in die Hände gespielt. Nun verschaffte Napoleons Niederlage in Russland den Reformern einen letzten großen Auftritt auf der historischen Bühne. Denn es war die Führung der von Scharnhorst umgestalteten Armee, die den ewig zaudernden Friedrich Wilhelm unter Druck setzte und dafür sorgte, dass er nach Napoleons Desaster in Moskau schließlich doch noch Anfang 1813 die Fronten wechselte. Preußen verbündete sich mit Österreich und Russland; hätte sich der Monarch geweigert, wäre er möglicherweise abgesetzt worden.

Am 9. Februar 1813 führte Friedrich Wilhelm „für die Dauer des Krieges" die allgemeine Wehrpflicht ein, eine Schlüsselforderung der Reformer, weil sich nur auf diese Weise ausreichend Soldaten mobilisieren ließen, um gegen Napoleons Armee zu bestehen. Die Vision von der Nation in Waffen – ein „Griff ins Zeughaus der Revolution" (Gneisenau) – war auf besonders heftigen Widerstand der Konservativen gestoßen. Alle Männer zwischen 17 und 24 Jahren mussten sich innerhalb von acht Tagen melden, sonst wurden sie geholt.

Zwei Monate später rief der Monarch sogar zum Landsturm auf, eine Art letztes Aufgebot für einen Partisanenkampf. „Jeder, der gegen die Wand pissen kann", wie es Scharnhorst formulierte, sollte auf den Feind losgehen, mit „Piken, Heugabeln, Sensen". Das entsprach der Volkskriegsidee, die Gneisenau seit Jahren propagiert hatte.

Am Ende beteiligte sich Preußen mit 280 000 Soldaten – überwiegend reguläre Einheiten – an den Befreiungskriegen, was zwölf Prozent der männlichen Bevölkerung entsprach, für damalige Verhältnisse ein gigantischer Wert. 1815 wurde der französische Kaiser endgültig besiegt und nach St. Helena verbannt. Auf dem Wiener Friedenskongress erhielt Preußen zwar nicht alle Territorien zurück, die es in Tilsit verloren hatte, wurde aber für die Verluste durch Westfalen, das Rheinland und andere Gebiete entschädigt. Der nordostdeutsche Staat stieg wieder zur europäischen Großmacht auf.

Unter Historikern ist umstritten, wann die Reformära endete. Sicher ist, dass der große Schwung unwiederbringlich verlorenging, als es mit der napoleonischen Herausforderung vorbei war. Preußen schloss sich mit Österreich und Russland zur Heiligen Allianz zusammen, deren Ziel es war, Freiheitsbewegungen in Europa zu unterdrücken. Für Veränderungen hatte Friedrich Wilhelm nur noch wenig Sinn. Kein Wunder, dass er sein Verfassungsversprechen nicht einlöste; er hatte es während der Freiheitskriege gegeben, als er die Unterstützung der ganzen Nation benötigte. Nach und nach reichten die Reformer ihren Abschied ein, oder sie wurden aus der Regierung gedrängt. Spätestens mit dem Tod Hardenbergs 1822 war die Reformära zu Ende.

Trotz des Abschieds auf Raten zählen die Preußischen Reformen zu den großen Modernisierungsprojekten der europäischen Geschichte. Sie verstärkten zwar die Tendenz der Menschen in Preußen, Wandel als Veränderung von oben zu erwarten. „Revolutionen", konnte Otto von Bismarck noch Jahrzehnte später unwidersprochen behaupten, „machen in Preußen nur die Könige." Doch die Politik von Stein und Hardenberg setzte eine große wirtschaftliche und gesellschaftliche Dynamik frei, und so brauchen die Preußischen Reformen keinen Vergleich zu scheuen, auch nicht mit der Französischen Revolution, dem anderen großen Modernisierungsprojekt jener Epoche. Frankreich blieb lange Zeit rückständiges Agrarland, Preußen hingegen wurde zu einem prosperierenden Industriestaat mit Universitäten von Weltruf. Und während die Revolution in Frankreich mit ihrem Terror und den Kriegen Millionen Menschen das Leben kostete, musste für die Preußischen Reformen niemand seinen Kopf unter das Fallbeil legen.

Für deutsche Verhältnisse ist das kein schlechtes Ergebnis.

Flucht in die Heiterkeit

In absolutistischen Zeiten galten pompöse Parkanlagen als „letzter Schrei". Für die Preußen wurde die Umgebung von Potsdam zum Sehnsuchtsort – in wenigen Generationen gestalteten sie die Landschaft zu ihrem Arkadien an der Havel um.

Von Ulrike Knöfel

Wie viele erlauchte Moden im damaligen Europa ging diese Sitte von Frankreich aus: Am dortigen Königshof galten prachtvoll gestaltete Gärten, gern auch mit eigenem Zoo ausgestattet, als „dernier cri", als der letzte Schrei. Ein Gärtner konnte in Frankreich, wenn er zur Zufriedenheit der Könige arbeitete, in den Adelsstand erhoben werden.

Unter dem Sonnenkönig Ludwig XIV. und seinen Nachfolgern gehörte es zum guten Ton, die Landschaft als repräsentative Fläche zu nutzen – und als Kulisse für opulente Feste. Gärten sollten „bewundernswerte Bilder" ergeben, so formulierte es ein Architekt und Festorganisator Ludwigs XVI. Bäume und Büsche wurden geometrisch zurechtgestutzt, künstliche Dörfer angelegt.

Denn beliebt war im Barock und erst recht während des leichtlebigen Rokoko der Zeitvertreib im Freien, bei dem sich zum Beispiel die Herren und Damen als Schäfer verkleideten. Sie wollten sich fühlen wie im einstigen Traumland Arkadien, diesem antiken Idyll der Hirten, wie es einst der römische Dichter Vergil erdacht hatte. Mit dem Zauberwort Arkadien verband der Adel des 17. und 18. Jahrhunderts nur Verheißungsvolles: heitere Ursprünglichkeit, ewige Jugend, südliche Sonne und bukolische Ausschweifungen. Passend dazu wurde die Landschaft wie ein Erlebnispark inszeniert – mit Tempeln, Fontänen, Grotten und den „maisons de plaisances". In diesen Lustschlössern konnte man sich der Muße oder den Mätressen hingeben. So wirkte die vergnügungssüchtige Epoche selbst in der Natur dem entgegen, was sie am meisten fürchtete: dem Ennui, also dem Überdruss und der Langeweile.

Parkanlagen waren aber auch Statussymbole. Halb Europa ahmte diesen Lebens- und Landschaftsstil nach. Ein Wettbewerb brach im Ancien Régime aus, Planteure und Garten-Konduktuere wurden an den Höfen eingestellt. Auch die Architekten sorgten für Aha-Effekte: Im Park von Schloss Nymphenburg entstand zum Beispiel das Lustschloss „Badenburg" mit einem zweigeschossigen Badesaal. In einer Art Swimmingpool planschten vermeintliche Nymphen, die Gäste guckten von der Empore aus zu.

Die ehrgeizigen Hohenzollern aus Brandenburg (und damit die späteren Preußen) wollten durchaus mithalten. Es sollten einige Generationen vergehen, doch schließlich hatten sie in Potsdam und Umgebung etwas geschaffen, was königlicher und auch eigenwilliger war als Versailles. Hier lebten sie ihre Sehnsüchte aus – und ihre Exzentrik.

Berlin wurde die erste, Potsdam die zweite und beliebtere Adresse der Kurfürsten; bereits in den sechziger Jahren des 17. Jahrhunderts entstand hier ein Stadtschloss. Zu den frühen Landsitzen gehört das 1662 errichtete, später umgebaute und heute noch erhaltene Schloss Caputh am Templiner See.

Unter Kurfürst Friedrich Wilhelm – dem „Großen Kurfürsten" – war das wichtigste Freiluftvergnügen aber noch nicht das Flanieren, sondern die Jagd. Es war sein Statthalter Johann Moritz von Nassau-Siegen, der für die einzigartige Landschaft an der Havel eine standesgemäßere und dem Zeitgeist angemessenere Vision hatte. An seinen Dienstherrn schrieb er, dieses Eiland namens Potsdam müsse einfach ein Paradies werden. Ein einziges Paradies reichte jedoch nicht, von 1660 bis 1860 gründeten die Preußen in Potsdam 18 Gartenreviere.

Den Aufstieg vom brandenburgischen Kurfürsten zum König in Preußen vollzog Friedrich I. Dieser verschwenderische Monarch hinterließ einen Schuldenberg und einen Nachfolger, der legendär ist für seine Sparsamkeit: Friedrich Wilhelm I. Unter ihm sah es nicht so aus, als würde sich Preußen je zu einer echten Oase der Lebensfreude entwickeln. Friedrich Wilhelm I. wurde als Soldatenkönig verspottet und noch mehr gefürchtet. Unerbittliche Strenge ließ er auch gegenüber dem eigenen musisch interessierten Sohn walten, der 1740 als Friedrich II. selbst die Macht übernahm, dem

Volk auch mit einiger Härte begegnete, der Kriege führte – und sich auf vielfältige Weise von diesen ablenkte. Als Regent wurde er zu einer mächtigen Instanz, zu „Friedrich dem Großen". Privat verzog er sich in eine andere Welt. Auf die Anwesenheit seiner Gattin legte er dabei keinen großen Wert.

Er liebte bereits als Kronprinz die Bilder eines Antoine Watteau, all diese heiteren, flirrenden Gegenwelten des Rokoko, bei denen gutgelaunte Gesellschaften ins Grüne aufbrechen. Auf Schloss Rheinsberg, das er in seinen jungen Jahren ausbauen ließ, fand er sein eigenes, sein „märkisches Arkadien". Dort richtete er seinen „Musenhof" ein, versammelte Gelehrte um sich. Hier, so bekundete er, habe er seine glücklichsten Jahre verbracht.

Von Voltaire lernte er, dass ein guter König einer sei, der „seinem Staate das Goldene Zeitalter" zurückbringen könne. Da ist sie wieder: die Utopie von einer irdischen Glückseligkeit.

Als König entdeckte Friedrich noch einen anderen Platz, an dem er sich wie im Paradies fühlen konnte. Im Jahr 1743 hatte er bei

Das Schloss Rheinsberg, eine Renaissanceanlage aus dem 16. Jahrhundert, wurde von Georg Wenzeslaus von Knobelsdorff im barocken Stil umgebaut

Potsdam im Freien diniert, auf einem Hügel nah am königlichen Küchengarten, dem sogenannten Marly-Garten. Er verliebte sich in die Aussicht und unterzeichnete am 10. August 1744 eine Kabinettsorder, die vorsah, auf dem Gelände dieses „Wüsten Berges" Wein anzupflanzen. Schon im Januar 1745 beschloss er, dort eine Sommerresidenz zu errichten.

Eine Architektur in der französischen Tradition der „maisons de plaisance" stellte er sich vor. Der Architekt Georg Wenzeslaus von Knobelsdorff hatte Rheinsberg umgestaltet. Jetzt realisierte er auf dem Weinberg das „preußische Versailles" nach den Wünschen (und Zeichnungen) des Königs: Schloss „Sanssouci", so hoffte er, würde ein Ort „ohne Sorge" sein.

Eine aus Frankreich stammende Dekorationsform, die asymmetrisch geschwungene Rocaille, hatte der Epoche des Rokoko den Namen gegeben. Sie war auch der von Friedrich favorisierte Wandschmuck im Schloss. Mit Sanssouci erfand sein Architekt Knobelsdorff das „Friderizianische Rokoko". Alles im Schloss war von einer königlichen Eleganz, zugleich heiter und wohnlich. Denn dies sollte weniger der Ort für höfische Feste sein, sondern auch und vor allem den Rückzug ins Private ermöglichen.

Knobelsdorff zerstritt sich mit dem schwierigen König – doch wirkte seine Tätigkeit in Potsdam wie eine Initialzündung. Das Schloss war der Ausgangspunkt für ein größeres Gesamtkunstwerk. Die gesamte Umgebung wurde zur Bühne. Und dort lenkten bald Versatzstücke eines modernen Arkadiens, lauter „points-de-vues", das schnell gelangweilte Auge ab.

Mögen die preußischen Adligen auch noch nicht so übermütig gewesen sein wie ihre Zeitgenossen in Frankreich. Sie flüchteten ebenso in eine Scheinwelt: Solcher Eskapismus war das Lebenselixier der absolutistischen Höfe. Und je weiter einen die Illusionen entführten, zeitlich oder geografisch, desto besser.

Deshalb begeisterten sich so viele europäische Regenten für Chinoiserien: für Schränke, Intarsien, Tapeten, Vasen und Bauten im vermeintlich chinesischen Stil. Das chinesische Teehaus in Sanssouci hatte, wenig asiatisch, den Grundriss eines Kleeblatts. Später kam das „Drachenhaus" in der Form einer Pagode hinzu; es diente als Wohnsitz des Winzers. Zum durchaus typischen Garten-

Repertoire zählten künstliche Ruinen, Grotten, Fontänen und ein Obelisk. Eigenwilliger wirkt der Belvedere-Turm auf dem Klausberg. Dieser zweigeschossige Rundbau basierte auf einer zeitgenössischen Rekonstruktion des Kaiserpalastes von Nero in Rom.

Im preußischen Garten Eden wuchsen angemessen exotische Pflanzen und Früchte. Tulpen etwa oder Orangenbäume, die Friedrich II. auf seinen Feldzügen in Schlesien erwarb. Auch Melonen und Ananas wurden gezüchtet. Immer deutlicher entwickelte sich der Park zur Wellnesslandschaft. Der gealterte Monarch richtete eine Pisang-Treiberei ein, weil er mit dem Saft der Bananenfrucht seine Gichtbeschwerden lindern wollte.

Dann trumpfte er in Sanssouci architektonisch doch noch richtig auf. Nach dem Ende des Siebenjährigen Krieges 1763 ließ er am westlichen Ende des Parks das „Neue Palais" errichten, ein weitläufiges Schloss, das Unterkünfte für Mitglieder der Familie und andere feudale Gäste bot – sowie, etwa im hauseigenen Theater, weitere Möglichkeiten zum Amusement. 1773 spendierte der König zu Ehren seiner Nichte Wilhelmine von Oranien Theaterstücke, Feuerwerk und Illuminationen und gab dafür stolze 10 000 Reichstaler aus.

In der Schrift „Denkwürdigkeiten zur Geschichte des Hauses Brandenburg" hatte Friedrich II. einst die Prunksucht des Großvaters gerügt, der „die Verschwendung eines eitlen Fürsten" betrieben habe. In seinem „Politischen Testament" mahnte er seinen Neffen und Nachfolger zur Sparsamkeit. Dabei investierte er selbst hohe Summen in seine Selbstdarstellung und in sein privates Elysium.

Ein kunstsinniger Kammerherr vermerkte in seinem Tagebuch allerdings kritisch über den Geschmack des Regenten: „Die Schönheiten Raphaels versteht er nicht." Auch in Fragen der Architektur „ist sein Schönheitssinn nicht sehr ausgeprägt". Tatsächlich vertrat der alte König die Vorlieben einer vergangenen Zeit.

Friedrich verbrachte 39 Sommer in Sanssouci; hier starb er 1786. Sein Wunsch war es, man solle ihn „beim Schein einer Laterne nach Sans-Souci bringen und dort ganz schlicht bestatten". Der Monarch wollte sich in einer Gruft in der obersten Weinbergterrasse beisetzen lassen. Erst 1991 wurde sein Grab nach Sanssouci verlegt.

Die Umgebung war längst ein Ausflugsziel. Der Berliner Buchhändler Friedrich Nicolai schilderte 1786 ihre Reize: „Die Gegend um Potsdam ist so schön, als sie in einem flachen und sandigen Lande nur seyn kann. Von einigen benachbarten Bergen hat man schöne und abwechslungsreiche Aussichten nach der Stadt, über die hier sehr breite Havel, nebst einigen Seen, nach verschiedenen Dörfern und nach den königlichen Gärten, Wäldern, Lustschlössern und Häusern, die zum Teil wieder auf kleinen Anhöhen liegen."

In dieser Landschaft tobten sich noch mehrere Könige aus, die Entourage ließ sich in prachtvollen Villen in der Nähe nieder. Der Traum von Arkadien war längst nicht ausgeträumt, im Gegenteil.

Friedrichs von ihm nicht besonders geschätzter Neffe König Friedrich Wilhelm II. galt durchaus als naturverbunden, liebte Geschichten von den angeblich paradiesischen Zuständen in der Südsee, aber die pure ungeschönte Landschaft war wohl auch ihm fremd. Das Rokokoschloss Sanssouci verschmähte er als Sommerresidenz. Stattdessen baute er wenige Kilometer entfernt das frühklassizistische Marmorpalais am Ufer des Heiligen Sees. Hier, im „Neuen Garten", tauchten bald ein Maurischer Tempel, ein Eiskeller in Pyramidenform und andere architektonische Spielereien auf.

Nicht Friedrich Wilhelm II. selbst, sondern seine Mätresse Wilhelmine Enke hatte die Idee, ein weiteres kleines Paradies zu schaffen. Der König hatte 1793 die 67 Hektar große Havelinsel Kaninchenwerder gekauft, die den glanzvolleren Namen „Pfaueninsel" erhielt; seine bürgerliche Geliebte, die Tochter eines Trompeters, wurde zur Gräfin Lichtenau.

Sie mochte es pittoresk und durchaus auch prätentiös, das Lustschloss zum Beispiel ist einer Ruine aus gotischen Zeiten nachempfunden. Eine dazu passende architektonische Kostümierung erhielt auch die Meierei; innen und außen ist sie wie eine gotische Klosteranlage gestaltet.

Mit ihrer Gotikbegeisterung waren die Bewohner der Pfaueninsel auf der Höhe der Zeit. Die Gotik, jahrhundertelang als barbarisch verschrien, wurde mit dem Anbruch der Romantik gefeiert: Sie galt plötzlich als Nationalstil, als Inbegriff der Gefühlsarchitektur und als Ausdruck eines besonderen ästhetischen Anspruchs. Kurz: Wer etwas auf sich hielt, ließ nostalgisch und neogotisch bauen. Pfauen, Affen, Fasane bildeten die lebende Staffage. Hier lustwandelte man durch Laubengänge, durch den Rosengarten oder am Palmenhaus vorbei.

Der Einklang mit der Natur und deren artifizielle, oft in sich widersprüchliche Inszenierung – das schloss sich nicht aus. Abwechselnd sehnte sich Europas höfische Gesellschaft eben nach bäuerlicher Einfachheit oder nach südlicher, am besten sogar tropischer Ursprünglichkeit. Das Fernweh lebte man vor der eigenen Haustür aus – oder beim Lesen. Berichte von Reisen und Expeditionen wurden zunehmend zur gefragten Lektüre. Der Südamerika-Rückkehrer Alexander von Humboldt galt in halb Europa geradezu als Held.

Der bescheidenere König Friedrich Wilhelm III. folgte. Erst sein Sohn und Nachfolger sollte die Landschaft von Sanssouci völlig neu interpretieren. Friedrich Wilhelm IV. wurde 1840 mit 45 Jahren König und ging als „Romantiker auf dem Thron" in die Geschichte ein. Nichts schien ihn so zu fesseln wie die Baukunst, von der er geradezu besessen war. Sogar bei Kabinettssitzungen zeichnete er Entwürfe für Kirchen und Schlösser. Tausende Blätter kamen im Laufe seines Lebens zusammen. Er selbst sprach von seiner „Projektmacherey".

Womöglich wollte er auch nur Politik mit Hilfe der Architektur machen – anders gesagt, er wollte seine politischen Ideale über Bauten sichtbar werden lassen. Mit dem Weiterbau des Kölner Doms, den er anschob, und mit dem von ihm vorangetriebenen Projekt eines Befreiungsdoms in Berlin brachte er sein von Religiosität und Patriotismus geprägtes Weltbild zum Ausdruck. Wie bei seinem großen Vorbild Friedrich II. wurde aber gerade Sanssouci zum Spiegel seiner je nach Lebensphase wechselnden Leidenschaften und Utopien – und zur eigentlichen Heimat. Als junger Mann war er vor allem eines: ein Träumer.

Der wichtigste Mensch in seinem Leben war lange Zeit seine Schwester Charlotte, die an den russischen Zarenhof verheiratet worden war. Auch darin glich er dem Vorfahren, der einst ganz seiner Schwester Wilhelmine vertraut hatte.

Als 20-jähriger Prinz, der an den Befreiungskriegen beteiligt war, hatte Friedrich Wilhelm gefleht: „Mein göttliches Sans-Souci soll mir einigen Trost geben." Dort könne er arabische und indische Gedanken und „Orangen-Duft aus 1001 Nacht" atmen.

Das, was er seine „orientalische und indische Passion" nannte, inspirierte ihn in diesen Jahren auch zu dem märchenhaften, seiner Schwester gewidmeten Briefroman „Die Königin von Borneo". Darin erfand er eine exotische Traumwelt mit himmlischen Gärten und Palästen, die „göttlichsten Etablißements" glichen. Manches Detail erinnert an Sanssouci. Anderes diente als Vorbild für das, was er später hier anlegen ließ: zum Beispiel „springende und fallende Gewässer" oder einen „Paradiesgarten".

Bei der Neuerfindung der Anlagen von Sanssouci konnte der Kronprinz auf zwei Visionäre zurückgreifen, die bereits sein Vater beschäftigt hatte: den Architekten Karl Friedrich Schinkel und den Gartenkünstler Peter Joseph Lenné. Beide waren Meister der Idealisierung. Schinkel schuf neogotische Kulissen, klassizistische Juwele, Lenné umarmte diese mit einer geradezu unwirklich schönen Landschaft.

In der Epoche der Romantik wurden Subjektivität und Sentimentalität zum Lebensinhalt, und beides brauchte auch in der Natur einen passenden Rahmen. Überall wurde die strenge Symmetrie der Gartenanlagen ersetzt durch die malerischer wirkenden „Englischen Gärten".

Lenné betrieb diese Verlandschaftung im ganz großen Stil. Die Blicke sollten über eine Landschaft schweifen können, die mit ihren eigens aufgeschütteten Hügeln zwar von Menschenhand geformt worden war – der man das aber nicht ansehen sollte. Ein Baum musste, wenn man ihn schon pflanzte, ein „effectvoller Baum" sein.

In die lange Kronprinzenzeit fielen diverse Aufträge an Schinkel, unter anderem baute er den Gutshof Charlottenhof um und aus, und tatsächlich wurde daraus ein kleines, aber elegantes Schloss. Für den Thronfolger war dieser Ort, an dem er Künstler und Gelehrte um sich versammelte, „mein Siam", also sein eigenes exotisches Königreich. Der Prinz phantasierte und skizzierte, wollte Kloster- und Tempelanlagen in Sanssouci bauen. Schinkel fertigte nach den Vorlagen aufwendige Entwürfe. Das meiste erwies sich als unrealistisch – angesichts der fast schon größenwahnsinnigen Dimensionen vielleicht zum Glück. Zu den vielen ungebauten Visionen des Duos gehören ein Palast für die Akropolis und – der Schwester zuliebe – auch ein Zarenpalast auf der Krim. Bereits im Jahr nach der Krönung starb dieser Lieblingsarchitekt, nun wurden die um eine Generation jüngeren Baumeister Ludwig Persius und Friedrich August Stüler die Favoriten.

Die profane Erlebnislandschaft des Parks sollte keineswegs getilgt werden, erhielt aber mit der Friedenskirche eine erste sakrale Anlaufstelle. Friedrich Wilhelm IV. sah sich als König von Gottes Gnaden – und seine himmlisch-irdische Macht gedachte er mit betont heroischer Architektur auch in Sanssouci zu demonstrieren. Zudem wollte er diesen Lieblingsort zu einer Residenz aufwerten, die Berlin ebenbürtig sein sollte.

Beinahe hätte der König das antike Rom wieder auferstehen lassen, er träumte von einem neuen Forum Romanum: Friedrich Wilhelm IV. war in seiner Planungswut mal wieder maßlos. Tatsächlich gebaut wurden ein Hippodrom, ein Triumphtor, auch das von Persius entworfene und von Stüler gebaute „Orangerie-Schloss". Dieser Prachtbau besitzt Ausmaße, die eine Spur zu monumental sind, und eigentlich sollte er nur den End- und Höhepunkt einer ganzen Triumphlandschaft bilden. Stilistisch war alles möglich: Am Ufer der Havel errichtete Persius ein Dampfmaschinenhaus im Stil einer Moschee. Seine bayerische Gattin beschenkte der König mit einer Berghütte im Landhausstil. Sanssouci diente zugleich als Regierungssitz und als Rückzugsort; mehr denn je war hier die Exzentrik zu Hause.

Doch außerhalb des Hofes kündigte sich ein neues Naturverständnis an. Der Geologe Bernhard von Cotta mahnte zur Jahrhundertmitte: „Wer den Menschen als Zweck der Schöpfung ansieht, der mag auch der Überzeugung sein, dass die Gesetze der Natur Änderungen erlauben." Dieser Gedanke, so fuhr er fort, möge manche trösten, „aber fördern wird er das Wohl der Menschheit gewiss nicht".

Lenné, den Landschaftsdramaturgen, konnte solche Skepsis nicht aufhalten, bis zu seinem Tod 1866 war er damit beschäftigt, wie mit einer riesigen schöpferischen Harke über ein riesiges Areal hinwegzugehen. Er fügte alles zu einem Großen und Ganzen zusammen: den überarbeiteten Neuen Garten und den umgestalteten Park von Sanssouci, die Pfaueninsel, die Schlossparks von Glienicke, Babelsberg und Sacrow, die Pfingstberganlage und den Park Lindstedt. Berühmt und gefragt wie er war, hatte er für Auftraggeber außerhalb der königlichen Familie gewirkt, etwa für den Staatskanzler Fürst Hardenberg. Lenné hatte das Talent, Wirkung zu erzielen. Theodor Fontane etwa schilderte die Pfaueninsel als „ein Märchen, ein rätselvolles Eiland, eine Oase, einen Blumenteppich".

Aus preußischen Königen wurden deutsche Kaiser. Erst Wilhelm II. erwärmte sich wieder für die Potsdamer Pracht. Im Neuen Palais wurden Zentralheizung und ein Aufzug installiert. Sein erster Sohn kam im Marmorpalais zur Welt. Für ihn ließ der Vater später das Schloss Cecilienhof bauen.

Mit dem Ende der Monarchie gelangten die Potsdamer Gärten schließlich in Staatsbesitz. Das über Jahrhunderte gewachsene Paradies wurde dem Preußischen Kultusministerium unterstellt.

In Potsdam, genauer: im Schloss Cecilienhof trafen sich 1945 die Alliierten und verhandelten über die Zukunft Deutschlands. Der Sehnsuchtsort der Preußen wurde zum politischen Schicksalsort.

Vordenker der Nation

Wie preußisch waren Preußens Philosophen? Besonders staatstragend gaben sich Kant, Fichte und Hegel nicht. Aber sie prägten die intellektuelle Verfassung ihres Landes und damit sein kulturelles Image – bis heute.

Von Johannes Saltzwedel

Für seine Königsberger Mitbürger war der kleine schlanke Mann ein Muster von Pünktlichkeit und Disziplin. Noch seine nachmittäglichen Spaziergänge plante Immanuel Kant so exakt, dass Nachbarn angeblich die Uhr nach ihm stellen konnten. Was immer später als preußische Tugend bezeichnet werden sollte, der drahtige Vernunftkritiker schien es zu verkörpern. Fleiß und Akkuratesse, System und Redlichkeit, dazu die vom Staatsdiener ohnehin geforderte Treue zu König und Vaterland wirkten wie selbstverständliche Grundzüge seines Wesens.

Darf man darum auch Kants Philosophie preußisch nennen? Fachhistoriker scheuen vor einem klaren Ja zurück. Einerseits hat der ewige Königsberger den Geist seines Landes und seiner Epoche vermutlich ebenso stark geprägt, wie er von ihm geprägt war – Preußen wurde Preußen auch und gerade durch Kant und seine Schule. Andererseits wirkt, was er lehrte, aus der Nähe weit weniger abziehbildhaft preußisch als sein rigider Lebenswandel. Grenzen des Denkens erkunden, Freiheit zur Grundlage des Handelns erklären, kosmopolitische Utopien ersinnen, ja Gott für unbeweisbar erklären: Solche Ziele passen eher zu einem Aufklärer, der Obrigkeit und Richtlinien hinterfragen will.

Für Johann Gottlieb Fichte, Kants revoluzzerischkühnen Erben, gilt das erst recht. Und selbst Georg Wilhelm Friedrich Hegel, dessen Systemdenken sich vom Berliner Katheder aus über halb Europa verbreitete, bekannte sich keineswegs rückhaltlos zu Preußen. Nicht in ihrer politischen Gesinnung, dafür umso mehr durch ihren intellektuellen Einfluss erweisen sich die großen Philosophen als Mitgestalter, mitunter sogar als Vordenker preußischen Geistes.

Es beginnt schon mit den beiden Themen, über die Immanuel Kant lange Jahre immer wieder Vorlesungen gehalten hat: Anthropologie und Physische Geografie. Mit 46 Jahren endlich „Professore Ordinario der Logic und Metaphysic", bezog er keineswegs den Elfenbeinturm reiner Abstraktion. Im Gegenteil: Die Einführungskurse zur Erd- und Menschenkenntnis, gutdosierte „Weltweisheit" für junge Herren an der Schwelle zum Erwachsenenleben, waren sein Lieblingsprogramm und fanden auch bei den Studenten den größten Anklang. Vom Sternennebel bis zur Psychologie der Liebe („Die Natur will, dass das Weib gesucht werde") wusste der rundum informierte Dozent zu erzählen, zwischendrin auch einmal über Mineralienkunde oder Pädagogik – als sei Preußens universaler Machtanspruch in den grenzenlosen Gefilden menschlichen Wissens eine Selbstverständlichkeit.

Sein Wohnort begünstigte diese Vielseitigkeit: In der Garnisons- und Hafenstadt Königsberg mit ihren 55 000 Einwohnern herrschte beachtlicher kultureller Esprit. Da schrieb etwa der Polizeidirektor Theodor Gottlieb von Hippel nebenbei verspielte Romane, und der Packhofverwalter Johann Georg Hamann, ein Gelehrter auf eigene Rechnung und Ironiker von tiefer Gläubigkeit, trieb gar in freundschaftlicher Rivalität zu Kant verrätselte philosophische Maskenspiele. Enge Verbindung gab es auch mit den Intellektuellen in Berlin, in deren freigeistiger Monatsschrift unter anderem 1784 Kants berühmter Diskussionsbeitrag „Was ist Aufklärung?" erschien.

Diskussionsfreude, religiöse Toleranz und wissenschaftliches Engagement für das Wohl der Menschheit machten den Staat Friedrichs des Großen zum idealen Nährboden eines philosophischen Aufbruchs, den selbst abgebrühte Ideenhistoriker bis heute bestaunen.

In Kants Philosophie verband sich scheinbar Verschiedenstes nahezu bruchlos: Pathos der Freiheit und Pflichtethik, die moralische Strenge des kategorischen Imperativs mit seinem Appell an eine „allgemeine Gesetzgebung" und das „interesselose Wohlgefallen" am Schönen. Das Ergebnis war eine genuin preußische Mixtur

Vordenker der Nation

Immanuel Kant
(anonymes Porträt um 1790)

Georg Wilhelm Friedrich Hegel
(Porträt von J. J. Schlesinger, 1831)

aus bürgerlichem Alltagsfleiß mit dem Hintersinn fürs Höhere und geradezu cooler Entschlossenheit. Beinahe wie sein Landesherr Friedrich, der im Handstreich oder auch nach zäher Vorarbeit Europas Grenzen zu seinen Gunsten neu zog, stellte Kant in seiner „Kritik der reinen Vernunft" mutig ein altes Prinzip auf den Kopf. Nicht Raum, Zeit und Kausalität formen unsere Erkenntnis, sondern umgekehrt: Erst sie prägt der Welt solche Grundgegebenheiten auf.

Kants geradezu kopernikanische „Revolution der Denkart" (wie schon er selbst es stolz nannte) erklärte die Vernunft dafür zuständig, ihre Grenzen von sich aus zu erkennen, nährte aber gleichzeitig die Hoffnung, dass alle heiklen Fragen der Erkenntnis des Guten, Schönen oder Wahren letztlich rational entscheidbar sein könnten. Zumindest Kant selbst verlor dieses nachgerade absolutistische Denkziel nie aus den Augen; seine populären Schriften wie „Die Metaphysik der Sitten" wirkten wie Vorgriffe auf das angepeilte Resultat.

Welch historisch-politischen Weitblick sein System der Vernunftkritik erlaubte, bewies Kant in Aufsätzen wie der „Idee zu einer allgemeinen Geschichte in weltbürgerlicher Absicht" oder dem Essay „Zum ewigen Frieden". Mit bedächtig-zähem Aufklärer-Optimismus visierte er darin auch für die Menschheit ein naturgegebenes Ziel, den virtuellen „Leitfaden a priori" in Richtung universeller bürgerlicher Harmonie, an und entwarf zu diesem Zweck gar einen weltumspannenden Völkerbund.

Dennoch gab es etliche Fachkollegen, die den Königsberger Denker nicht nur zum „alles zermalmenden" Unhold im Reich der herrschenden Metaphysik erklärten, sondern ihn auch als gefährlichen Freigeist und Jugendverderber anzuschwärzen suchten. Tatsächlich trat der Philosoph, der als einzigen Wandschmuck in seinem Arbeitszimmer über dem Schreibtisch das Porträt Jean-Jacques Rousseaus hängen hatte, unter Freunden vehement für die Französische Revolution ein – ohne dass das amtliche Folgen nach sich zog. Doch spätestens seit 1791 schauten Berlins kirchentreue Zensoren misstrauisch in Kants Schriften, der wenig später gar „Die Religion innerhalb der Grenzen der bloßen Vernunft" auf Moralität und Pflichtbewusstsein eindampfte und offen gegen das „Pfaffentum" wetterte.

Als der reaktionäre Kultusminister Johann Christoph von Wöllner ihm schließlich 1794 im Auftrag von König Friedrich Wilhelm II. drohte, er werde sich „bei fortgesetzter Renitenz unfehlbar unangenehmer Verfügungen zu gewärtigen" haben, lenkte Kant geschickt ein: Er nahm nichts zurück, versprach aber, über theologische Fragen fortan in der Öffentlichkeit zu schweigen – zumindest bei Lebzeiten dieses Königs. Die Obrigkeit verstand und behelligte den visionären Pragmatiker fortan nicht mehr.

Auch sein scharfsinnigster Fortsetzer, Johann Gottlieb Fichte, sollte trotz aller Frömmelei von oben in Preußen seine Lebensbasis finden. Eine „Kritik aller Offenbarung", die selbst Kenner anfangs für Kants neuestes Buch hielten, hatte den philosophischen Nobody aus der Oberlausitz 1792 schlagartig zur intellektuellen Berühmtheit werden lassen.

In seinem Debütwerk gab sich der Revolutionsanhänger Fichte theologisch noch vergleichsweise zahm: Gott sei das „Moralgesetz in uns", vorgestellt als Person. Doch 1798, inzwischen Star-Professor in Jena und Autor einer „Wissenschaftslehre", die Kants philosophisches System überflügeln wollte, wurde er aufgrund einer Zeitschriftenäußerung bei der Landesregierung von Sachsen-Weimar und Eisenach als Atheist angeschwärzt. Der Landesminister Goethe, vom wenig diplomatischen Fichte in seinem Vermittlungswillen brüskiert, konnte den Bruch nicht verhindern: Die amtliche Rüge fiel so hart aus, dass Fichte, wie er es angedroht hatte, nach Berlin ging.

Auch dort blieb er ein unangepasster Rigorist, der aller obrigkeitlichen Nervosität zum Trotz Denk- und Redefreiheit einforderte. Doch König Friedrich Wilhelm III. verfügte milde: „Ist es wahr, dass er mit dem lieben Gotte in Feindseligkeiten begriffen ist, so mag dies der liebe Gott mit ihm abmachen; mir tut das nichts." So konnte Fichte, anfangs als freier Autor und Dozent, später als philosophischer Dekan und dann auch erster Rektor der neugegründeten Universität Berlin ein Radikaler im öffentlichen Dienst, immer vehementer seine Lehre vom Ich als „reiner Tätigkeit" und damit Grundlage aller Welterkenntnis verkünden.

Die „Deduktion" aus obersten Grundsätzen hatte in seinem System handfeste Konsequenzen. Im Gesellschaftsentwurf eines „geschlossenen Handelsstaats" (1800), der eine geradezu frühsozialistische Kollektiv- und Staatswirtschaft mit strikter nationaler Abschottung verband, aber auch in rhetorisch aufgeladenen Polit-Analysen während der napoleonischen Kriege warf sich der Denker zum Präzeptor der politischen Zukunft auf. Zwar blieb auch für Fichte Weltbürgertum das Fernziel. Anders als Kant jedoch sah er dazwischen eine Etappe selbstbewusster Nationalstaaten vor, unter denen Deutschland eine auch ideengeschichtlich privilegierte Stellung einnehmen sollte.

Geradezu im Kommandoton versuchte Fichte seine Mitbürger bei Ehre und Gewissen darauf einzuschwören, dass für das Glück aller ein gemeinsamer fester Wille ausreiche. Sowenig er diese Haltung offen preußisch nennen mochte und konnte, so viel Preußentum bewies die Entschlossenheit dieses geradezu imperial entwerfenden Geistes: Fichtes Meldung als Freiwilliger gegen Napoleon 1813 war ein durchaus logisches Ergebnis seiner Überzeugungen.

Selbst der wachsenden christlichen Frömmigkeit des regierenden Hauses Hohenzollern kam Fichte in seinen späten Werken entgegen. Seine „Anweisung zum seligen Leben" (1806) wandelte den früheren Appell an die Landsleute, sich aus dem momentanen Geistes- und Lebenszustand „vollendeter Sündhaftigkeit" emporzuarbeiten, zur Forderung ab, „im reinen Denken unsere Vereinigung mit Gott" und so das „wahre Leben" anzustreben. Damit rückte er den glaubensbewegten Romantikern nah: Eben hatte etwa Berlins scharfsinnigster protestantischer Prediger, Friedrich Daniel Ernst Schleiermacher, sein Buch „Über die Religion. Reden an die Gebildeten unter ihren Verächtern" neu herausgebracht, wo Glauben als „Gefühl schlechthinniger Abhängigkeit" bestimmt wurde.

Das romantische Preußen, das dieser brillante Theologe mit Innigkeit und zarter Ironie verkörperte, war fast schon ferne Sage, als 1818 ein Denker in Berlin eintraf, dessen Vorleben kaum geistige Nähe zu Preußen erkennen ließ. Georg Wilhelm Friedrich Hegel war im elitären Tübinger Stift theologisch trainiert worden und anschließend über die Habilitation in Jena, Redakteurs- und Schulleiterposten auf einen Heidelberger Philosophie-Lehrstuhl gelangt.

Mit seiner „Phänomenologie des Geistes" hatte er 1807 die Systemkühnheit des nachkantischen Idealismus zum Äußersten getrieben: Anstatt Freiheit und Notwendigkeit oder Ich und Welt als konstante Gegenpole zu sehen und dann begriffstechnisch miteinander zu versöhnen, sah der Schwabe solche Widersprüche als Motor der historischen Entwicklung. In seiner Sicht entwickelt sich der „Geist", das Begreifen schlechthin und damit auch das Bewusstsein der Welt von sich selbst, vom Standpunkt des „natürlichen Bewusstseins" aus, bis er als „objektiver Geist" und „absolutes Wissen" seine Vollendung erreicht. Eben hatte Hegel diesen allumfassenden Entwurf für Teilgebiete des Fachs auszubuchstabieren begonnen, als ihn der Ruf nach Berlin erreichte.

Dort ahnte der weitblickende Wissenschaftsminister Karl Freiherr vom Stein zum Altenstein offenbar, wie nachhaltig diese kompromisslos verweltlichte Version der christlichen Heilsgeschichte das geistige Leben Deutschlands prägen sollte. Anstelle romantischer Spekulation verlangte Hegel zur Befriedigung aller preußischen Gründlichkeitsapostel die „Arbeit des Begriffs"; er brachte

Freiheit als „die sich selbst bestimmende Allgemeinheit" mit dem Weltganzen dynamisch in Einklang und ließ, anders als Fichtes starre Projektionen, bei allem Gesamtanspruch immer Raum für historische Entwicklung.

„Was vernünftig ist, das ist wirklich, und was wirklich ist, das ist vernünftig": Vor allem dieser Satz aus der Vorrede seiner „Grundlinien der Philosophie des Rechts" (1821) ist für viele Experten bis heute ein Hauptindiz dafür, dass sich Hegel mit dem Staat, in dem er lebte, ganz und gar identifizierte. Tatsächlich sprach er in seiner Berliner Antrittsrede davon, Preußen sei „auf Intelligenz gebaut". Doch vermutlich deutete der Schmeichelton eher an, was ihn an Spree und Havel lockte.

Dem Denker lag schlicht und pragmatisch daran, von einer Hauptstadt, einem „Mittelpunkt" aus zu wirken, argumentiert der Bochumer Hegel-Spezialist Walter Jaeschke. „Der ‚moderne Staat' ist für Hegel nicht speziell der preußische Staat, auch wenn dies immer wieder unterstellt wird." Mochte seine Lehre mit den Jahren kaum mehr subversiv klingen, mochte er gar die Relegation linker Professoren gutheißen – daheim öffnete der Philosoph an jedem 14. Juli eine Flasche Rotwein auf den Beginn der Französischen Revolution.

Trotzdem: Schon als Autor einer imponierenden „Enzyklopädie der philosophischen Wissenschaften", die von den Grundlagen des Seins bis zum Familienleben oder zum Stilsinn von Dichtung und Malerei alle Daseinsfelder abdecken sollte, war Hegel in Berlin am richtigen Ort. Hier widmete sich Christoph Wilhelm Hufeland (1762 bis 1836) über sein ärztliches Geschick hinaus grundsätzlich der „Kunst, das menschliche Leben zu verlängern". Hier vereinigte August Böckh (1785 bis 1867) Geschichte und Philologie der antiken Welt zur übergreifenden „Altertumswissenschaft". Wie Carl von Clausewitz (1780 bis 1831) in seinem Fundamentalwerk „Vom Kriege" nicht Preußens Militärmaschine, sondern Wesen und Ziel bewaffneter Konflikte überhaupt zu begreifen suchte, so drang der umfassende, begrifflich gesteuerte Ordnungswille überall durch.

Die Robustheit dieser preußischen Universalität bekam 1820 ein kantianischer Dissident drastisch zu spüren. Ausgerechnet mit einer Philosophie der Willensverneinung wollte Arthur Schopenhauer als Privatdozent in Berlin reüssieren, und frech legte er seine Vorlesung auf die gleiche Stunde, in der Hegel las. Als zum ersten Termin nur ein paar Studenten und schließlich keine mehr auftauchten, zog sich der selbstbewusste junge Denker wutentbrannt aus der Öffentlichkeit zurück. Seither war Hegel für ihn ein „erbärmlicher Patron", ein „Kopfverdreher" mit „Bierwirtsphysiognomie" und Übleres mehr.

Nie ist Schopenhauer der Gedanke gekommen, dass seine dem Buddhismus geistesverwandte Weltabwendungslehre zum preußischen Denken und dessen begrifflich zupackendem Fortschrittsethos einfach nicht passen konnte. Erst Jahrzehnte später, als philosophischer Idealismus und Preußens Gloria längst nicht mehr bedingungslos die Szene beherrschten, sollte ein rebellischer junger Mann den Pessimisten zu Ehren bringen. „Schopenhauer als Erzieher" hieß der Essay, und sein Autor, erzogen auf Preußens Elite-Internat Schulpforta, trug ironischerweise die ihm suspekte Staatstradition sogar im Namen: Er hieß Friedrich Wilhelm Nietzsche.

Gefährdete Harmonie

Sie waren Bankiers, Musiker und Mäzene – nur Preußen durften die Mendelssohns nie ganz sein.

Von Johannes Saltzwedel

Wie ein Staatsgast wurde der junge Mann empfangen. Vom Oberhaupt der Mormonen bis zum Präsidenten Ulysses Grant höchstpersönlich erschienen allerorten die Würdenträger der USA, um Ernst Mendelssohn-Bartholdy zu begrüßen.

Der Bankierssohn aus Berlin, der sich nach beendeter Kaufmannslehre nun eine Auszeit gönnte, war erst 23 Jahre alt. Dennoch wussten in der Neuen Welt offenbar viele, wer ihr Land bereiste: ein „Neffe des großen Komponisten", der schon jetzt zu den kommenden Männern in Europas Finanzwelt zählte. Vor allem durch Eisenbahnfinanzierung und Staatsanleihen für das zaristische Russland, aber auch dank kluger Devisengeschäfte war das Berliner Bankhaus zu einem der führenden privaten Geldinstitute Europas geworden.

Vom rabiaten US-Kapitalismus hielt der junge Europäer freilich nicht viel. Rassentrennung und Sklavenhaltung, neben krasser Ausbeutung und albernen Modegags das „Coquettiren mit socialer Gleichheit" – im Grunde fand er diese „Heidenzucht" abstoßend. „Aber interessant ist sie. Euer guter Preuße", schloss der Briefbericht an die Familie daheim.

Noch die feine Ironie dieser Worte war typisch für den Spross einer Sippe, die das Zusammenspiel von preußisch-deutscher und jüdisch-europäischer Kulturidentität verkörpert wie kaum eine andere. Als seinen Stammvater verehrte das Bankhaus Mendelssohn, damals geführt durch die Cousins Alexander Mendelssohn und Paul Mendelssohn-Bartholdy, den Seidenhändler und Philosophen Moses Mendelssohn (1729 bis 1786).

Bettelarm war „der kleine Mauscheh aus Dessau", wie er sich auch später noch gelegentlich nannte, 1743 in Berlin angekommen;

als Torwächter ihn nach dem Zweck seines Aufenthaltes fragten, soll der bucklige Junge erwidert haben: „Lernen". Jahrzehntelang war der Sohn eines Thoraschreibers, von einem klugen Rabbi zum privaten Studium animiert, als Hauslehrer, Buchhalter und schließlich Teilhaber im Haus des Seidenfabrikanten Isaak Bernhard tätig. Mit seiner kopfstarken Familie wohnte der lebhafte kleine Intellektuelle, den Lessing und Kant als Gesprächspartner schätzten, zur Miete. Spätestens seit 1767, als sein „Phaedon", philosophische Gespräche über die Unsterblichkeit nach antikem Vorbild, zum Bestseller wurde, galt Moses Mendelssohn als Inbegriff des weisen jüdischen Aufklärers.

Ausnahmen vom preußischen „Judenreglement" mit Zwangsabgaben und Zuzugsbeschränkung gab es indes auch für ihn nicht, und obwohl er bei aller Weltlichkeit die Glaubensregeln einhielt, machte ihn die Gratwanderung in bürgerlicher, religiöser und intellektueller Hinsicht dünnhäutig. Als der Zürcher Erweckungsprediger Johann Caspar Lavater ihn 1770 öffentlich zwingen wollte, Christ zu werden, büßte Mendelssohn seine äußere Festigkeit mit jahrelangen psychosomatischen Leiden.

Die heimische Harmonie blieb dennoch intakt. Schrebergarten, väterliche Unterweisung und Musik waren prägende Kindheitsszenarien für Tochter Brendel (die später als „Dorothea" katholisch werden und in zweiter Ehe den genialen Literatur-Bohemien Friedrich Schlegel heiraten sollte) wie auch ihre Brüder Joseph, Abraham und Nathan. Während Joseph (1770 bis 1848) als Kaufmann und Bankier den bleibenden Reichtum der Familie begründete, führte sein zeitweiliger Kompagnon Abraham (1776 bis 1835), der lieber Opernsänger als Handelsherr geworden wäre, mit seiner Frau Lea aus der reichen Berliner Familie Salomon ein offen mäzenatisches Haus, das einem privaten Kulturinstitut gleichkam. Bei „Sonntagsmusiken", zu denen sich im Festsaal des feudalen Palais an der Leipziger Straße bis zu 300 Gäste einfanden, versammelte der Kunstfreund regelmäßig die geistige Elite der preußischen Hauptstadt.

Natürlich bekamen seine Kinder, vor allem die musikalischen Wundergeschwister Fanny und Felix, von früh an Unterricht bei Abrahams Chormentor Carl Friedrich Zelter, dem Leiter der Ber-

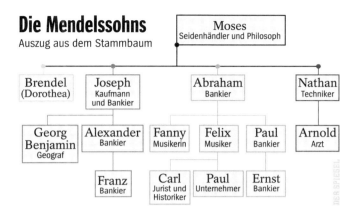

liner Sing-Akademie. Von ihm, der im bürgerlichen Beruf Bauunternehmer war, lernten sie, Fugen zu bauen wie der große Johann Sebastian Bach; von ihm, der als einer von ganz wenigen den großen Goethe mit Du anreden durfte, erbten sie die Verehrung für den Weimarer Dichter.

Nur der Zwang zur Rolle von Frau und Mutter hinderte Fanny daran, mit ihren über 400 Kompositionen ähnlich berühmt zu werden wie Felix, dem sein Vater ein Kammerorchester stellte und der schon als Jugendlicher kometenhaft bestaunt durch Europas Musikszene eilte. Nur 38 Jahre alt werden sollte der geniale, in seiner Kirchenmusik geradezu ostentativ protestantische Melodienerfinder; sein Weltruhm verlieh der Sippe endgültig die Aura echter Kulturaristokraten.

Gegen den nervös-unsicheren, von seiner Frau „seelenhüpfig" genannten Abraham Mendelssohn („Früher war ich der Sohn meines Vaters, jetzt bin ich der Vater meines Sohnes"), der demonstrativ zum Christentum übertritt und vom Schwager den Namen Bartholdy übernimmt, ist Joseph der Solide, Erfolgsverwöhnte. Mit klugen Partnerschaften und Firmengründungen während und nach der napoleonischen Zeit steigt er zum führenden Privatbankier Berlins auf; nur dank seiner freundschaftlichen Hilfe entgeht der große Naturforscher Alexander von Humboldt dem privaten Bankrott.

Josephs Sohn Alexander, der dann mit Abrahams jüngerem Sohn Paul den Stammsitz an der Jägerstraße im Zentrum Berlins auf nahezu imperiale Größe erweitert, wird vom christlich-frömmlerischen König Friedrich Wilhelm IV. immerhin zum Geheimen Kommerzienrat gemacht. Auch bei ihm zieht sich – mit den Worten des Familienbiografen Thomas Lackmann – „die Loyalität zum preußischen Staat wie ein roter Faden" durch die Biografie. Jüdische Identität, deutsche Kultur und Patriotismus scheinen in den Cousins nahtlos verschmolzen.

Doch die Ausbreitung der Familie in mehreren Zweigen bringt eher ans Licht, wie gefährdet diese Harmonie bleibt. Da gibt es das Beispiel von Alexanders Bruder Benjamin Mendelssohn (1794 bis 1874), der 1821 zum Protestantismus übertritt und sich fortan Georg Benjamin nennt. Als Dozent der Geografie in Bonn entwirft er eine Art Volksraumlehre, die er 1836 in dem Buch „Das germanische Europa" vorstellt. Visionär werden darin, praktisch zur gleichen Zeit wie in Alexis de Tocquevilles epochaler Demokratie-Studie, Russland und Nordamerika als Gegenpole im „neueren Völkerleben" identifiziert.

Selbst unter aristokratischen Freunden gilt Georg Benjamin indes als Reaktionär, und eine Professoren-Intrige, hinter der Mendelssohn-Experte Lackmann „akademischen Antisemitismus" erkennt, lässt ihn 1851 auf seinen Bonner Lehrauftrag verzichten.

Arnold Mendelssohn (1817 bis 1854) wiederum, Sohn des jüngsten Moses-Sohnes Nathan, entwickelt sich vom Armenarzt zum überzeugten Kommunisten, der den Obrigkeiten verdächtig wird und sogar in Köln einsitzen muss; nur mit einem Gnadengesuch bei Preußens König kann die Familie ihn vor Zuchthausstrafe bewahren. Als leichtlebiger Revoluzzer und schwarzes Schaf der Sippe wählt er schließlich das Exil und geht als Arzt in den Vorderen Orient, wo er nach ein paar bewegten Jahren vom Typhus dahingerafft wird.

Selbst Felix' ältester Sohn Carl geht zur biedermeierlichen Arriviertheit geistig auf Distanz. Nach dem Wunsch des Onkels und Vormundes Paul widerwillig Jurist, dann doch Historiker geworden, hadert er mit seinen Verwandten über die offiziell geschönte Dokumentation der Familiengeschichte, kritisiert Preußens Vormachtstellung, rühmt mit Mirabeau eine demokratische „neue Ordnung der Dinge" und erforscht voller Sympathie die Französische Revolution.

In der Mehrzahl freilich blieben die reichen Nachkommen des inzwischen legendären Aufklärers Moses Mendelssohn weiter der Macht aufs engste verbunden, speziell der in Berlin. Im In- und Ausland finanzierten sie mit der Verlässlichkeit und dem Geldvolumen einer Staatsbank Eisenbahnlinien und Anleihen. Durch den Bau einer Anilinfabrik in Rummelsburg bei Berlin, der Agfa, eröffnete Paul, der wie sein Vater Felix keine 40 Jahre alt wurde, 1867 eine weitere Quelle künftigen Wohlstands: 1925 ging das Unternehmen in der IG Farben, dem damals weltgrößten Chemiekonzern, auf.

Mit dem erblichen Adel für Alexanders Sohn Franz (1829 bis 1889) im Jahre 1888 und dann 1895 auch für Ernst schien das Bankiers- und Unternehmerhaus endgültig in die politische Aristokratie des neuen, auf preußischer Basis ruhenden Kaiserreichs aufgenommen zu sein. Ernst – mit vollem, traditionslastigem Namen Ernst Felix Moses Mendelssohn-Bartholdy – war nach seinem frühen Triumphzug durch die USA dank kluger Karriere- und Geschäftspolitik, obendrein durch seine Ehe mit einer Nichte aus der ebenfalls steinreichen Bankierssippe Warschauer, zum reichsten Mann Berlins aufgestiegen. Doch als er nach Rücksprache mit dem Kaiser den Antrag auf Nobilitierung stellte, widersetzten sich die Gutachter des Heroldsamtes anfangs vehement: Müsse man doch die „aus dem Namen des Antragstellers abzuleitende Vermutung, die Familie sei semitischen Ursprungs, eine begründete" nennen.

Das Machtwort des Monarchen wischte solche Bedenken beiseite, und in seiner Danksagung beteuerte der Multimillionär, er und seine Familie wollten „als echte Deutsche und Märker im Sinne Ew. Majestät" ihr „Gut und Blut" fürs Vaterland einsetzen. Doch so generös sein Clan mit Schenkungen, Stiftungen und öffentlicher Wohltäterei guten Willen zeigte: Auch nach anderthalb Jahrhunderten und nahezu jeder denkbaren Art von Anpassung und Zugeständnis durften die Mendelssohns nicht ohne Wenn und Aber als Preußen gelten.

Im Gegenteil: Der stetig wachsende Antisemitismus isolierte die Familie immer stärker, und nach der Machtergreifung der Nationalsozialisten blieb vielen nur die Flucht. Zwar wurde kein Mendelssohn ermordet, und trotz massiver Enteignungen blieb von Kunstsammlungen und Vermögen etliches erhalten. Aber schon die heutige Zerstreuung der Mendelssohn-Nachkommen in aller Welt belegt mit bitterer Deutlichkeit, wie nachhaltig rabiater Nationalismus und Rassismus das Integrationsideal des Aufklärungsstaates Preußen zerstört haben.

Streben nach Dominanz

Erst mit den preußischen Herrschern wurde Berlin zur Großstadt und konnte nach und nach mit den anderen europäischen Metropolen mithalten. Im verheißungsvollen Aufstieg der Stadt wurde aber auch Preußens Verhängnis sichtbar.

Von Susanne Beyer

Berlin war ein Emporkömmling. Wer nahm diese Stadt, dieses Nichts, schon ernst im 18. und im frühen 19. Jahrhundert? In Rom blickte man auf Paris, in Paris auf London, in London auf Wien. Aber Berlin? Berlin war nur eine Kurfürstenstadt gewesen, und erst nachdem sich Kurfürst Friedrich III. zum Gespött halb Europas selbst die Krone eines Königs in Preußen aufgesetzt hatte und nunmehr Friedrich I. hieß, wurde Berlin aufgewertet, im Jahre 1709 zusammengefügt aus den bisher eigenständigen Mini-Städten Berlin, Cölln, Friedrichswerder, Dorotheenstadt und Friedrichstadt.

Was sollte das also sein, dieses Berlin? Wer sich in Europa diese Frage stellte, dachte wohl nicht sehr lange darüber nach. Berlin war keine Konkurrenz. Die preußischen Könige wussten, dass man auf sie und ihre Residenzstadt herabsah. Die einen versuchten erst gar nicht, die Stadt mit Glanz zu überziehen, die anderen aber packte der Ehrgeiz: Sie erfanden in den wenigen Jahren ihrer Herrschaft jedesmal ein neues Berlin. Die Stadt änderte ein-, zweimal im Jahrhundert das Gesicht. Am Ende der preußischen Herrschaft sah man ihr die Ratlosigkeit und die hektische Großmannssucht ihrer Könige an.

Und so war Berlin wie Preußen: „Phoenix im Sand" wie der Publizist Wolf Jobst Siedler einmal schrieb. Berlin war wie ein Überraschungsgast auf dem letzten großen Ball, den das alte Europa für sich selbst gab – ein Gast, nach dem sich keiner umgeschaut hat, als er den Saal betrat, der aber, bevor alles plötzlich zu Ende ging, zum Mittelpunkt des Geschehens wurde. Ein derber

Reformstaat Preußen

Berlin entstand aus dem Zusammenschluss der beiden Städte Berlin und Cölln; erst im 18. Jahrhundert entwickelte sich die Kleinstadt zu einer Metropole

Gast, der die jahrhundertealten Benimmregeln nicht kannte, der zu laut war, zu gefräßig, aber gerade dadurch die anderen, die Alten, amüsierte und zerstreute – so zerstreute, dass sie nicht mehr aufpassten, dass sie ihn zu sehr gewähren ließen, so dass er zum Schluss die Party sprengte. Dann kam der Donnerschlag des Ersten Weltkriegs, und die Lichter gingen aus.

Friedrich I. (1657 bis 1713), erster preußischer König und Gründer der „Residenzstadt Berlin", war ein Verschwender, der sein ohnehin armes Land noch mehr in Schulden stürzte. Doch Helmut Richter weist in seinem Standardwerk „Berlin, Aufstieg zum kulturellen Zentrum" auf das künstlerische Gespür Friedrichs und somit auf dessen Bedeutung für die Entwicklung der Stadt hin. Friedrich hörte auf seine gebildete, musisch begabte Frau Sophie

Streben nach Dominanz

Charlotte aus dem Hause Hannover und förderte – als er noch Kurfürst war – Andreas Schlüter, einen genialen Bildhauer und Baumeister. Und Schlüter setzte den Repräsentationsdrang seines Auftraggebers energisch um. Er übernahm die Bauleitung für das Zeughaus als zentrales Waffenarsenal der brandenburgischpreußischen Armee. Das Zeughaus an der Straße „Unter den Linden" war der erste Monumentalbau Berlins. Es ist klassisch streng und setzt sich vom bewegten schwingenden Barock der süddeutschen Gebäude ab. Doch als Bildhauer wollte Schlüter auch die Fassade schmücken. Er entwarf prächtige antike Helme als Sinnbilder kriegerischen Triumphes und ließ sie an der Außenwand des Waffenarsenals anbringen. Es war ein Signal an die Welt: Von hier aus würden große Kriege geführt werden.

1698 begann Schlüter das Stadtschloss auf der Spreeinsel umzubauen. Das Schloss sah wüst aus, die vorangegangenen Kurfürsten hatten planlos irgendwelche Gebäudeteile an das Hauptgebäude angefügt, Schlüter aber brachte Struktur in den Bau, er entwarf

Das Berliner Stadtschloss zu Beginn des 19. Jahrhunderts
(Gouache von Carlo Bossoli, um 1815)

einen fast quadratischen Baukörper, außen streng und herb, im Innenhof aber leicht und heiter, geschmückt mit vielen Plastiken wie ein großer lichter Festraum.

Zur selben Zeit sorgte Sophie Charlotte dafür, dass in Berlin eine Kunstakademie gegründet wurde. Und der Universalgelehrte Gottfried Wilhelm Leibniz eröffnete die „Societät der Wissenschaften", die spätere Preußische Akademie der Wissenschaften.

Berlin blühte auf. Und der Dichter Erdmann Wircker bedachte den Herrscher Friedrich I. mit einem rührselig lokalpatriotischen Vers: „Die Fürsten wollen selbst in deine Schule gehn / drumb hastu auch für sie ein Spree-Athen gebauet".

Zwar konnte von einem echten „Spree-Athen" noch nicht die Rede sein – die Residenzstadt Berlin hatte bei ihrer Gründung 1709 gerade mal 56 000 Einwohner und gab sich vor allem mit den neuen Kirchen- und Bürgerbauten märkisch, protestantisch, also sehr schlicht -, doch Friedrich I. versuchte, aus der preußischen Eigenart auch eine Tugend zu machen. Ihm missfiel, dass vor allem in der großen französischen Kolonie die Moden des Versailler Hofes nachgeahmt wurden. Er lästerte über die „Französelei" und schrieb in den Stiftungsbrief der Akademie der Wissenschaften, man möge sich um die „Reinigkeit" der deutschen Sprache bemühen und sich vor allem mit der vaterländischen Geschichte beschäftigen.

Friedrich Wilhelm I., Regent von 1713 bis 1740, sollte der berühmte „Soldatenkönig" werden. Er forderte von den Bürgern seines Landes die Tugenden, die er selbst vorlebte: Einfachheit, Sparsamkeit, Pünktlichkeit, Fleiß. In seiner Regierungszeit entstanden keine Prachtbauten, sondern schlichte Bürgerhäuser und Manufakturen. Die Bauarbeiten am Schloss ließ er so schnell wie möglich abschließen, den Lustgarten machte er zum Exerzierplatz. Sein Sohn, der kunstsinnige Friedrich II., sagte einmal, sein Vater habe aus dem Athen des Nordens ein Sparta gemacht.

Immerhin ließ Friedrich Wilhelm I. die Friedrichstadt nach Süden erweitern. Jeder Bürger, der dort ein Haus baute, musste Mansardenstuben für Soldaten einplanen. Der König ließ im neuen Stadtplan eine Reihe von Plätzen anlegen, alle geometrisch, als Aufmarsch- und Übungsplätze. So entstand am Ende der Linden ein Carré, das heute „Pariser Platz" heißt.

Streben nach Dominanz

Die Berliner Zollmauer (Historisches Foto von 1865)

Reformstaat Preußen

In den frühen dreißiger Jahren des 18. Jahrhunderts ließ Friedrich Wilhelm I. eine Stadtbegrenzung mit 14 Toren bauen, eine Zollmauer, die auch verhindern sollte, dass Soldaten der Berliner Garnison desertierten. Die Mauer, die 1961 Berlin teilte, war am Potsdamer Platz, am Brandenburger Tor und hinter dem Reichstagsgebäude identisch mit der alten Zollmauer.

In der neuangelegten Wilhelmstraße entstanden im 18. Jahrhundert Adelshöfe für Minister und Generäle. Später sollten einige von ihnen um ein Vielfaches größer werden und als Sitz des Reichskanzlers, des Reichspräsidenten und des Auswärtigen Amtes dienen. So wurde die Wilhelmstraße die Straße der deutschen Politik.

Der König wünschte sich auch, dass höhere Beamte in der Umgebung eigene Häuser bauten: „Der Kerl hat Geld, soll bauen", sagte er. Berlin wuchs, hatte nun fast 100 000 Einwohner. So hinterließ der Soldatenkönig seinem Sohn eine prosperierende Stadt mit schlichter Anmutung. Und er hinterließ ihm ein üppiges Erbe von zehn Millionen Talern – Geld, das Friedrich II. unter anderem für seine Vision von Berlin verwenden konnte.

Friedrich II., der Sohn des Soldatenkönigs, regierte von 1740 bis 1786. Er hatte als Kronprinz ein spannungsreiches Verhältnis mit seinem Vater gehabt; alles was ihn, den Sohn, interessierte, Literatur, Musik, Philosophie, hatte der Vater als Schöngeisterei abgetan. Trotzdem hatte sich Friedrich als Kronprinz auf Schloss Rheinsberg gemeinsam mit seinen Freunden diesen Interessen gewidmet, und mit den Freunden schmiedete er, als er 1740 König geworden war, Pläne, wie Berlin umgestaltet werden könnte. Georg Wenzeslaus von Knobelsdorff, einen ehemaligen Offizier, der nach Studien in Italien und Frankreich Baumeister geworden war, beauftragte er sofort nach seiner Thronbesteigung mit einem Anbau ans Charlottenburger Schloss und später mit Schloss Sanssouci in Potsdam – beide Gebäude wurden Ikonen des Rokoko. Preußen bekam auf einmal eine heitere, unbeschwerte Note.

Unter Friedrich dem Großen wurde Berlin auch zur Kulturstadt. Der Schriftsteller und Verlagsbuchhändler Friedrich Nicolai gab zusammen mit dem Schriftsteller und Kritiker Gotthold Ephraim Lessing und dem jüdischen Philosophen Moses

Mendelssohn die Wochenschrift „Briefe, die neueste Literatur betreffend" heraus.

Schauspieltruppen, die lange umhergewandert waren, wurden in Berlin sesshaft, so dass überall kleine Theater entstanden. Im Kochschen Theater fand 1774 die Uraufführung von Johann Wolfgang Goethes „Götz von Berlichingen" statt. Doch der hilflosen Theaterwerbung für dieses Stück war anzumerken, dass die Berliner noch mit provinzieller Ahnungslosigkeit zu kämpfen hatten: Goethes Götz wurde angekündigt als „ganz neues Schauspiel, nach Shakespeares Geschmack von einem Herrn Dr. Göde in Frankfurt am Main verfasst".

Doch Berlin war nun ernsthaft dabei, Metropole zu werden. 1786, als Friedrich der Große starb, war die Stadt mit 150 000 Einwohnern neben Wien die einzige Großstadt im deutschsprachigen Raum. Im literarischen Salon von Rahel Varnhagen trafen sich Adlige, Künstler und Gelehrte, der neue König Friedrich Wilhelm II. beauftragte den Baumeister Carl Gotthard Langhans mit dem Bau des klassizistischen „Brandenburger Tors". Mit diesem Tor öffnete sich die Stadt zum Tiergarten. Und auf das Tor hinauf wurde die triumphale Quadriga gewuchtet, die der Bildhauer Johann Gottfried Schadow entworfen hatte. Berlin begann, die Monumentalität zu entdecken.

Der neue König ließ das Französische Komödienhaus am Gendarmenmarkt 1786 instandsetzen und gab ihm dem Namen „Königliches Nationaltheater". 1796 wurde August Wilhelm Iffland als Direktor des Theaters berufen, er ließ mit allergrößtem Erfolg Schiller und Shakespeare spielen.

Ein Jahr nach Ifflands Berufung gab es wieder einen neuen preußischen König, Friedrich Wilhelm III., der den Architekten Karl Friedrich Schinkel zum Gestalter eines neuen, diesmal wirklich monumentalen Berlin berief. Schinkels Ideal war die antike Baukunst, zugleich war er aber auch von der romantischen Mittelalter-Begeisterung geprägt und schwärmte für die Gotik – er zitierte aus den verschiedenen Epochen, wie es ihm beliebte. 1816 entwarf er die Neue Wache Unter den Linden, einen würfelförmigen pseudorömischen Bau.

Seit 1818 baute er am Gendarmenmarkt ein neues Schauspielhaus mit einem tempelartigen Eingang. Über die Spree errichtete er ein Jahr später eine wuchtige mit geflügelten Siegesgöttinnen verzierte Brücke. Am Lustgartenrand ließ er 1822 das erste Museum Berlins errichten (heute das „Alte Museum"), einen theatralisch klassizistischen Bau, in dem die königlichen Kunstsammlungen gezeigt werden sollten. Am Ende seines Schaffensrausches entwarf Schinkel seine berühme Bauakademie, einen überraschend modernen, schlichten und herben Backsteinbau, der aussah, als sei er der Zukunft entliehen: Hier bestimmte die Funktion die Konstruktion.

So hatte Schinkel in nur 20 Jahren mit staunenswerter Souveränität Meisterwerk an Meisterwerk errichtet, er hatte virtuos mit dem architekturhistorischen Erbe der Jahrhunderte gespielt und hatte den Klassizismus in Europa noch einmal zur Blüte gebracht – doch er war als Erneuerer Berlins auch rücksichtslos, ja, brachial vorgegangen. Maßstäbe umliegender älterer Gebäude interessierten ihn nicht. Er wollte mit seinen Solitären alle Dimensionen sprengen. Seine Prachtbauten brauchten so viel Raum um sich herum, dass Altes weichen musste – Schinkel war so ehrgeizig mit dem Abriss wie mit dem Aufbau von Gebäuden.

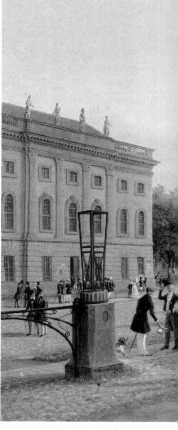

Dieser eine Baumeister prägte weit über seinen Tod hinaus die Stadt. Schinkels Schüler Friedrich August Stüler baute 1841 bis 1855 auf der Museumsinsel das Neue Museum, das die ägyptische und die prähistorische Sammlung aufnehmen sollte, ein anderer Schinkel-Schüler baute 1866 bis 1876 die Nationalgalerie und im Tiergarten die Siegessäule für drei erfolgreiche Feldzüge: 1864, 1866 und 1870/71.

Streben nach Dominanz

Berlin, Unter den Linden, mit Blick auf die Universität, die Neue Wache, das Zeughaus und Opernhaus (Gemälde von Johann Wilhelm Brücke, 1842)

Mit Pracht- und Museumsbauten tat sich Berlin inzwischen leicht, ein Problem aber wurde seit Mitte des 19. Jahrhunderts immer drängender: die Wohnungsnot. Eine alte Verordnung sah vor, dass nur innerhalb der alten Zollmauer aus dem 18. Jahrhundert gebaut werden durfte, und so mussten sich immer mehr Leute auf einem kleinen Raum zusammendrängen. Stand auf jedem Grundstück früher nur ein Wohnhaus, wurden jetzt an das eine

Haus noch Seitenflügel, Hinterhäuser und Quergebäude angebaut. Auf diese Weise entstanden die armseligen Berliner Hinterhöfe. 1867 wurde die alte Zollmauer endlich abgerissen.

1862 war Otto von Bismarck zum Ministerpräsidenten ernannt worden, er sorgte vier Jahre später dafür, dass ein Teil der deutschen Staaten zum Norddeutschen Bund zusammengeschlossen wurde – angeführt von Preußen. So wurde Berlin zur Hauptstadt des Reiches und damit zum Mittelpunkt des zentralen Verwaltungsapparats. Und wieder änderte sich das Stadtbild gravierend. Das machtvolle Berlin zeigte sein hässliches Gesicht.

Es entstanden lauter neue Verwaltungsbauten und auch neue Industrie- und Handelsunternehmen, Banken, Kaufhäuser und Hotels. Dafür wurden ganze Wohnviertel abgerissen. An anderer Stelle entstanden dann völlig neue Wohngebiete. Alles musste riesenhaft, dekorativ und pompös sein, und in der Eile waren die Baumeister gar nicht mehr in der Lage, einen eigenen Stil zu finden. Sie suchten sich aus allen möglichen Bauformen das aus, was möglichst großartig aussah, ob das nun Elemente romanischer Kaiserpfalzen oder trutziger Burgen waren.

Die Fassade fungierte meist als reine Kulisse, hatte keinen Bezug zur Konstruktion. Hinter Palastfassaden verbargen sich plötzlich Verwaltungs- und Industriebauten, griechische Tempel waren in Wahrheit Wohnhäuser, Moscheen konnten sowohl eine Tabakfabrik, eine Synagoge oder ein Pumpwerk beherbergen. Handwerker fragten die Architekten nach der Fertigstellung von Rohbauten mit schnoddrigem Pragmatismus: „Wat soll'n nu für'n Schtihl dran?" Im Stilgemisch, in den übergroßen Gesten drückte sich bereits die wilhelminische Großmannssucht aus, die gefährliche Maßlosigkeit des späten Preußens in allen Dingen: in den ästhetischen und auch in den politischen.

Berlin war in den Kreis der großen Städte Europas aufgenommen worden, galt als ebenbürtig und zeigte nun auch architektonisch, dass die Stadt nach Dominanz strebte. Gerade die Repräsentationsbauten gerieten allzu wuchtig und protzig: das Reichstagsgebäude, die Kaiser-Wilhelm-Gedächtniskirche, der neue Dom am Lustgarten.

Im Westen entstand als Konkurrenz zur Vergnügungsmeile des Ostens – der Friedrichstraße – der Kurfürstendamm. Vorbild waren die Pariser Champs-Élysées. Der Kurfürstendamm war ursprünglich ein Reitweg gewesen, den auch Bismarck bei seinen morgendlichen Ritten schätzen gelernt hatte. Der Reichskanzler setzte sich mit Nachdruck dafür ein, dass hier ein Prachtboulevard entstand. Es war ungewöhnlich, dass sich der Regierungschef in das Stadtbild einmischte, und dieser Vorgang zeigt, dass Berlin und alles, was hier entstand, zum Politikum geworden war.

In der Zeit zwischen der Reichsgründung 1871 und dem Beginn des Ersten Weltkrieges 1914 wurde Berlin auch zu einer Museumsstadt von internationalem Rang. Die Kurfürsten hatten mit ihren Sammlungen den Grundstock gelegt, Friedrich der Große hatte wichtige Kunstwerke angekauft, und wohlhabende Bürger hatten ihre privaten Kunstkollektionen an Museen gegeben, so dass sich auf der Museumsinsel beachtliche Schätze versammelt hatten. 1890 wurde der Kunsthistoriker Wilhelm Bode Leiter der Gemäldegalerie und bald zu einem bedeutenden Museumsmann mit Weltgeltung.

1912 wurde auf der Museumsinsel schließlich der Grundstein für das Pergamonmuseum gelegt, wieder einem imposanten antikisierenden Bau. Zwei Jahre später begann der Erste Weltkrieg, dessen Ausbruch entscheidend von Berlin ausgegangen war. 1930 wurde das Pergamonmuseum eröffnet. Es sollte nicht lange dauern, bis ein gewisser Albert Speer die antikisierenden, monumentalen Gesten seiner Vorgänger ins Perverse überziehen würde. Der Bau des Pergamonmuseums war das letzte Gebäude des alten Berlin. Es hatte gerade noch Stil, und doch war ihm die Verwandtschaft zu den Ungeheuern, die nach seiner Fertigstellung geplant werden würden, anzusehen.

Berlin war Deutschlands Glanzort und Deutschlands Verhängnis. Innerhalb von 200 Jahren war der Stadt ein beispielloser Aufstieg gelungen. Charakteristisch waren die vielen Schneisen und Plätze, die Berlin heute eine Großzügigkeit geben, die anderen Großstädten wie Frankfurt am Main oder Hamburg fehlen. Die Schneisen waren von den preußischen Herrschern als Aufmarschplätze gedacht gewesen. Und im 20. Jahrhundert wurden sie als solche auch exzessiv genutzt.

Preußens Mitte

Die Geschichte des Berliner Stadtschlosses ist auch die Geschichte des Hohenzollernstaates. Der Palast auf der Spree-Insel war Schauplatz monarchischer Prachtentfaltung und staatspolitischer Entscheidungen. Nun soll der 1950 gesprengte Bau als „Schaufenster der Weltkulturen" wiederauferstehen.

Von Stephan Burgdorff

Die DDR-Oberen kannten keine Skrupel. Ungerührt von Protesten Berliner Bürger befahlen sie, das kriegsbeschädigte Berliner Stadtschloss abzureißen. „Jetzt schreien alle, und wenn das Schloss weg ist, kräht kein Hahn mehr danach", rechtfertigte sich der damalige Ministerpräsident Otto Grotewohl.

Am 6. September 1950 beginnt der „VEB Abräumung und Erdbau" die zum Teil meterdicken Mauern mit sowjetischem Dynamit zu sprengen. Das Schloss auf der Spree-Insel, über Jahrhunderte Mittelpunkt der Stadt, des preußischen Staates und des deutschen Kaiserreichs, verschwindet in einer Wolke aus Schutt und Asche – und mit ihm ein Stück steingewordener Geschichte.

Kaiser, Könige und Kurfürsten residierten hier. Forscher und Denker wie Gottfried Wilhelm Leibniz, die Gebrüder Alexander und Wilhelm von Humboldt, Leopold Ranke oder Friedrich Schelling waren hier zu Gast. Geburtstage, Hochzeiten und nationale Jubiläen wurden hier gefeiert. Der älteste Teil des Schlosses stand schon, als Brandenburg noch ein Kurfürstentum des Heiligen Römischen Reiches Deutscher Nation war. Die Burg „Zwing Cölln" lag allerdings über 200 Jahre lang in der Stadt Cölln, neben der damals noch unbedeutenden Siedlung Berlin.

In die Mitte Berlins rückte das Schloss erst unter dem Großen Kurfürsten. Friedrich Wilhelm (1620 bis 1688) ließ die nach seiner Gemahlin benannte Dorotheenstadt an die Westseite des Schlosses heranbauen. Federführend bei dieser Stadterweiterung war sein Statthalter in Kleve, Johann Moritz von Nassau-Siegen, der das Schloss durch darauf zulaufende Schneisen und Alleen auch optisch in den Mittelpunkt rückte. Eine davon ist der heutige Boulevard „Unter den Linden".

Die größten Um- und Erweiterungsbauten nahm Preußenkönig Friedrich I. vor. Noch als Kurfürst Friedrich III. berief der verwachsene Hohenzollernsprössling den bedeutendsten deutschen Barockarchitekten Andreas Schlüter zum Schlossbaumeister. Schlüter baute das Renaissanceschloss mit dem nach ihm benannten Schlüterhof zu einer der schönsten Barockresidenzen Deutschlands aus.

1701, nach seiner Krönung in Königsberg, zieht Friedrich I. im Triumphzug in das neue Schloss ein. Der prunkvolle Ausbau soll das junge preußische Königtum vor allen anderen Landesfürsten des Heiligen Römischen Reichs Deutscher Nation hervorheben. Vorbild für das Schloss ist das italienische Barock: Seine Fensterachsen sind denen des Palazzo Madama in Rom nachempfunden.

Doch dann passiert Schlüter ein Missgeschick. Auf Befehl des Königs baut er an der Nordwestseite des Schlosses einen 120 Meter hohen Glockenturm, der wegen des zu weichen Untergrunds einzustürzen droht und wieder abgetragen werden muss. Schlüter verliert seinen Posten und zieht später nach Petersburg.

Neuer Schlossbaumeister wird sein Rivale Johann Eosander von Göthe. Der Schwede mit einem Hang zum Monumentalen vergrößert das Schloss mit einem Erweiterungsbau nach Westen. Dessen Mittelpunkt wird das Eosanderportal, das von einer über einhundert Meter hohen Kuppel gekrönt werden soll. Aber auch er kann sein Werk nicht vollenden, weil der König stirbt und einen fast bankrotten Staat hinterlässt. Eosander wird vom neuen König Friedrich Wilhelm I. davongejagt, die Kuppel mit nur 74 Metern erst 1850 vom Hofarchitekten August Stüler aufs Portal gesetzt.

Trotz seiner Sparsamkeit lässt der „Soldatenkönig" das Schloss vollenden. Allerdings verzichtet er auf jeden Prunk. Etliche Deckengemälde, wie etwa die Decke der Großen Bildergalerie, werden weiß übertüncht. Den gegenüber dem Schloss liegenden barocken Lustgarten lässt der König mit einem Tick für „Lange Kerls" in einen staubigen Exerzierplatz verwandeln. Weil ihm die Fenster zu wenig Licht geben, werden einige ohne Rücksicht auf die Ansicht der Fassade verbreitert und nach oben versetzt.

Danach wird an der Außenarchitektur nur noch wenig verändert. Friedrich Wilhelms Sohn Friedrich II. hasst die Berliner Residenz. Er verlegt seinen Wohnsitz nach Potsdam ins Schloss Sanssouci. Dennoch lässt er sich im Schlossplatzflügel ein rundes Arbeitszimmer einbauen – als Erinnerung an seine schöne Zeit in Rheinsberg, wo er ein Zimmer im runden Turm bewohnte.

Nach Friedrichs Tod 1786 zieht sein Neffe Friedrich Wilhelm II. ins Schloss und richtet in seiner elf Jahre währenden Amtszeit die wohl prachtvollsten Räume ein. Der musisch veranlagte König betraut eine große Schar von Architekten, darunter die Baumeister Erdmannsdorff, Gontard und Langhans, mit dem Ausbau ganzer Zimmerfluchten zu Wohnungen für sich und seine Gemahlin Friederike Luise. Da ihm der Blick nach Westen nicht gefällt, beauftragt er Langhans, am Ende der Linden ein großes Tor zu bauen, ähnlich wie die Propyläen von Athen. So entsteht das Brandenburger Tor.

In den Jahren darauf wird das Schloss immer öfter Schauplatz historischer Ereignisse. Nach den Niederlagen des Preußenheeres in den Schlachten bei Jena und Auerstedt zieht der Sieger Napoleon im Triumphzug nach Berlin. Im Stadtschloss verkündet er die Verschärfung der Kontinentalsperre, den modernen Wirtschaftskrieg gegen England.

Am 18. März 1848 beginnen auf dem Schlossplatz die Kämpfe zwischen Soldaten und Revolutionären. Im Rittersaal des Schlosses muss Friedrich Wilhelm IV. 1850 auf die von ihm eigentlich abgelehnte preußische Verfassung schwören. Im Weißen Saal tritt 1871 der erste Reichstag des neuen Kaiserreichs zusammen.

Kaiser Wilhelm II., der Kronleuchter und Wandblaker im Weißen Saal durch elektrisches Licht ersetzt, ruft am 1. August 1914 von einem Balkon des Schlosses die Mobilmachung der kaiserlichen Truppen aus. Das Schloss verlässt er wenige Tage vor dem Ende des Ersten Weltkriegs – ehe er ins Exil nach Holland geht. Kurz danach wird das Schloss von Arbeiter- und Soldatenräten besetzt, geplündert und zum Volkseigentum erklärt. Karl Liebknecht tritt auf den Balkon von Portal IV und ruft die sozialistische Republik aus. Das Portal wird 1950 ausgebaut und später in das Staatsratsgebäude der DDR integriert.

Viel mehr lassen die DDR-Funktionäre allerdings nicht übrig. Obwohl das Schloss trotz Bombenangriffen und sowjetischem Artilleriebeschuss nach dem Krieg noch steht, obwohl sogar in einem Flügel noch Kunstausstellungen stattfinden, lassen sie es sprengen. Die Überreste werden auf Trümmerbergen und Deponien abgeladen. Nur einige der figürlichen Skulpturen an der Außenfassade werden aufbewahrt.

Der Schlossplatz wird Teil des Marx-Engels-Platzes, auf dem die DDR-Gewaltigen erstmals am 1. Mai 1951 den Vorbeimarsch der von der Partei abgeordneten Massen abnehmen. Mitte der siebziger Jahre lässt die Staats- und Parteiführung der DDR an der Ostseite des Platzes den Palast der Republik errichten, Sitz der Volkskammer und zentraler Ort für Großveranstaltungen, im

Sprengung des Berliner Stadtschlosses im September 1950

Volksmund ob der opulenten Innenbeleuchtung „Erichs Lampenladen" genannt. Doch kaum ist die Mauer gefallen und Berlin wiedervereinigt, melden sich auch die Freunde des verschwundenen Schlosses erneut zu Wort. Der hanseatische Kaufmann Wilhelm von Boddien, der schon als Schüler für das Schloss schwärmte, gründet den „Förderverein Berliner Schloss e. V." und macht Stimmung für den Wiederaufbau des repräsentativen Bauwerks in Berlins Mitte.

Die öffentliche Diskussion um die städtebauliche Neugestaltung des Schlossgeländes bestimmt die Boddien-Truppe mit einer spektakulären Aktion: Mit Hilfe eines riesigen Gerüstes und einer daran aufgehängten bemalten Plane lässt der Förderverein eine Attrappe der Schlossfassade aufstellen. Das Gerüst stiftete die Thyssen AG, die Fassaden hatte ein Team um die Pariser Künstlerin Catherine Feff in Handarbeit gemalt.

Die mit einer Ausstellung verschiedener Bauentwürfe verbundene Simulation erzielt die angestrebte Wirkung: Eine von der Bundesregierung und dem Berliner Senat eingesetzte Kommission spricht sich 2002 für den Wiederaufbau der Barockfassade und des Schlüterhofes aus. In einer Meinungsumfrage votieren viermal mehr Bürger für das historische Gemäuer als für ein Gebäude in moderner Architektur.

Am 4. Juli 2002 fällt die endgültige Entscheidung. Fast zwei Drittel der anwesenden Bundestagsabgeordneten stimmen für den Wiederaufbau des Stadtschlosses. 2006 beginnt der Abriss des Palastes der Republik. Im Jahr 2010, so der unlängst festgelegte Plan, soll mit der Rekonstruktion des Stadtschlosses begonnen werden, Ende 2013 soll es fertiggestellt sein. Von den Baukosten, 480 Millionen Euro, übernimmt der Bund bis zu 448 Millionen. Das Geld für die historische Fassade, etwa 80 Millionen Euro, will der Förderverein aufbringen; 15 Millionen sind schon da, der restliche Betrag soll durch Spenden aufgebracht werden. „Stiften Sie jetzt Ihren Schlossbaustein oder Ihr Schmuckelement", wirbt die Vereinspostille. Die Patenschaft für ein korinthisches Kapitell kostet 34 000 Euro, der billigste Quader liegt bei 50 Euro.

Doch es geht nicht nur um Geld. Der Wiederaufbau der Schlossfassade erfordert eine gigantische handwerkliche Kraftanstrengung.

488 Fenster, einige so groß wie Garagentore, besaß das königliche Domizil. Rund 700 Meter Fassade müssen rekonstruiert werden – gespickt mit Figuren wie dem keulenschwingenden Herkules. Unter dem Dach prangten 47 Adler mit ausgebreiteten Schwingen. Die größten hatten Spannweiten von 2,60 Metern. Mindestens 200, wenn nicht 400 Steinmetze werden benötigt, um all diese Repliken herzustellen.

Im Inneren des Schlosses wird weniger Aufwand getrieben. Nur die kunsthistorisch wertvollen Räume, etwa 60 von 1200, sollen an ihrem angestammten Ort maßgenau rekonstruiert werden. Die originalgetreue Ausgestaltung können dann spätere Generationen übernehmen.

Der größte Teil des Baukörpers soll völlig neu entworfen werden und das zukünftige Humboldt-Forum aufnehmen. An diesen Ort, an dem die wissenschaftlichen Sammlungen der Humboldt-Universität, des Ethnologischen Museums in Berlin-Dahlem und der Zentralbibliothek Berlin zusammenführt werden sollen, stellen die Verantwortlichen allerhöchste Ansprüche. Er soll ein „Schaufenster des Weltwissens und der Weltkulturen" werden.

Wenn das der Große Kurfürst wüsste.

„Ein Traum, was sonst?"

Friedrich der Große hielt deutsche Dichtung für noch größtenteils barbarisch. Seit 1800 aber verwandelten junge Autoren das aufstrebende Berlin in ein Experimentierfeld neuer Literatur – immer auch mit engagiertem Blick auf die Politik.

Von Günter de Bruyn

Selbst dem Ranghöchsten der preußischen Literaten, König Friedrich II., genannt der Große, ist es nie eingefallen, von einer preußischen Literatur zu reden. Als er sich im Jahre 1780 mit seiner Schrift über die deutsche Literatur, die er nicht kannte, blamierte, galt als deutsche Literatur alles, was auf Deutsch geschrieben war. Was er selbst auf Französisch verfasste oder was seine polnischen und litauischen Untertanen schrieben, gehörte ebenso selbstverständlich nicht dazu.

Natürlich gab es durchaus Literaten, die, ob sie sich nun mit dem Land befassten oder es ignorierten, mehr oder weniger von Preußen geprägt waren. Manche Werke dieser Art stammen freilich von Nichtpreußen, zum Beispiel die bis heute lebendige „Minna von Barnhelm", deren Autor, Gotthold Ephraim Lessing, ein Sachse war.

Ihm unter anderen war es zu danken, dass die deutsche Literatur in der zweiten Hälfte des 18. Jahrhunderts erblühte und das kulturelle Zusammengehörigkeitsgefühl der Deutschen stärkte. Fast 20 Jahre, mit Unterbrechungen, lebte und wirkte Lessing im Preußen Friedrichs, setzte mit Moses Mendelssohn, Karl Wilhelm Ramler und Friedrich Nicolai der französisch-aristokratischen Aufklärung Friedrichs eine deutsch-bürgerliche entgegen und wurde besonders durch seine Gegenwartskomödie über das sächsische Fräulein von Barnhelm und den preußischen Major von Tellheim berühmt.

Der übersteigerte Ehrbegriff Tellheims, der die kurz nach Beendigung des Siebenjährigen Krieges in einem Berliner Gasthof spielende Handlung in Gang bringt, erscheint teilweise als komische Schrulle, was neben anderen ironischen Anspielungen auf preußische Zustände in Berlin Anstoß erregte, so auch bei Lessings Freund Nicolai. Als dieser Preußenfeindlichkeit in der Komödie witterte, antwortete Lessing ihm: Er sei während des Krieges „zu Leipzig für einen Erzpreußen und in Berlin für einen Erzsachsen" gehalten worden, hätte aber „keines von beiden sein dürfen", um die „Minna" schreiben zu können. Damit sollte doch wohl gesagt sein, dass diese heitere Liebesgeschichte zwischen zwei Menschen, die im kürzlich beendeten Kriege auf verfeindeten Seiten gestanden hatten, kein pro- oder antipreußisches, sondern vielmehr ein Friedens- und Versöhnungsstück sei.

Hätte Lessing in Berlin eine existenzsichernde Stellung gefunden, wäre er Preußen sicher erhalten geblieben. Da aber König Friedrich, der deutschen Künstlern, Literaten und Wissenschaftlern grundsätzlich nicht traute, ihn weder als Bibliothekar noch als Akademiemitglied haben wollte, verließ er Preußen, auf das er fortan nicht mehr gut zu sprechen war.

So musste Freund Nicolai, ein unerschütterlicher Verehrer Friedrichs, in einem Brief Lessings vom 30. Oktober 1769 lesen, dass sich „die Berlinische Freiheit, zu denken und zu schreiben ... einzig und allein auf die Freiheit, gegen die Religion so viele Sottisen zu Markte zu bringen, als man will" reduziere. Ohne Zweifel hatte er damit recht, doch schoss er dann mit der Behauptung, Preußen sei das „sklavischste Land von Europa", weit übers Ziel hinaus. Denn von der Religionsfreiheit, die tatsächlich in Preußen herrschte, war man andernorts noch weit entfernt.

Als Lessing 1781 starb, war die schmale Schrift des Königs mit dem anmaßenden Titel „Über die deutsche Literatur, die Mängel, die man ihr vorwerfen kann, die Ursachen derselben und die Mittel, sie zu verbessern" gerade erschienen, in französischer Sprache natürlich, denn Deutsch sprach der König nur mangelhaft, und er las keine deutsche Literatur. Die geringen Kenntnisse, die er von ihr hatte, waren in seinen jungen Jahren erworben worden, und dem Aufsatz merkt man das an. Zu einer Zeit, da schon Wieland, Klopstock, Lessing und Goethe gelesen wurden, wirkte Friedrichs Klage absurd.

Unter diesem genialsten, gebildetsten und kunstinteressiertesten aller neun preußischen Könige, der sich auch als Feldherr, Philosoph, Dichter, Flötenspieler und Komponist erfolgreich betätigte, hatten deutsche Dichter also vom Thron nichts zu erwarten, wie auch Anna Louisa Karsch, genannt die Karschin, erfahren hat. Sie war ein Naturtalent aus den ärmsten Schichten des ländlichen Schlesien, dem die teils naiven, teils den zeitgenössischen Dichtern abgeschauten Verse nur so zuflogen, hatte den König und seine Siege wieder und wieder besungen und war von adligen Gönnern nach Berlin geholt worden, wo sie auch Förderer unter den Hofleuten fand. Diese machten den König auf die „Sappho" vom platten Lande neugierig, übersetzten ihm einige ihrer Gedichte, damit er sie bequem lesen konnte, ins Französische und brachten ihn sogar dahin, die bitterarme Dichterin im Marmorsaal von Sanssouci in einer kurzen Audienz zu empfangen, die Chodowiecki später dann auch im Kupferstich verewigt hat. Das Gespräch endete mit dem vagen Versprechen des Königs, er wolle schon für sie sorgen, was die Karschin veranlasste, vom königlichen Geschenk eines Hauses zu träumen, doch wurden nur einige nach und nach gezahlte Taler daraus. Zwei davon wagte sie ihm zurückzuschicken und erklärte das so: „Zwei Taler gibt kein großer König: / Denn die vergrößern nicht mein Glück. / Nein, sie erniedern mich ein wenig: / Drum geb ich sie zurück."

Neben Karl Wilhelm Ramler, der seinen Lebensunterhalt als Lehrer am Kadettenhaus verdiente und den König vom Bau des Opernhauses an bis zu seinen siegreichen Feldzügen in Gedichten rühmte, gehörte auch der Halberstädter Johann Wilhelm Ludwig Gleim zu den Meistern des Herrscherlobs. Nach anakreontischen Tändeleien in Jugendjahren machte er sich mit kriegerischer Lyrik einen Namen, mit den „Preussischen Kriegsliedern in den Feldzügen 1756 und 1757 von einem Grenadier", die mit Versen wie den folgenden anheben: „Victoria! Mit uns ist Gott, / Der stolze Feind liegt da!" oder „Ich bin ein Preuße! Stolz bin ich, / Daß ich ein Preuße bin!" – und die man, um ein realistisches Zeitbild zu erhalten, mit den Erinnerungen eines wirklichen Grenadiers, des in der Schlacht bei Lobositz desertierten Schweizers Ulrich Bräker, parallel lesen sollte.

Gleim also verwahrte sich gegen den Vorwurf, er strebe nach Belohnung durch den König, so: „Von meinem Friederich wär ich ein Schmeichler? Ich? / Aus dessen Munde sich kein Wort ergeben darf, das nicht das Herz auch spricht? / Bedenkt: Mein Lob ist deutsch, und Deutsches liest er nicht!"

Auch Gottfried August Bürger, der durch seine wunderbare Ballade „Lenore" („Er war mit König Friedrichs Macht / Gezogen in die Prager Schlacht / Und hatte nicht geschrieben, / Ob er gesund geblieben") populär wurde, war mit Friedrichs Verachtung des Deutschen nicht einverstanden. In einem mit „Friedrich" überschriebenen Vierzeiler beklagte er sich darüber, dass der König nur zum „Siegen deutschen Heldenmut" brauche. Schiller hingegen, der den Plan eines Friedrich-Schauspiels erwogen, ihn aber der Mühen einer notwendigen Idealisierungsarbeit wegen wieder verworfen hatte, gewann in seinem Gedicht „Deutsche Muse" der Ignoranz Friedrichs auch positive Seiten ab.

Von dem größten deutschen Sohne,
Von des großen Friedrichs Throne
Ging sie [die deutsche Muse] schutzlos, ungeehrt.
Rühmend darf's der Deutsche sagen,
Höher darf das Herz ihm schlagen,
Selbst erschuf er sich den Wert.

Aber nicht nur Friedrich der Große ersparte den preußischen Literaten die Versuchung, den Monarchen in der Hoffnung auf Belohnung zu besingen, auch seine königlichen Vorfahren und Nachkommen waren zwar fast alle baulustig, aber nur in Ausnahmefällen an Literatur interessiert. Friedrichs Vater, Friedrich Wilhelm I., der Preußen großhungerte, war ein rigoroser Sparer, der alles Gesparte in die Armee investierte, für Literatur und Kunst also nichts übrig hatte, am Lebensende aber ein schlechtes Bild nach dem andern malte. Zum Sparsamkeitsgenie hatte ihn wohl in seinen jungen Jahren der Widerwille gegen die Verschwendungssucht seines Vaters gemacht.

Dieser, der erste preußische König, Friedrich I., hatte sich in dem von ihm geadelten Johann Besser einen Hofdichter gehalten, der auch das für die barocke Hofhaltung wichtige Amt eines Zeremonienmeisters bekleidet hatte. Die für die Hoffestlichkeiten nötigen Verse, Komödien, Singspiele und Ballette schrieb also Besser selbst. Von seinen Werken ist der Nachwelt nur die „Preußische Krönungsgeschichte" (erschienen 1702) wichtig geblieben, die wenig poetisch, aber sehr detailgetreu die Krönung des Kurfürsten Friedrichs III. zum König beschreibt. Dass damals auch Gottfried Wilhelm Leibniz den preußischen Hof mit seiner zeitweiligen Anwesenheit ehrte, war nicht dem König, sondern seiner Gemahlin, Sophie Charlotte, zu danken, in deren Schloss Lietzenburg, dem späteren Charlottenburg, dem Philosophen stets eine Zimmerflucht zur Verfügung stand.

In Friedrichs des Großen langer Regierungszeit von 46 Jahren waren einst moderne staatliche Strukturen, die sein Vater und er geschaffen hatten, mit ihm alt geworden. Selbst seine vielbewunderte Armee war, wie sich bald erweisen sollte, nicht mehr zeitgemäß. Seine religionstolerante Politik der aus Frankreich importierten Aufklärung hatte eine deutsche entstehen lassen, die in dem Königsberger Immanuel Kant ihren Gipfelpunkt hatte und in Berlin mit der sogenannten Popularphilosophie, die in der „Berlinischen Monatsschrift" ihr Publikationsorgan hatte, zur Breitenwirkung gekommen war.

Neben rationalistischen Theologen, die Vernunft und Glauben miteinander vereinten, und Philosophen wie Moses Mendelssohn war hier in besonderen Maße Friedrich Nicolai erfolgreich gewesen, und zwar nicht nur als Publizist, Kritiker und Romanschreiber, sondern auch als Verleger, der mit dem kühnen Unternehmen einer Rezensionszeitschrift namens „Allgemeine deutsche Bibliothek" der Aufklärung in Deutschland ein Zentrum gab. Erst ab 1790 etwa nahm der Einfluss Nicolais und seiner Zeitschrift ab. Eine neue Generation, die die Vernunftsgläubigkeit und Poesiefeindlichkeit der in Nicolai verkörperten friderizianischen Geistesepoche überwunden hatte, trat auch in Berlin auf den Plan.

Die jungen Berliner Ludwig Tieck und Wilhelm Heinrich Wackenroder hatten ihre gediegene Bildung dem von der Aufklärung reformierten und in aufklärerischem Geist geführten preußischen Gymnasium zu verdanken, an dem 1788 die Abiturprüfung eingeführt worden war. Sie hatten aber auch unter dem kalten, rationalistischen Denken, das Gefühlen keinen Raum ließ, gelitten und sich im Namen Goethes und Shakespeares dagegen aufgelehnt. Statt des Zopfes, der das alte Preußen charakterisierte, trugen sie und ihre Altersgefährten das Haar kurz geschnitten, und alles, was die Aufklärung als vernunftwidrig abgelehnt hatte, wurde ihnen nun wichtig: die alten Volksbücher und Volkslieder, die Märchen und Sagen, das katholische Mittelalter, die altdeutschen Maler und die Geheimnisse der menschlichen Seele und der Natur.

Die als Kritiker schon bekannten Brüder Friedrich und August Wilhelm Schlegel siedelten nach Berlin über, gaben der Rebellion eine Theorie und den Namen Romantik, und da die Französische Revolution, die die Jungen erst begrüßt hatten, in Terror, Diktatur und Krieg mündete, wurden Tiecks unheimliche Märchennovellen, in denen dunkle Mächte herrschen und die Menschen ihrer Identität nicht mehr sicher sein können, zum Ausdruck der Jahre um 1800, in denen überall in Europa Kriege tobten, Throne stürzten und auch der Vernunftgläubigste seinen Optimismus verlor. Novalis, dessen „Heinrich von Ofterdingen" nach der blauen Blume suchte, erträumte sich ein von der wiedervereinten christlichen Kirche geschaffenes vereintes Europa und ein familiäres Preußen mit Friedrich Wilhelm III. als Vater und der Königin Luise als Schönheits- und Tugendsymbol.

In den Jahren zwischen 1795 und 1806, in denen sich Preußen aus den Kriegen heraushalten konnte, war geistig alles in Bewegung, vor allem in dem zur Großstadt gewordenen Berlin. Hier näherten sich, aus Kunstinteresse, die bisher streng getrennten Stände einander an. Die deutschsprachige Bühne, die bisher ein Schattendasein im Hinterhof geführt hatte, etablierte sich auf den Gendarmenmarkt als Nationaltheater. Mehr als in Weimar, zu dem politisch und geistig enge Beziehungen bestanden, wurden hier unter August Wilhelm Ifflands Leitung Stücke von Goethe und Schiller zum großen Erfolg.

Theater, Konzerte, Kunstausstellungen und neue Bücher, die bürgerliche und adlige Gemüter in gleichem Maße bewegten, kamen in den geselligen Zirkeln zur Sprache, die in wohlhabenden Häusern, besonders auch in jüdischen, gepflegt wurden. Die Salons der Henriette Herz und der Rahel Levin waren stadtbekannt. Hier konnte man neben Künstlern wie Schadow und Schinkel und jungen Autoren wie Karl August Varnhagen, Heinrich von Kleist, Fouqué, Achim von Arnim und Adelbert von Chamisso auch den jungen Theologen Friedrich Schleiermacher treffen, der die unkonventionelle Ehemoral, die sein Freund Friedrich Schlegel in seinem Roman „Lucinde" entworfen hatte, verteidigte und in der Religion auch dem Gemüt wieder zu Ehren verhalf.

Einsichtige Beamte entwarfen Reformpläne, die aber erst realisiert werden konnten, als Preußen nach der Niederlage gegen Napoleon am Boden lag. Obwohl die vom Freiherrn vom Stein 1807 begonnenen, vom Staatskanzler Hardenberg weitergeführten Reformen in Teilbereichen nur halbherzig und schleppend in Gang kamen, weil der Adel Widerstand leistete, bewirkten sie doch einen Modernisierungsschub. Der alte Aufklärer Nicolai, der seinen gepuderten Zopf nie ablegte, aber schon lange allen Einfluss verloren hatte, war bereits so gut wie vergessen, als er 1811 in seinem Haus in der Brüderstraße starb.

Im selben Jahr machte der genialste der preußischen Literaten, Heinrich von Kleist, seinem jungen Leben am Kleinen Wannsee ein Ende. Es war ein von Dichterehrgeiz getriebenes und von Enttäuschungen verdüstertes Leben gewesen, unstet im Schwanken zwischen Selbstbestimmung und herkunftsbedingter Pflicht. Aus Staat und Familie, die ihn beengten, konnte er ausbrechen, aber im Innern blieb er ihnen verpflichtet. Wie sein Michael Kohlhaas musste er die Gesetze, die er anerkannte, brechen. Im „Prinzen von Homburg" endet dieser Konflikt glücklich durch die Versöhnung des Individuums mit der als menschlich erträumten Macht. „In Staub mit allen Feinden Brandenburgs", heißt es am Ende, aber davor steht der Kurzdialog: „Ist es ein Traum? – Ein Traum, was sonst?"

Zwei Jahre nach dem Tod am Wannsee begann der Befreiungskrieg gegen Napoleon, den Kleist schon 1809 ersehnt und dichterisch vorweggenommen hatte in seiner prachtvoll-grässlichen „Hermannsschlacht" und den Kriegsliedern, die die vielen, die 1813 von Körner, Arndt, Schenkendorf und anderen geschrieben wurden, an Ausdruckskraft und auch an Hass überragten. „Schlagt ihn tot! Das Weltgericht / Fragt euch nach den Gründen nicht!", heißt es bei Kleist, der hier den später oft üblichen Gebrauch der Literatur als propagandistische Waffe schon vorgemacht hat.

Zur geistigen Vorbereitung des antinapoleonischen Krieges hatten neben dem Philosophen Fichte, der an der 1810 gegründeten Berliner Universität Professor und zeitweilig auch Rektor wurde, vor allem auch der als Turnvater bekannte Friedrich Ludwig Jahn, Pastorensohn aus der Prignitz, und Ernst Moritz Arndt aus Rügen beigetragen, deren Werke uns heute mit Unbehagen erfüllen, weil sie in uns die Ahnung aufkommen lassen, dass ein Zusammenhang des uns genehmen Demokratismus, von dem wir Anfänge bei ihnen erkennen können, mit dem von uns gescheuten Nationalismus, den sie populär machten, besteht.

Sie predigten die Auserwähltheit und die Einheit der Deutschen, zu denen sie großzügig alle Deutschsprechenden zählten, die Entmachtung der Fürsten und des Adels, den Hass auf die von einer Volksarmee zu bekämpfenden Franzosen und eine gewisse Souveränität des Volkes, das besonders bei Jahn in seinem „Deutschen Volkstum" zu mythischer Größe wuchs. Preußen spielte bei ihnen nur insofern eine Rolle, als es bei der Vereinigung Deutschlands als Führungsmacht ausersehen war.

Arndt betätigte sich in den Befreiungskriegen als wortmächtiger Agitator, und er trug auch zu der Flut patriotischer Kriegslyrik bei. Diese war insgesamt zweitklassig, wurde aber populär wie sonst keine, weil sie zum Teil, wie Theodor Körners „Lützows wilde verwegene Jagd", singbar war. Die bedeutendsten Literaten beteiligten sich an ihr nicht. Tieck, dem alles Politisieren fremd war, hatte sich aufs Land zurückgezogen, wo er als Abschluss seiner romantischen Periode den dreibändigen „Phantasus" verfasste. Chamisso, der geborene Franzose, der, um der antifranzösischen Hysterie auszuweichen, in der Einsamkeit eines märkischen Landsitzes botanisierte, schrieb seinen „Peter Schlemihl", der ihn weltberühmt machte. Und der Jurist E. T. A. Hoffmann erfand weiter seine großartigen Gespenstergeschichten, in denen er erstaunlich viel Realität seiner Zeit aufblitzen ließ.

Als Hoffmann, nachdem er noch in „Des Vetters Eckfenster" einen letzten Blick auf das Menschengewühl des Gendarmenmarktes geworfen hatte, im Sommer 1822 starb und der Student Heinrich Heine seine heiter-spöttischen „Briefe aus Berlin" verfasste, in denen er auch berichtet, dass Kleists „Prinz von Homburg" am Theater nicht gespielt werden dürfe, weil nach Meinung einer Prinzessin ihr Ahnherr darin in unedler Gestalt erscheine, war der Breslauer Wilhelm Häring, der sich als Autor Willibald Alexis nannte, schon mit einem seiner dicken Romane beschäftigt, in denen es hauptsächlich um die Geschichte Brandenburg-Preußens ging.

Preußen war in der Literatur bisher nur selten zum Thema geworden. Ein Zeitstück wie die „Minna von Barnhelm" war einmalig geblieben, und der „Prinz von Homburg" hatte nicht nur bei der königlichen Familie, sondern zum Beispiel auch beim jungen Theodor Fontane, der darin sowohl die historische Wahrheit als auch das Heldische vermisste, Anstoß erregt. Im weiteren Verlauf des 19. Jahrhunderts aber, als Preußen sich durch die Reformen entscheidend verändert hatte, das sich ständig vergrößernde Proletariat ihm Sorgen machte und die Revolution von 1848 es erschreckte, wurde das alte Preußen als eine Epoche, die die Konflikte der Gegenwart noch nicht gekannt hatte, zum beliebten Gegenstand literarischer Darstellung, nun aber nostalgisch verklärt.

Alexis' Romane und Fontanes Balladen über Derfflinger und den Alten Dessauer, Zieten und Seydlitz waren nur die uns heute noch bekannten Spitzen einer Flut von einschlägigen Erzählungen, Romanen und Gedichten, zu denen dann noch die für breite Leserkreise geschriebenen Geschichtsdarstellungen kamen. Franz Kuglers „Geschichte Friedrichs des Großen" von 1840 mit den Illustrationen von Adolph Menzel wurde zum Klassiker. Das Bild, das Menzel in seinen Zeichnungen und den bekannten Flötenkonzert- und Tafelrunde-Gemälden vom klassischen Preußen entwarf, ist das der nachfolgenden Generationen geblieben.

Auch die populären Preußen-Filme der zwanziger und dreißiger Jahre des vorigen Jahrhunderts bezogen daher ihre Anschauung. Und auch wir formen uns heute unsere Vorstellung vom Preußen des 18. Jahrhunderts mehr nach der nachträglich erschaffenen „Fritzen-Welt" Menzels als nach der in Friedrichs Zeiten entstandenen Kunst.

„Ein Traum, was sonst?"

Der Ausdruck „Fritzen-Welt" ist einem Gedicht entnommen, mit dem Theodor Fontane im Dezember 1885 Adolph Menzel zum 70. Geburtstag gratulierte und ihn dabei besonders für seine bildliche Vergegenwärtigung Friedrichs des Großen pries. Da trifft der Dichter bei einem nächtlichen Gang durch Sanssouci auf den vor 99 Jahren gestorbenen König, der ihn in ein Gespräch über Menzel verwickelt und diesem schließlich einen Platz an seiner Seite in der im Elysium weitertagenden Tafelrunde verspricht. Menzel soll den Platz Voltaires einnehmen, von dem dieser seit 1870/71 verbannt wurde. Damit scheint der Makel der Franzosenliebhaberei des Königs beseitigt – aber einen ironischen Hinweis auf Friedrichs Verachtung der deutschen Literatur muss sich der Dichter dann doch noch erlauben. Denn als der Erzähler dem König gesteht, ein deutscher Dichter zu sein, lächelt der mitleidig: „Nun hör Er, Herr, / Ich will's ihm glauben; keiner ist der Tor, / Sich dieses Zeichens ohne Not zu rühmen, / Dergleichen sagt nur, wer es sagen muß, / Der Spott ist sicher, zweifelhaft das andre. / Poete allemand!"

Der deutsche Poet Fontane, der in seinen Balladen und den „Wanderungen durch die Mark Brandenburg" Preußen verherrlicht hatte, fand im Alter viel an ihm auszusetzen, besonders am neuen Preußen, dem Preußen-Deutschland des Bismarck-Reiches, unter anderm auch deshalb, weil es so viel pompöser, eitler und anspruchsvoller als das geliebte Altpreußen war. Diesem ist er immer treu geblieben, auch noch im letzten und schönsten seiner Romane, in dem er Preußen sozusagen in Schönheit zu Grabe trug. „Außerdem", sagt da der alte Dubslav von Stechlin zu dem von ihm geschätzten Pastor, „sind Sie Fridericus-Rex-Mann, was ich Ihnen eigentlich am höchsten anrechne, denn die Fridericus-Rex-Leute, die haben alle Herz und Verstand auf dem rechten Fleck."

Revolution am Teetisch

Rahel Varnhagen war die berühmteste Salondame Preußens.

Von Susanne Beyer

Sie hatte keinerlei Voraussetzungen, zu einer der wichtigsten Frauen Preußens zu werden: Sie war nicht gebildet, sie war nicht mächtig und auch nicht schön, nicht einmal anmutig, sie war blass und schmächtig. Und dann war sie auch noch Jüdin. Ihre Chancen auf Erfolg waren gleich null.

Und die Bilanz am Ende ihres Lebens war auch nicht gerade umwerfend. Das, was sie als Schriftstellerin geleistet hatte, galt nicht als herausragend. Alle ihre Bemühungen, sich möglichst jung und möglichst gut zu verheiraten, waren ebenfalls gescheitert: Mit 43 Jahren, also auf den allerletzten Drücker, hatte Rahel Levin Karl August Varnhagen geheiratet, einen 14 Jahre jüngeren Mann.

Rahel Varnhagen – eine gescheiterte Existenz? Nein. Sie war herausragend und ging mit allem Recht in die Geschichte ein. Auch wenn sie jedes ihrer selbstgesteckten Ziele verfehlte, hat sie dennoch die wenigen Jahre, die für die Juden in Preußen halbwegs glücklich verliefen, zu nutzen gewusst. Sie vollbrachte das Wunder, als Frau und als Jüdin zum Mittelpunkt der Berliner Gesellschaft zu werden. Sie war die bedeutendste Salondame im Berlin des ausgehenden 18. Jahrhunderts und des frühen 19. Jahrhunderts.

Rahel Varnhagen war 1771 geboren worden, als älteste Tochter eines Juwelenhändlers und Bankiers. Jüdische Mädchen waren damals von der öffentlichen Bildung ausgeschlossen. Doch während Rahels Jugendzeit forderten die Aufklärer Gotthold Ephraim Lessing und Moses Mendelssohn gleiche Rechte für die seit Jahrhunderten unterdrückten Juden, und der regierende Monarch Friedrich der Große unterstützt diese Forderung.

So nutzte Rahels Vater die Chance, sein Haus für die große Berliner Gesellschaft zu öffnen. Er lud seine Kunden und Schuldner

Revolution am Teetisch

zu sich ein, das waren Schauspieler, Hofleute, Militärs und Diplomaten. Und als der Vater 1790 starb, war seine Tochter so kühn, die Leute einfach weiter zum Tee in die Jägerstraße zu bitten. Sie war gerade einmal 19 Jahre alt und wurde innerhalb kürzester Zeit eine beliebte und gefeierte Gastgeberin.

Ihr wichtigster Gast in den Anfangstagen des Salons war Prinz Louis Ferdinand, ein Neffe Friedrichs des Großen. Ihm folgten viele, die zur Berliner Gesellschaft dazugehörten: Minister und Diplomaten, die Schauspielerin Friederike Unzelmann und die vielen Berliner Originale, zum Beispiel Karoline Gräfin von Schlabrendorf, die gern in Männerkleidern auftauchte. Vor allem aber kamen die Literaten und Publizisten der Romantik: die Brüder Wilhelm und Alexander von Humboldt, Friedrich Schlegel, Friedrich de la Motte Fouqué, Ludwig Tieck und Jean Paul.

Es waren gemischte Runden, die da zusammenkamen und sie wurden durch Rahels Witz zusammengehalten, durch ihre Lebendigkeit und Ursprünglichkeit. Ihre größte Stärke aber war das Zuhören. Und so bezeichnete Prinz Louis Ferdinand sie als eine „moralische Hebamme": „Sie accouchierte einen so sanft und schmerzlos, dass selbst von den peinlichsten Ideen dadurch ein sanftes Gefühl zurückbliebe."

Rahel Varnhagen war nicht die einzige Salondame im damaligen Berlin. Auch eine andere Jüdin genoss den Ruf, eine berühmte Gastgeberin zu sein: Henriette Herz. Doch Rahel Varnhagen galt im Vergleich immer als die eigenständigere Persönlichkeit. Die Herz wurde vor allem wegen ihrer Schönheit gepriesen, doch sie wurde auch als unterkühlt und wenig originell bezeichnet.

Als Gastgeberinnen der Salons gelang es den Frauen, mit den Konventionen ihrer Zeit zu brechen. Frauen und Männer hatten bei gesellschaftlichen Anlässen am Hof oder in Bürgerhäusern fast nichts miteinander zu tun: Männer blieben unter sich, saßen an Spieltischen, sprachen über Geschäfte, während die Frauen stickten und sich über Familiäres unterhielten. In den Salons der Jüdinnen hingegen traten die Frauen als Gastgeberinnen auf, sie nahmen an allen Gesprächen teil, behandelten die Männer wie ihresgleichen und widerlegten so das Klischee von der passiven, schwachen, ahnungslosen Frau. Es war eine Revolution am Teetisch.

Doch wenn es überhaupt echte Anerkennung war, die den Frauen in den Salons entgegengebracht wurde, dann war es eine brüchige Anerkennung, verbunden mit Ängsten. Denn beim ersten Druck von außen war es mit der Zuneigung vorbei. Mit der Bedrohung durch Napoleon kam es zu einem konservativen Rückschlag in allen Teilen der Gesellschaft. Die Männer blieben wieder unter sich.

Rahel Levin hatte sich ohnehin zurückgezogen. Das Verlöbnis mit einem Adligen war gelöst worden: Karl Graf von Finckenstein hatte seiner Familie dann doch keine Jüdin zumuten wollen. Zutiefst verletzt, verwendete Rahel ihre Energien nun darauf, so hat es die jüdische Philosophin Hannah Arendt in einer Biografie dargestellt, ihre jüdische Identität zunichte zu machen. Sie heiratete den Nicht-Juden Varnhagen und sah dann zu, dass der noch einen Adelstitel abbekam, damit endlich auch sie eine Adlige würde: Rahel Varnhagen von Ense.

Was ihr in jungen Jahren wichtig gewesen war und womit sie ihre stille Revolution ausgelöst hatte, geriet ihr aus dem Blick: nämlich ein selbständig denkender und handelnder Mensch zu sein.

Doch ausgerechnet ihr Ehemann sorgte nach ihrem Tode dafür, dass dieser frühe Impuls im Leben seiner Frau nicht in Vergessenheit geriet: Varnhagen sammelte alle Lebensäußerungen seiner Frau und ließ nicht zu, dass ihr Ruhm verblasste.

Schöne Feindin, schimmernder Stern

Sie war schön, anmutig und belesen.
Die frühverstorbene Königin Luise, Gemahlin
Friedrich Wilhelms III., war schon zu Lebzeiten
eine Kultfigur.

Von Bettina Musall

Es gibt eine Schönheit, die ganz unabhängig vom Auge des Betrachters strahlt, so dass niemand sich ihrer Wirkung entziehen kann. Eine Schönheit, die frei ist von Eitelkeit. Die nicht Distanz schafft, sondern zur Nähe einlädt und so natürlich ist, dass jeder sie berühren will.

Die junge Frau in Marmor, die in der Alten Nationalgalerie Berlin liebevoll den Arm um ihre Schwester legt, strahlt diese ganz besondere Schönheit aus. 17 Jahre ist Kronprinzessin Luise alt, als der Bildhauer Johann Gottfried Schadow sie und die zwei Jahre jüngere Prinzessin Friederike 1794 in einem Standbild verewigt. Ein solcher „Zauber" sei von der späteren Königin von Preußen ausgegangen, schwärmte der Künstler, dass ihm der sonst nicht gerade für seinen Wohlklang berühmte hessische Dialekt als „angenehmste aller deutschen Mundarten" vorkam.

Der Dichter Novalis verherrlicht „die Herrlichste", zu deren Ehren die Bürger Berlins „Königsdienst" feiern sollten „wie Gottesdienst". Zeitgenosse Jean Paul findet, zum Herrschen könne Königin Luise „der Thron der Schönheit genug sein". Und Johann Wolfgang von Goethe, der Luise und Friederike einmal begegnet ist, hält sie „für himmlische Erscheinungen", deren Eindruck ihm „niemals verlöschen" werde.

Nicht nur ihm. Der Dichter hat mit seinem Diktum seherische Qualitäten bewiesen. Nach dem Tod der 34 Jahre alten Königin 1810 dauert es nur wenige Jahre, bis aus der Verehrung für eine bürgernahe, hübsche und jung gestorbene Landesmutter die Vergötterung einer Lichtgestalt wird. Bildhauer, Maler, Schriftsteller und Dramatiker bieten alle Medien der Romantik auf, um die treuliebende Ehefrau und Mutter von zehn Kindern vorzugsweise als Madonna oder Engelsgestalt zu verklären. Für die Helden der preußischen Befreiungskriege avanciert die soldatenfreundliche Königin zur romantischen Durchhalte-Amazone.

Nachdem ihr zweitgeborener Sohn Wilhelm 1871 Kaiser des Deutschen Reichs geworden ist, kennt der Kult um die frühverstorbene Kaisermutter keine preußischen Grenzen mehr. Immer sagenhafter und überirdischer wird die volkstümelnde Verehrung. 391 Dichtungen will ein Luise-Sammler um die vorletzte Jahrhundertwende gefunden haben. Luisen-Stiftungen, Gymnasien für Töchter, pädagogische Einrichtungen und Waisenhäuser erinnern an die gütige, sozial engagierte Regentin. Straßennamen, Kitschdevotionalien und Luisen-Filme halten das Gedenken auch im 20. Jahrhundert wach. Und weil sich ihre Biografen regelmäßig „in die schöne und bedauernswerte Königin verlieben", notiert der Schriftsteller Günter de Bruyn, wird die Luisen-Heroisierung bis heute reproduziert – eine Verherrlichung, die mit Anmut und Schönheit allein nicht zu erklären ist.

Mythos Luise. Schwester Friederike, die in ihrer Jugend mindestens genauso berückend und dabei lebenslustiger erschien, trug als Königin von Hannover zwar zur Entstehung des heutigen Caroline-von-Monaco-Gatten Ernst August bei. Aber ihr Berühmtheitsgrad ist auf Fußnoten-Niveau hängengeblieben. Seriöse Geschichtsforscher, die sich um ein differenziertes Bild der historischen Luise bemühen, müssen das Idol hingegen mühsam vom Zuckerguss der Legendenbildung befreien. Elf Königinnen haben Preußen durch die Jahrhunderte repräsentiert. Warum nur hat es ausgerechnet die in Hannover und Darmstadt aufgewachsene Mecklenburgerin zur Ikone und zum einzigen weiblichen Popstar des Hohenzollerngeschlechts gebracht?

Als die lebhafte Luise Heiligabend 1793 den Kronprinzen Friedrich Wilhelm heiratet, steht dem Teenager aus der Provinz der Sinn vor allem nach Tanzen, Reiten, Lustigsein. Sie führt am Hof unter den jungen Leuten den freizügigen Walzer ein, nimmt als „Soldatenweib", als das sie sich gefällt, an Truppenparaden teil. Die Zuneigung von Bevölkerung und Hofstaat gewinnt die blauäugige Blonde, weil sie sich mit der gleichen Herzlichkeit unter die Dorf-

Schöne Feindin, schimmernder Stern

Luise von Mecklenburg-Strelitz, Königin von Preußen
(Porzellanmalerei, um 1880)

bewohner auf dem Lande mischt, wie sie in der aristokratischen Gesellschaft brilliert.

Friedrich Wilhelms Sehnsucht, einfach und sparsam zu leben – „Keinen Luxus, keinen Luxus" –, unterscheidet das junge Königspaar nach der Thronbesteigung 1797 von seinen oft verschwenderischen Vorgängern und von anderen Höfen. Trotz knapper Kassen wirkt Luises klassizistisch-schlichte Eleganz – ihre weißen Musselinkleider mit Empiretaille und der dekorativ um Hals und Kopf gebundene Schal – stilprägend in der Berliner Gesellschaft. Zur Traumfrau des Biedermeier wird die bewunderte Königin, weil ihr häusliches Glück wirklich vorbildlich zu sein scheint. Die Volksnähe der Hoheiten wird als aufrichtig empfunden. Manchmal promenieren die Majestäten Arm in Arm ohne Gefolge „Unter den Linden".

Aber die Zeiten sind zu unruhig, um nur zu lustwandeln. Inmitten ihres zwischen Absolutismus und Aufklärung schwankenden Landes entwickelt die junge Königin einen gewaltigen Bildungshunger, der sie zur Vertrauten politischer Zeitgenossen wie der Freiherren Karl vom und zum Stein und Karl August von Hardenberg werden lässt. Sie liest die Größen des Sturm und Drang: Wieland, Goethe, Herder, Kant, Pestalozzi, Jean Paul und immer wieder „meinen Schiller". „Lassen Sie sich nicht einfallen", sagt Luise zu ihrer geistigen Gefährtin Marie von Kleist, „anders zu mir zu kommen als mit einem dicken Buch."

Der König kommt da nicht mit. Im geistigen Salon seiner Gemahlin, befürchtet der intellektuell unscheinbare Monarch, jubelten „unberufene Personen ihr unverständliche Schriften" unter. Friedrich Wilhelm ist eifersüchtig, weil seine „Herzensluise", sein „einziger Freund, zu dem ich Zutrauen habe", ihre Gunst den bedeutenden Staatsmännern Stein und Hardenberg schenkt.

Andererseits profitiert der zögerliche König, der sich am liebsten „en famille" ins Schloss Charlottenburg zurückzieht, zunehmend von den guten Beziehungen und der sozialen Kompetenz seiner engsten Beraterin. Eingezwängt zwischen die Großmächte Russland und Frankreich, braucht Preußen eine Führung, die dem Machtpoker des gefährlich einnehmenden Zaren Alexander und des expansionsgierigen Kaisers Napoleon mehr entgegenzusetzen hat als Friedrich Wilhelms Sehnsucht nach Beschaulichkeit und Neutralität.

Furchtlosigkeit, diplomatisches Geschick, praktische Intelligenz und Leidenschaft. Jene Eigenschaften, die weibliche Wesen nicht nur im 19. Jahrhundert zu perfekten Ehefrauen machen, qualifizieren Luise an der Seite ihres trägen, ängstlichen, entscheidungsschwachen Königs zur ebenso einflussreichen wie unauffälligen Kulissenschieberin der Politik. „Sie versammelt alle unsere großen Männer, die der König vernachlässigt, um sich", schreibt der Dichter Heinrich von Kleist, „sie ist es, die das, was noch nicht zusammengestürzt ist, hält." Offiziell fügt sich die brave Gattin an das Rollendiktat ihrer Zeit, wonach Frauen, wie Luise selber einmal sagt, „nicht Krieg führen und sich nicht um Politik kümmern". Und doch ist es eine couragierte politische Tat, die das Bild von der opferbereiten Patriotin unsterblich macht.

Ende Juni 1807 sind die Männer am Ende. Nicht nur, dass der Krieg Preußens gegen Frankreich verloren ist. Der triumphale Sieger Napoleon I. gefällt sich auch noch darin, den geschlagenen Gegner zu demütigen. Zwei Flöße hat der französische Kaiser in Tilsit in der Mitte des Flusses Memel vertäuen lassen, und Preußens Verbündeten, Zar Alexander, der den Deutschen halbherzig zu Hilfe gekommen war, dorthin zu Friedensverhandlungen bestellt. Wie erstarrt beobachtet König Friedrich Wilhelm III., verkleidet in einen russischen Offiziersmantel, vom Ufer des Flusses aus, dass der Kaiser und der Zar das preußische Reich, seine Soldaten und Besitztümer einfach unter sich verschachern.

Schlesien? Wolle er für seinen Bruder Jérôme, fordert Napoleon. Polen? Könne Russland einkassieren. Überhaupt: Wer sage denn, dass es zwischen dem französischen und dem russischen Machtbereich unbedingt ein selbständiges Königreich unter einem deutschen Landesherren geben müsse?

Mit Kanonen ist nun nichts mehr auszurichten und auch nicht mit zackigen Verhandlungsformeln. Friedrich Wilhelm, den Napoleon nicht mal zum Abendessen einlädt, fühlt sich bis zur Handlungsunfähigkeit gedemütigt. Der König fällt aus. Die Zeit drängt. Ein Desaster. Die preußischen Generäle und Politiker ertragen es nicht länger, zuzuschauen, wie ihr unbeholfener Monarch von den beiden Großherrschern wie Luft behandelt wird und auf seine linkische Art jede Chance verspielt, für sein Land zu retten, was zu retten ist. In ihrer Verzweiflung kommt den Diplomaten eine aberwitzige Idee. Eine Frau muss her. Mit weiblichen Waffen. Dafür kommt nur eine in Frage: Königin Luise. Die betörende First Lady soll den kleinen französischen Potentaten becircen und die Verluste für ihr Land begrenzen. Generalfeldmarschall Graf Kalckreuth, der in Tilsit an Napoleon ebenso scheitert wie all die anderen Strategen des Regierungsapparats, appelliert an den König: „Die bewundernswürdige Affabilität I. M. der Königin würde gewiss mehr vermitteln als alle Künsteleien der diplomatischen Formen."

Eine Frau? Als Verhandlungspartner? Für Napoleon? Wohl nie zuvor oder danach in der Geschichte hat eine bedeutende Runde gestandener Staatsmänner in aussichtsloser politischer Lage sämtliche Vorbehalte gegen das vermeintlich schwache Geschlecht überwunden und sich in letzter Not an eine Frau geklammert.

Als die Bittstellung mit dem Siegel ihres Mannes die Königin erreicht, notiert ihr Leibarzt Christoph Wilhelm von Hufeland: „Sie war außer sich." Eine Frau „mit wenig Geist" hatte der Franzosen-Kaiser Luise genannt und gehöhnt, „wie unglücklich die Fürsten sind, die Frauen Einfluss auf politische Angelegenheiten gestatten". Luise ihrerseits nennt den französischen Usurpator „ein sich aus dem Kot emporgeschwungenes höllisches Wesen", einen „würdelosen, niederträchtigen Mörder" – was für Voraussetzungen für gedeihliche Friedensverhandlungen!

Außerdem ist die 31-jährige Königin schwanger. Zum neunten Mal. Drei ihrer Kinder sind gestorben. Nach den verlorenen Schlachten bei Jena und Auerstedt 1806 ist die Familie über Königsberg und die Kurische Nehrung nach Memel ins Exil geflüchtet. Eine schwere Typhus-Erkrankung hat die junge Frau während der Flucht überstanden.

Aber Luise Auguste Wilhelmine Amalie wäre nicht die ebenso bezaubernde wie gereifte, so sanfte wie patriotische Landesmutter, wenn sie nicht auch in äußerster Bedrängnis zu der Bilanz käme, dass im Ernstfall persönliche Gefühle hinter den Bedürfnissen des Staates zu verschwinden haben. Wenn das Land ruft, rangiert

Pflicht vor Stolz: „Ich komme, ich fliege nach Tilsit", schreibt sie postwendend ihrem Mann.

Die Not und das Vertrauen, dass die Herzdame Preußens Unmögliches möglich machen kann, verführen selbst Realpolitiker wie den Ersten Kabinettsminister Hardenberg dazu, Hoffnungen in die Begegnung zu setzen. Zar Alexander, den Luise glühend verehrt, hat sonst stets erklärt, dass die Anwesenheit von Frauen die Geschäfte störe; hier plädiert auch er für den Auftritt seiner schönen Freundin. Dabei sind die Friedensbedingungen längst ausgehandelt. Womöglich nur aus Neugier auf seine „schöne Feindin" empfängt Napoleon die Königin und lenkt das Gespräch auf das, was er für Frauenthemen hält: Mode und Schmuck. „Sollen wir in einem so wichtigen Augenblick von so unbedeutenden Dingen reden?", fragt die schlagfertige Parlamentärin.

Als Landesfürstin und Mutter ihrer Kinder argumentiert Luise, kämpft mit Geist und Koketterie, redet eine Stunde lang auf den Kaiser ein und kann doch nicht verhindern, dass der König die Hälfte seines Landes und die Hälfte seiner Einwohner verliert. Falls die stolze Frau je eine Chance hatte, die Verhandlungen von Tilsit zu beeinflussen, dann hat Friedrich Wilhelm III. sie jedenfalls zerstört. Mit seiner Begabung, stets im falschen Augenblick zu erscheinen, platzt der König tolpatschig ins Zimmer. „Der König versuchte, sein Wort in die Unterhaltung zu werfen, und verdarb die ganze Sache, ich war befreit", sagt Napoleon hinterher.

Die Bewunderung für die opferbereite Monarchin hätte jedoch nach einem erfolgreichen Verlauf ihrer Intervention nicht größer sein können. Dass Luises Mission scheitert, macht aus ihrer guten Tat ein Martyrium und verleiht der Bittstellerin schon zu Lebzeiten übermenschliche Größe. Dass Preußens sanfte Jeanne d'Arc drei Jahre später völlig überraschend an den Folgen einer Lungenentzündung stirbt, erhält ihr den schönen Schein der Jugend und fördert die Legendenbildung.

CHRONIK
Reformstaat Preußen

1797 bis 1840 Friedrich Wilhelm III.

1806 Preußen erklärt Frankreich den Krieg und wird bei Jena und Auerstedt vernichtend geschlagen. Napoleon zieht im Triumphzug in Berlin ein, Preußen verliert im Frieden von Tilsit 1807 die Hälfte seines Territoriums.

1807 Karl Reichsfreiherr vom und zum Stein wird leitender Minister, und damit beginnt die preußische Reformzeit. Das „Oktoberedikt" kündigt die Befreiung der Bauern aus der Erbuntertänigkeit und den ungehinderten Handel mit Land an.

1810 Karl August Freiherr von Hardenberg übernimmt das Amt des Staatskanzlers und führt die Reformen unter anderem in Verwaltung, Bildungswesen und Militär weiter.

1810 Gründung der Berliner Universität durch den Sprachwissenschaftler Wilhelm von Humboldt. Herausragendes Merkmal ist die von Humboldt propagierte Verbindung von Forschung und Lehre.

1811 Der national und antisemitisch gesinnte Lehrer Ludwig Jahn richtet den ersten deutschen Turnplatz ein. Der „Turnvater Jahn" will dem Staat körperlich starke Soldaten für den Kampf gegen Napoleon stellen.

1811 Das Regulierungsedikt verpflichtet Bauern, bis zur Hälfte ihres Landes an die Gutsherren zu übertragen – als Entschädigung auch dafür, dass die Junker nicht mehr über die Landleute als kostenlose Arbeitskraft verfügen können.

1812 Durch das Emanzipationsedikt werden 30 000 Juden preußische Staatsbürger, Beamte oder Offiziere können sie jedoch erst nach dem Übertritt zu einer christlichen Kirche werden.

1813 bis 1815 In den Befreiungskriegen besiegt Preußen an der Seite Russlands und Österreichs Napoleon in der Völkerschlacht bei Leipzig und, gemeinsam mit England, in der Schlacht bei Waterloo.

1815 Preußen erhält im Wiener Kongress unter anderem das Ruhrgebiet und wird Mitglied des Deutschen Bundes, der aus 39 Staaten besteht. Russland,

Chronik: Reformstaat Preußen

Preußen und Österreich bilden die „Heilige Allianz".

1819 Die Karlsbader Beschlüsse des Deutschen Bundes sehen ein Verbot von Burschenschaften, die Entlassung „revolutionär" gesinnter Lehrkräfte und die Überwachung der Universitäten vor. In Preußen beginnt die Restauration.

1834 Der Deutsche Zollverein wird gegründet. Im Beitrittsgebiet entfallen die Zollschranken.

1837 Preußen wandelt sich durch die industrielle Revolution: August Borsig gründet in Berlin eine Eisengießerei und eine Maschinenbauanstalt.

1838 Zwischen Berlin und Potsdam geht die erste Eisenbahnlinie Preußens in Betrieb.

1839 Fabrikarbeit für Kinder unter neun Jahren wird verboten. Der Naturforscher Alexander von Humboldt veröffentlicht den letzten Band über seine Forschungsreise nach Lateinamerika.

1840 bis 1861 Friedrich Wilhelm IV., der „Romantiker auf dem Thron", ist anfangs die Hoffnung der liberal und national Gesinnten, die er aber enttäuscht. Seit 1857 ist er aus gesundheitlichen Gründen regierungsunfähig.

1848 Revolution in Berlin: über 400 Tote. Friedrich Wilhelm IV. zieht Truppen aus der Stadt ab und macht vage Zugeständnisse. Er bewilligt eine verfassunggebende Nationalversammlung, die Ende des Jahres auf sein Geheiß wieder aufgelöst wird.

1849 Die gesamtdeutsche Nationalversammlung in der Frankfurter Paulskirche wählt Friedrich Wilhelm IV. zum „Kaiser der Deutschen". Der König lehnt die Krone jedoch ab.

1850 Die von Friedrich Wilhelm IV. oktroyierte preußische Verfassung sieht ein Parlament mit zwei Kammern und ein Dreiklassenwahlrecht vor.

Teil 4
Restauration und Revolution

Nach dem Sieg über Napoleon unterdrückten die Supermächte Österreich, Preußen und Russland all jene, die Freiheit wollten. Doch als in Paris ein Aufstand begann, sprang der Funke nach Deutschland über. Der Traum von einem demokratischen und geeinten Deutschland schien zum Greifen nah.

„Es lebe die Republik"

Unter den vielen finsteren Kapiteln der deutschen Geschichte findet sich ein erfreuliches: Vor über 150 Jahren kämpften liberale Bürger erstmals für einen demokratischen Nationalstaat. Mit dem Scheitern der Revolution von 1848/49 nahm auch die deutsche Tragödie ihren Lauf.

Von Klaus Wiegrefe

Am 23. Juli um 17.30 Uhr war alles vorbei. Ängstlich stolperten die angetrunkenen Revolutionäre in Zweierreihen aus der Rastatter Festung. Vor dem Niederbühler Tor warteten preußische Soldaten mit entsicherten Gewehren. Den ersten Freischärler, der rauchend an ihnen vorüber wollte, traf ein Faustschlag ins Gesicht: „Ihr Schweinehunde wollt rauchen vor königlich preußischen Truppen?"

Oben auf dem Festungswall mussten die Freiheitskämpfer ihre Säbel ins Gras werfen. Dann wurden sie in feuchte Kasematten gesperrt. Drei Wochen lang hatten die gut 5600 Männer im Juli 1849 der Belagerung durch eine vielfache preußische Übermacht getrotzt, ehe sie sich auf „Gnade und Ungnade" ergeben mussten. Die preußischen Generäle ließen jeden zehnten Aufständischen hinrichten. Die Revolution war niedergeschlagen.

Dutzende von Gefechten hatten die Revolutionäre mit den fürstlichen Heeren bis dahin ausgefochten, Hunderttausende Bürger hatten Barrikaden gebaut und die Wahl zum ersten freigewählten Parlament der Deutschen erzwungen. 17 Monate lang, vom März 1848 bis zum Sommer 1849, schien er zum Greifen nahe, der Traum von einem demokratischen und geeinten Deutschland.

Nie zuvor waren die Deutschen so selbstbewusst und ihrer Bürgerrechte so sicher gewesen. Nie zuvor auch hatten sie sich mutiger an die Reform ihres in 39 Staaten zersplitterten Landes gemacht. Nie zuvor wurden die autoritätshörigen Deutschen so verunsichert wie in den chaotischen Wochen und Monaten dieser Revolution.

„Es lebe die Republik"

Als ob sie die Demokratie erfunden hätten, debattierten die Deutschen über Pressefreiheit und Grundrechte, sie führten Wahlkampf und wählten eine Nationalversammlung, die in der Frankfurter Paulskirche tagte. Sie waren so basisdemokratisch, so rechtsstaatlich und – das leider auch – so nationalistisch wie Dänen und Engländer, Italiener und Franzosen. Tatsächlich stellten sich die Deutschen damals zum ersten Mal mit an die Spitze der demokratischen Bewegung Europas. Die von den Frankfurter Parlamentariern beschlossene Reichsverfassung war ihrer Zeit weit voraus; sie diente 1919 der Weimarer Reichsverfassung und noch 100 Jahre später dem Parlamentarischen Rat in Bonn als Vorbild: Ganze Passagen des Grundgesetzes beruhen auf ihr.

Wenn es nach der Mehrheit der 48er gegangen wäre, so hätte sich in Deutschland freilich keine Republik, sondern eine parlamentarische Monarchie etabliert – mit Preußens König Friedrich Wilhelm IV. als Erbkaiser. Doch als die Frankfurter Abgeordneten dem Hohenzollern im April 1849 die Krone antrugen, wies der sie schnöde zurück. „Hundehalsband" schimpfte der Monarch die demokratisch geweihte Kaiserkrone und setzte seine Soldaten in Marsch. In Rastatt wurden die letzten Truppen der Revolution aufgerieben, die Revolutionäre aus dem Lande gejagt.

Statt Einigkeit und Recht und Freiheit gab es Autokratie und Kleinstaaterei. Erst 1871, nach drei Kriegen mit Dänemark, Österreich und Frankreich, verwirklichte Otto von Bismarck den nationalen Traum der Revolutionäre – in der Hoffnung, die Erfüllung des demokratischen in ferne Zeiten verbannen zu können: Das deutsche Kaiserreich von 1871 war ein autoritäres Kanzlerregime mit parlamentarischer Fassade, hinter der das liberale Bürgertum die feudal-militärische Lebenswelt der Herrschenden nachzuahmen suchte.

Die Aufgaben, vor die sich die Revolutionäre 1848 gestellt sahen, waren gewaltig. Aus 39 Staaten musste ein einziger geformt werden. Und der sollte dann eine möglichst freiheitliche Verfassung erhalten. Die französischen Revolutionäre von 1789 hatten es da einfacher. Sie konnten sich darauf beschränken, die Privilegien der Stände und das Königtum abzuschaffen. Den Nationalstaat Frankreich gab es schon seit dem Mittelalter.

Umstritten unter Deutschlands Demokraten war zudem, wer eigentlich zu einem geeinten Reich gehören sollte. Wie sollen sie es mit dem von den Dänen besetzten Schleswig-Holstein halten, wie mit dem Großherzogtum Posen? Vor allem aber: Die Abgeordneten der Frankfurter Nationalversammlung wollten unbedingt die deutschen und böhmischen Länder des Kaiserreichs Österreich dabeihaben, also die sogenannte großdeutsche Lösung. Das aber wäre das Ende des Habsburger Reiches gewesen. Und so mussten sich die Demokraten schließlich mit der kleindeutschen Variante zufriedengeben, einem deutschen Reich unter Preußens Führung.

Die Revolutionäre, so viel allerdings steht fest, sind nicht allein an der Größe ihrer Aufgaben, sondern auch am fehlenden Rückhalt im Volk gescheitert: Die Deutschen waren zu bieder, zu brav, zu untertänig. Zweimal riefen badische Revolutionäre die Republik aus, dreimal zogen sie los, um die neue Zeit mit Waffengewalt zu erzwingen: Das Volk schaute stets nur zu – und verpasste die Revolution. Ein „stilles Plebiszit" gegen den Umsturz, wie der Historiker Dieter Langewiesche meint. „Viel Geschrei und wenig Wollen", lästerte der Dichter Theodor Fontane hinterher über seine revolutionsfaulen Landsleute.

Die deutschen 48er hatten den Aufstand auch keineswegs aus eigener Kraft in Bewegung gesetzt: Der revolutionäre Funke war aus Frankreich übergesprungen. Am 22. Februar 1848 hatten die Pariser begonnen, für eine Wahlrechtsreform zu demonstrieren. Zuerst hieß es nur „Es lebe die Reform", dann wurde daraus „Es lebe die Republik", und als die Soldaten auf die Demonstranten schossen, jagten die Pariser den „Bürgerkönig" Louis Philippe davon.

Für die regierenden deutschen Royalties war das ein schlechtes Zeichen. Aus Paris kam im 19. Jahrhundert schließlich alles, was später anderswo chic wurde: geschwungene Tischbeine, weiche Filzhüte und eben Revolutionen. „Der Satan ist wieder los", schimpfte Preußens Friedrich Wilhelm IV., als er von dem Pariser Aufstand erfuhr, und wollte am liebsten gleich in Frankreich einmarschieren.

Denkbar war das durchaus. Die drei europäischen Supermächte Österreich, Preußen und Russland hatten sich nach dem Sieg über

Napoleon 1815 zur „Heiligen Allianz" zusammengeschlossen. Und die war alles andere als heilig: Mit vereinten Kräften wurden all jene niedergehalten, die Freiheit wollten. Mal kartätschten die Russen rebellische Polen zusammen. Mal schickten Allianz-Mitglieder Truppen gegen aufständische Spanier. Auch die deutschen Kleinstaaten hielten sie fest im Griff. Wie später Stasi und KGB tauschten die Geheimpolizisten in St. Petersburg und Berlin Daten über Oppositionelle aus. Dazu zählte jeder, der für Deutschlands Einheit eintrat. Sogar der ultrakonservative „Turnvater" Friedrich Jahn – er hielt die Deutschen für ein „heiliges Volk" und ertüchtigte seine Jünger mit Gymnastik für große Taten – saß dafür jahrelang in preußischen Knästen. Der dichtende Professor Ernst Moritz Arndt („Das ganze Deutschland soll es sein") bekam 20 Jahre Berufsverbot.

Ein Heer von Zensoren sorgte in den Jahren vor der Revolution, im „Vormärz", dafür, dass kritische Zeilen nicht veröffentlicht wurden. Versammlungen und Demonstrationen waren strengstens verboten, selbst das Rauchen in der Öffentlichkeit stand unter Strafe. Der preußische König behandle sein Volk „wie eine Herde kleiner Kinder", schimpfte der liberale Arzt Rudolf Virchow.

Der Erfinder dieses repressiven Systems war Österreichs Staatskanzler Fürst Klemens von Metternich. 27 Jahre lang leitete der verhasste Grande von seinem Amtssitz am Wiener Ballhausplatz die Politik des Habsburger Reichs. Dass er mit seinem Regime langfristig auf verlorenem Posten stand, ahnte Metternich schon selbst: „Die Zeit schreitet in Stürmen vorwärts, ihren ungestümen Gang gewaltsam aufhalten zu wollen wäre ein eitles Unternehmen."

Metternich spürte, wie das anbrechende Industriezeitalter die feudale Gesellschaft auflöste: Aus Landleuten wurden Städter, aus Knechten Proletarier, aus manchem findigen Handwerker ein schwerreicher Industrieller. „Alles hatte sich von Grund aus geändert", beobachtete Theodor Fontane, der damals sein Geld in einer Berliner Apotheke verdiente und seine Kammer mit zwei anderen Männern teilen musste („wie ein Salzhering in der Tonne"). In nur 100 Jahren hatte sich Europas Bevölkerung verdoppelt, die Felder gaben gerade genug her, um die Landbewohner zu versorgen.

Dazu zählten damals noch mehr als zwei Drittel aller Deutschen. In Schlesien revoltierten die Weber 1844 und reimten verbittert: „Was kümmert's euch, ob arme Leut, Kartoffeln satt könn' essen, wenn ihr nur könnt, zu jeder Zeit, den besten Braten fressen." Auch die gerade erst errichteten Fabriken in den Städten gerieten 1847 in eine erste Absatzkrise. Lokomotivenfabrikant Borsig entließ in Berlin jeden dritten Arbeiter. Zwei deutschen Journalisten im belgischen Exil, Karl Marx und Friedrich Engels, passte die Krise des heraufziehenden Kapitalismus ins Konzept. Sie glaubten an das nahe Ende der Herrschaft des Bürgertums, noch ehe sie überhaupt etabliert war. Für ihren politischen Verein, den Bund der Kommunisten, schrieben sie ein Programm zwecks Vorbereitung auf die proletarische Revolution: „Das Manifest der Kommunistischen Partei".

„Ein Gespenst geht um in Europa – das Gespenst des Kommunismus", prahlten die beiden in dem erstmals im Februar 1848 veröffentlichten Pamphlet. Der Bund der Kommunisten besaß lediglich ein paar Dutzend Mitglieder. Die wirkliche Gefahr für die Fürstenherrschaft ging nicht von den Arbeitern aus, sondern vom aufbegehrenden Bürgertum.

Einen Tag brauchte die Kunde von der Pariser Revolution, um nach Deutschland zu gelangen. Dann ging es los, zuerst in Karlsruhe, der Hauptstadt des Großherzogtums Baden. Dort saß Friedrich Hecker, der Führer der Oppositionellen, mit Freunden am Abend des 26. Februar 1848 im Gasthaus Pariser Hof, „den Gang des politischen Lebens besprechend". Für den idealistisch gesinnten Rechtsanwalt war es nun „an der Zeit, die Forderungen des Volkes aufzustellen".

Gemeinsam mit seinem Freund, dem Anwalt und Publizisten Gustav von Struve, verfasste er eine Petition für „Wohlstand, Bildung und Freiheit für Alle". Wichtigste Punkte: Pressefreiheit, Volksbewaffnung und ein Parlament für das ganze Deutschland. Am 1. März 1848 demonstrierten 20 000 Menschen in Karlsruhe für die Märzforderungen, wie die Ziele der Petition fortan genannt wurden.

Viele der Demonstranten waren mit der neuen Eisenbahn in die badische Residenzstadt gekommen. Vergebens hatte der besorgte preußische Gesandte in Karlsruhe vorgeschlagen, die Züge aus

„Es lebe die Republik"

Friedrich Wilhelm IV. (anonymes Porträt um 1855)

Mannheim und Heidelberg einfach auf halber Strecke halten zu lassen. Badens Großherzog Leopold setzte lieber auf Kompromiss: Er wechselte seine Regierung aus, versprach die Erfüllung aller Forderungen und betrank sich heimlich in seinem Schloss. Auch die meisten anderen Majestäten der Klein- und Mittelstaaten zeigten sich ziemlich kleinlaut und sagten zu, was immer die demonstrierenden Massen forderten. Noch allzu gut hatten die Fürsten das Ende der französischen Majestäten unter der Guillotine in Erinnerung. Den Erfolg, erkannte Revolutionsführer Hecker, verdanke man „nicht den Anstrengungen des eigenen Volkes, sondern den Leichen der Franzosen".

In Berlin hatte König Friedrich Wilhelm IV. zunächst gleichfalls nachgegeben und eine Verfassung versprochen. Zweimal zeigte er sich am 18. März der begeisterten Menge vor dem Schloss. Doch dann ließ der Kommandeur der Gardetruppen, General von Prittwitz, den Platz mit blankem Säbel räumen. Schließlich schossen zwei Soldaten, angeblich aus Versehen: „Auf uns, auf ganz reputierliche Leute, die grüßen, wenn eine Prinzessin vorbeifährt, und die prompt ihre Steuern bezahlen!", empörte sich der Apotheker, bei dem Fontane damals logierte.

Bis zu 10 000 Bürger, so schätzt der Berliner Historiker Rüdiger Hachtmann, errichteten nun Barrikaden. Auch Fontane war dabei, er stürmte mit der Menge das Königstädter Theater und bewaffnete sich mit einem verrosteten Karabiner aus der Requisitenkammer. Der stammte aus dem beliebten Lustspiel „Sieben Mädchen in Uniform".

Die Bewaffnung der Aufständischen war dürftig: In ihre beiden Messing-Kanonen füllten sie mit Murmeln gefüllte Strümpfe. In der ganzen Innenstadt wurde geschossen und gefochten. Doch das Militär musste sich am Ende zurückhalten: Von den fast 1000 Barrikaden eroberten die Soldaten nicht einmal jede zehnte; für den Straßenkampf gegen das eigene Volk, das spürten die preußischen Generäle, waren Dragoner und Husaren ungeeignet. Zermürbt befahl Friedrich Wilhelm IV. in der Nacht, die Truppen aus der Stadt abzuziehen, schickte seinen General von Prittwitz mit einem „überaus gnädigen Gute Nacht" ins Bett und schrieb einen Aufruf „An meine lieben Berliner".

"Es lebe die Republik"

Die waren allerdings nur schwer zu besänftigen. Am nächsten Morgen bahrten sie ihre Toten demonstrativ im Schlosshof auf. Als der König herauskam, brüllte die Menge „Hut ab". Totenbleich zog der Regent seine Feldmütze, dann wollte er sprechen, doch die Berliner sangen ihn nieder, mit „Jesus meine Zuversicht". „Nun fehlt bloß noch die Guillotine", jammerte Friedrich Wilhelms Gattin Elisabeth.

„Die Forderungen sind alle bewilligt", versuchte der junge Fürst Lichnowsky die Berliner zu beschwichtigen, als sie ins Schloss eindringen wollten. „Ooch det Roochen?" „Ja, auch das Rauchen", „Ooch im Dierjarten?" „Ja, auch im Tiergarten darf geraucht werden, meine Herren." Da schlug die Stimmung um, und die Menschen gingen friedlich nach Hause. Nie zuvor hatte ein deutscher Monarch eine so tiefe Demütigung erlebt wie Friedrich Wil-

Die Revolution erreicht Berlin: Kämpfe am Alexanderplatz in der Nacht vom 18. auf den 19. März 1848

helm IV. auf seinem Schlosshof. Sein Bruder Wilhelm, der die Aufständischen niederschießen wollte und deswegen als „Kartätschenprinz" in die Geschichte einging, floh sogar nach London. Der 19. März war der große Siegestag der Aufständischen. Das reaktionäre Preußen schien in die Knie gezwungen. Er wolle, verkündete der Monarch nun auf einmal, „Deutschlands Freiheit" und „Deutschlands Einigkeit". Mit einer Armbinde in den Farben der Revolution, Schwarz-Rot-Gold, ritt der preußische König durch die Stadt. „Der Jubel", berichtete der österreichische Gesandte, „war unbeschreiblich."

Für seine Untertanen hatte der Monarch dennoch nur Verachtung übrig: „Das Volk ist mir zum Kotzen." Und wenig später schöpfte der Hohenzoller schon wieder Hoffnung: „Die Reichsfarben musste ich freiwillig aufstecken, um Alles zu retten. Ist der Wurf gelungen, so lege ich sie wieder ab", schrieb er an seinen Bruder Wilhelm. Der wankelmütige König hätte sich wahrscheinlich gebeugt, wenn die Revolutionäre nur standhaft geblieben wären.

Das wusste auch ein 32-jähriger Landadliger namens Otto von Bismarck. „Weichlichkeit, gedrängt durch weibliche Tränen", schimpfte er noch Jahrzehnte später über die Nachgiebigkeit des Monarchen. Im März 1848 hatte Bismarck kurzerhand angeboten, mit den Bauern des väterlichen Gutes Schönhausen nach Berlin zu marschieren, um die Revolution niederzuschlagen. General von Prittwitz lehnte ab: „Schicken Sie uns lieber Kartoffeln und Korn!"

Bismarck erwog sogar den Sturz Friedrich Wilhelms IV., um die Rebellion zu unterdrücken. Die eingeweihten Hohenzollernprinzen zogen jedoch nicht mit. Die Krone habe „selbst die Erde auf ihren Sarg geworfen", klagte der Junker vor dem Vereinigten Landtag und brach in Tränen aus.

Ohne triftigen Grund, wie sich bald herausstellte. Denn die erste große Chance zum Sieg der Revolution verstrich ungenutzt. Die Armee wurde nicht entwaffnet, kein Gutsbesitzer enteignet, kein Beamter entlassen, kein Komitee zur Auflösung der Geheimpolizei gebildet. Auch andernorts gaben sich die Revolutionäre damit zufrieden, dass die Potentaten Verfassungen in Aussicht stellten und liberale Oppositionelle zu „März-Ministern" ernannten. „Durch die Ernennung gewinne ich Zeit und vermeide blutige Szenen", freute sich Württembergs König Wilhelm I.

Anfang April beschlossen die 574 Männer des sogenannten Frankfurter Vorparlaments, Wahlen zu einer deutschen Nationalversammlung auszuschreiben und bis dahin alles Wichtige zu vertagen. Demokratisch legitimiert waren sie dazu nicht. Politisch bewegte Bürger, darunter bekannte Oppositionelle wie Heinrich von Gagern, Karl Mathy und Friedrich Christoph Dahlmann, hatten sich in einer eher zufälligen Auswahl nach Frankfurt aufgemacht. Statt für den Umsturz und eine echte Republik votierten die Vorparlamentarier für den Marsch durch die Institutionen. Der Antrag des radikalen Badeners Struve, das Volk zu bewaffnen, Adel und Beamtentum abzuschaffen und die Fürsten abzusetzen, kam gar nicht erst zur Abstimmung; Heckers Vorschlag, das Parlament als dauerhaftes Revolutionsorgan zu konstituieren, wurde mit 368 gegen 148 Stimmen abgewiesen.

Die Frankfurter Versammlung wolle „keine Republik, aber entschiedene Reform", berichtete der Mannheimer Unternehmer Friedrich Daniel Bassermann in einem Brief an seine Frau. Der führende Liberale umschrieb damit die Grenzen des bürgerlichen Forderungskatalogs: Ja zu Einheit und Freiheit, aber keinen Umsturz (und schon gar keine Umverteilung zwischen Arm und Reich).

Wieso sich den Zauderern im Vorparlament kaum jemand entgegenstellte und warum die Aufständischen nach ihrem Sieg in der Märzrevolution die Macht nicht an sich rissen – darüber rätseln die Historiker bis heute: Hatten sich die Deutschen zu sehr daran gewöhnt, dass Reformen – wenn überhaupt – in Deutschland immer nur von oben kamen? Oder waren sie noch nicht im Industriezeitalter angekommen? Hielten sie die politische Ordnung gar – wie einst im Mittelalter – für gottgewollt?

Den Einsatz von Gewalt gegen die Obrigkeit haben die Deutschen kaum je gewagt. Der Sinn für Ordnung ging selbst während der Berliner Barrikadenkämpfe nicht verloren. Man solle die Laternen nicht zerschlagen, sondern lieber den Gashahn zudrehen, mahnte einer der Rebellen seine Kameraden, die sich in der Dunkelheit verbergen wollten: „Wir müssen bezahlen, was zerstört ist."

Einige – immerhin – verweigerten sich der Reformpolitik des Vorparlaments. Es sei „an der Zeit, an die Stelle nutzloser Reden die Tat zu setzen", fand der Badener Hecker und rief am 12. April 1848 in Konstanz die Republik aus. Hecker wollte durchs Land ziehen, um massenhaft Mitstreiter anzuwerben – ein „Angriff gegen die Staatsordnung", protestierte das liberale badische Innenministerium. Mit nur 80 Getreuen zog Hecker schließlich los. Und mehr als 4000 Revolutionäre sollten es am Ende auch nicht sein. Es war, so der Historiker Langewiesche, „eine Abstimmung mit den Füßen gegen eine republikanische Revolution der Gewalt". Am 19. April stoppten württembergische und hessische Soldaten die erschöpften Freiheitskämpfer in Südbaden.

Zumindest auf den Straßen war die Stimmung revolutionär. Wilde Bärte suggerierten Mannesmut und Rebellenstolz, der verwegene Kalabreserhut ersetzte den Zylinder des Spießbürgers und der schwarze Leibrock die Militäruniform. Und es durfte heftig politisiert werden. 1848 wurde zum ersten Superwahljahr der deutschen Geschichte. In Preußen und Österreich fanden Wahlen zu verfassunggebenden Versammlungen statt. Am 1. Mai wurde im gesamten Deutschen Bund die Nationalversammlung gewählt. Die sollte in Frankfurt tagen, der alten Krönungsstadt der deutschen Kaiser.

Fleißig entwarfen die Deutschen Wahlprogramme und taten sich „für die Sache des deutschen Vaterlandes" in politischen Vereinen zusammen; Parteien gab es noch nicht. Vor dem Vaterlandsverein in Dresden forderte der Königlich-Sächsische Hofkapellmeister Richard Wagner „den Untergang auch des letzten Schimmers von Aristokratismus".

Gewählt wurde von Land zu Land verschieden: mal direkt, mal über Wahlmänner, in vielen Kleinstaaten durften nur Selbständige votieren, in Preußen und Österreich hingegen alle Berufsgruppen. Insgesamt waren etwa drei Viertel der volljährigen Männer zur Wahl zugelassen – so demokratisch ging es in keiner anderen Nation Europas zu. Das Wahlrecht für Frauen allerdings wurde nicht einmal erwogen.

Das Ergebnis war damals soziologisch so wenig repräsentativ wie in dem heute nach allgemeinem Wahlrecht gewählten Bundestag: 60 Prozent der Abgeordneten hatten Jura studiert und über die Hälfte als Beamte gearbeitet. Bauern fehlten fast völlig, die Arbeiter waren nicht vertreten. Aber: Das allgemeine Wahlrecht war in Grundzügen etabliert – sogar Bismarck musste es in seine Reichsverfassung von 1871 übernehmen.

Im ersten gesamtdeutschen Parlament saßen freilich mehr Dichter und Denker als in allen Volksvertretungen danach: der Dichter Ludwig Uhland, zum Beispiel, oder der Historiker Johann Gustav Droysen. Selbst der Märchensammler und Germanist Jacob Grimm legte für ein halbes Jahr seine Arbeiten am Deutschen Wörterbuch beiseite und eilte in die Paulskirche.

Das Frankfurter Gotteshaus hatten die Parlamentarier ausgewählt, weil der eigentlich vorgesehene Kaisersaal im Römer zu klein war. Doch Kirche und Staat sollten streng getrennt werden. Über dem Altar der Paulskirche hing während der Beratungen ein Vorhang, und die Orgel wurde von einem Gemälde verdeckt, das eine vollbusige Germania zeigte.

Das parlamentarische Procedere freilich musste erst noch erfunden werden. Es gab keine Geschäftsordnung, keine Parlamentsverwaltung, keine Assistenten, und die Diäten waren kümmerlich. Der Wortführer der Radikaldemokraten, Robert Blum, war bald so klamm, dass er seine Verlagsbuchhandlung in Leipzig einstellen musste.

Anfangs wussten die Abgeordneten nicht einmal, wo sie Platz nehmen sollten. Nach französischem Vorbild setzten sich schließlich links die Demokraten, in die Mitte die Liberalen und rechts die treuen Monarchisten. Vorn stand der Tisch des Parlamentspräsidenten Heinrich von Gagern.

Ihre Namen liehen sich die Fraktionen von den Gasthäusern, in denen die Abgeordneten logierten. Im „Donnersberg" zechte die revolutionäre Linke, im „Steinernen Haus" tagte die konservative Rechte, die Abgeordneten dazwischen verteilten sich auf zahlreiche andere Lokale.

Mit der Frankfurter Nationalversammlung, urteilt der münstersche Historiker Wilhelm Ribhegge, „begann die Geschichte der modernen politischen Parteien und des Parlamentarismus in Deutschland". Es begann damals auch die Geschichte der Demokraten-Hasser und Parlaments-Verächter. Bismarck schimpfte auf den „unermesslichen Wortschwall" der Abgeordneten. Und der Revolutionsdichter Georg Herwegh reimte frech: „Trotz aller Professoren, Im Parla- Parla- Parlament, Das Reden nimmt kein End!"

Zunächst wählten die Volksvertreter eine provisorische Zentralregierung, Erzherzog Johann von Österreich wurde zum Reichsverweser, einer Art Interimspräsident, ernannt. Dann stritten sie über Grundsatzfragen wie Erbkaisertum oder Wahlmonarchie, Standesprivilegien oder Gleichheitsgrundsatz, Groß- oder Kleindeutschland – am Ende, in der 196. Sitzung, beschloss die Frankfurter Nationalversammlung die modernste Verfassung Europas, mit allgemeinem Wahlrecht, Judenemanzipation und Rechtsstaatlichkeit. Auch die heutige Machtverteilung von Bundestag und Bundesrat war schon damals angelegt: Zwei Kammern sollte es geben, eine direkt gewählt, die andere von den Ländern beschickt. „Es wird kein Haupt über Deutschland leuchten, das nicht mit einem Tropfen demokratischen Öls gesalbt ist", schwärmte der Tübinger Poet Uhland.

Manche Parlamentarier tönten vom Rednerpult freilich schon wie die hässlichen Deutschen des 20. Jahrhunderts. „Ein Krieg mit Russland ist Lebensbedingung", meinte etwa Robert Blum. Dieser Kampf sei „die Luft für den Atem unserer Freiheit". Gerade die Linken wollten Europa mit Befreiungskriegen überziehen, wie es einst ihre Vorbilder, die Franzosen, nach der Revolution von 1789 getan hatten.

Als sich während des Zweiten Weltkriegs britische Historiker überlegten, wieso die Deutschen größenwahnsinnig geworden waren, dachten sie auch über die Revolutionshelden von damals nach. Die Frankfurter Paulskirche sei der fruchtbare Schoß des aggressiven deutschen Nationalismus gewesen und die Liberalen von 1848 gar „Vorläufer Hitlers", behauptete Lewis Namier 1944.

Doch der Nationalismus der Frankfurter Abgeordneten war bei allem Verbalradikalismus nicht auf militärische Eroberungen ausgerichtet. Und die Frankfurter Verfassung hätte die nationalen

Minderheiten trotz manch finsteren Geraunes wohl vorbildlich geschützt, wenn – ja wenn – sie je umgesetzt worden wäre. Dass daraus nichts wurde, hatten sich die Abgeordneten auch selbst zuzuschreiben. Denn als es darauf ankam, stellten sie Ruhe und Ordnung über alles.

Im Sommer 1848 bereiteten Hohenzollern und Habsburger in Preußen und Österreich den großen Gegenschlag vor. Die Monarchen antworteten „auf die halbe Revolution mit einer ganzen Konterrevolution", analysierte später Karl Marx. Erst schossen österreichische Truppen die aufständischen Tschechen nieder. Dann besiegte der 81-jährige Feldmarschall von Radetzky die rebellierenden Italiener bei Custozza. Kaiser Ferdinand I., der mit dem Hof nach Innsbruck geflohen war, fühlte sich wieder so sicher, dass er in die Wiener Hofburg zurückkehrte. Preußens Friedrich Wilhelm IV. weigerte sich einfach, den vaterländischen Krieg gegen Dänemark fortzusetzen, obwohl die Nationalversammlung die Heimholung des von den Dänen besetzten Schleswig zur Reichssache erklärt hatte.

Das Parlament nahm diesen Affront schließlich hin. Als daraufhin frustrierte Demonstranten am 18. September die Sitzung in der Paulskirche stürmen wollten, räumten preußische und österreichische Truppen rüde den Vorplatz der Kirche. Die wütende Menge – viele vermuteten schon lange hinter den andauernden Parlamentsdebatten Verrat an der Revolution – errichtete sofort mehr als 40 Barrikaden. Waffen besorgten sich die Aufständischen beim Bankier Flörsheim, der die Spieße und Hellebarden seiner Sammlung herausrücken musste. Als der Philosoph Arthur Schopenhauer aus dem Fenster seiner Frankfurter Wohnung schaute, sah er erstmals das Zeichen der Kommunisten: „die rote Fahne".

Der ehemalige Abgeordnete Ritter von Schmerling, inzwischen Innenminister der provisorischen Zentralregierung, gab das Feuer frei. Resultat: über 80 Tote auf beiden Seiten, darunter auch die Abgeordneten Fürst Lichnowsky und Hans von Auerswald. Die Edelleute hatten zunächst nur für die preußischen Truppen die Lage erkundet. Einige Arbeiter erkannten sie jedoch. Lichnowsky schoss sofort. Zuerst wurde Auerswald erschlagen, dann Lichnowsky selbst. „Vogelfrei" stand auf dem Pappschild, das an seiner Leiche baumelte.

Heckers Mitstreiter Struve, der das Gerücht gehört hatte, der Aufstand am Main sei erfolgreich gewesen, jubelte: „Triumph! Das Frankfurter Parlament ist entlarvt!" und rief in Lörrach am 21. September 1848 die Republik aus. Nun, im zweiten Versuch, sollte die Revolution endlich vollendet werden. Struve – Marx hielt ihn für „völlig unfähig" – wollte Adel und Kirche auf der Stelle enteignen, redete jeden nur noch mit „Bürger" an und setzte darauf, dass das Gute im Menschen siegen werde. Größeren Erfolg als Hecker hatte auch er nicht. Zwei Bataillone genügten der badischen Regierung, um Struves Freischärler auseinanderzutreiben. Die geflohenen Kampfgenossen wollten ihn später beinahe lynchen. Sie glaubten, er habe die gemeinsame Kasse geplündert. Struve floh nach Amerika.

Auf die Frankfurter Paulskirche konnten die Republikaner also nicht rechnen. Der „bewaffnete Aufruhr" habe die „Ehre Deutschlands befleckt", schimpften selbst linke Parlamentarier. Die Nationalversammlung sah im Druck von unten nur eine Bedrohung und machte damit einen schweren Fehler. Die genialen Verfassungsväter erwiesen sich als miserable Machtpolitiker. Sie hatten „mehr Angst vor der geringsten Volksbewegung als vor sämtlichen Komplotten sämtlicher deutscher Regierungen zusammengenommen", spottete Engels später.

Österreichs Kaiser Ferdinand I. ließ im Oktober mit Brachialgewalt in Wien für Ruhe sorgen. Der aus Frankfurt herbeigeeilte Blum, der den Aufständischen beistehen wollte und auch selbst zur Waffe griff („In Wien entscheidet sich das Schicksal Deutschlands"), wurde im Hotel verhaftet. Mit der standrechtlichen Erschießung Blums am 9. November begann die lange Tradition schicksalsschwerer deutscher Novembertage.

Mit seinen letzten Worten – „das Vaterland möge meiner eingedenk sein" – wurde Blum zum großen Märtyrer der Revolution. In Leipzig trauerten 10 000 Menschen auf einer Totenfeier um ihn. Die Paulskirchen-Versammlung forderte die Bestrafung der Schuldigen, konnte ihnen jedoch nicht beikommen.

Friedrich Wilhelm IV. machte es dem Wiener Kollegen nach. „Gegen Demokraten helfen nur Soldaten", fand der Preußenkönig, gab seinen Truppen Geld und Bier, holte sie von Potsdam nach

Berlin und verhängte den Belagerungszustand. Nur das öffentliche Rauchen blieb erlaubt. „Nun bin ich wieder ehrlich", freute sich der Monarch.

Als General von Wrangel mit 15 000 Mann der Gardetruppen am 10. November an den Berliner Stadttoren aufmarschierte, fragte der Führer der Bürgerwehr: „Wenn ich nun Gewalt gebrauche, werden Sie dann wieder Gewalt gebrauchen?" „Na, das sehen Sie ja." „Nun gut", erwiderte der brave Mann, „so weiche ich der Gewalt", und ließ die Soldaten ungehindert einmarschieren. Die waren erstaunt, wie leicht das ging. Sogar die bewaffneten Arbeiter bei Borsig rückten ihre Gewehre sofort heraus, als ihnen der Chef mit Entlassung drohte.

Immerhin, kaum saß er wieder fest im Sattel, verordnete Friedrich Wilhelm IV. seinen Preußen eine Verfassung. Die garantierte zwar einige Grundrechte, aber sie kam von oben, von Gottes Gnaden – das machte den Unterschied. „Revolutionen", stellte Bismarck später fest, „machen in Preußen nur die Könige."

Als sei in Wien und Berlin nichts geschehen, debattierten die Frankfurter Abgeordneten den ganzen Winter darüber, ob sie nun den österreichischen Kaiser oder lieber den preußischen König zum Oberhaupt Deutschlands ausrufen sollten.

Die Frage war hypothetisch. Ferdinand I. winkte schon vorher ab. Er hätte für ein Großdeutschland auf die ungarischen und italienischen Teile seines Reiches verzichten müssen. Und Friedrich Wilhelm IV. wollte die Frankfurter Krone auch nicht haben. „Schweinekrone" schimpfte er, an ihr hafte „der Ludergeruch der Revolution" – und fertigte die Kaiserdeputation, geführt vom Liberalen Eduard Simson, rüde ab. Simson führte auch 1870 die Kaiserdeputation, die dem Preußen-König Wilhelm I., dem „Kartätschenprinzen" von 1848, die Krone anbot.

Kaum ein Trost für die Deutschen, dass auch die Franzosen mit ihrer Revolte nicht glücklich wurden. Sie warfen sich schnell dem Parvenu-Autokraten Louis Napoleon Bonaparte in die Arme, der sie in die Katastrophe des Krieges von 1870/71 führte.

Erst nach der Absage Friedrich Wilhelms im April 1849, viel zu spät, wurden die deutschen Paulskirchen-Parlamentarier rebellisch und wandten sich an das Volk. Das sollte nun die von der

Paulskirche beschlossene Verfassung zu „Anerkennung und Geltung bringen". In Dresden baute Architekt Gottfried Semper sofort Barrikaden. Sein Künstlerkollege Richard Wagner schob Wache auf dem Turm der Kreuzkirche. In Baden gab es nun schon den dritten Aufstand.

Doch gegen die preußischen Truppen, mit der Eisenbahn auf Wunsch des Königs von Sachsen und des Großherzogs von Baden herbeigebracht, waren die Rebellen in Dresden und Karlsruhe chancenlos. Die Frankfurter Parlamentarier, die größtenteils ins liberale Stuttgart geflohen waren und dort als Rumpfparlament in einer Reitschule tagten, trieb die württembergische Kavallerie auseinander. Am 23. Juli 1849 fiel die letzte Bastion der Revolution, die Festung Rastatt. Einer der Rebellen machte Karriere: Der geflohene Revolutionsleutnant Carl Schurz brachte es 1877 zum Innenminister der USA.

Badens Frauen sangen ihre Babys mit einem Protestlied in den Schlaf: „Mein Kind, schlaf leis! Dort draußen geht der Preuß. Deinen Vater hat er umgebracht, Deine Mutter hat er arm gemacht. Und wer nicht schläft in stiller Ruh, Dem drückt der Preuß die Augen zu."

Treibende Kraft

Innerhalb weniger Jahrzehnte wandelte sich das Agrarland Preußen zu einer führenden europäischen Industrienation. Der wirtschaftliche Aufstieg ging einher mit mehr Freiheit für den Einzelnen.

Von Wolfram Bickerich

Preußen, Mitte des 19. Jahrhunderts. Ein Land im Umbruch, ein Königreich mitten im gesellschaftlichen Sturm und Drang. Es ist die hohe Zeit von Erfindern und Unternehmern, von Reformern und Sozialrevolutionären, Großmachtträumen und Deutschtümeleien. Erst wenige Jahre zuvor sind die kleinen Bauern aus ihrer Jahrhunderte währenden Unfreiheit dem Gutsherrn gegenüber entlassen worden. Kinderarbeit gilt seit 1839 als gesetzlich abgeschafft. In Ratingen bei Düsseldorf installiert der Elberfelder Kaufmann Brügelmann den ersten vollmechanisierten Webstuhl, gebaut nach englischem Vorbild.

Im preußischen Schlesien und im preußischen Ruhrgebiet beginnt der industrielle Abbau von Kohle, mit deren Hilfe Eisenerze zu Stahl verarbeitet werden. Die erste schnaufende Eisenbahn verkehrt seit 1835 zwischen Nürnberg und Fürth. Der Nationalökonom Friedrich List skizziert zwei Jahre vorher ein Eisenbahnnetz für das noch gar nicht existierende Deutsche Reich; es wird in atemberaubendem Tempo realisiert.

Im Stadtschloss zu Berlin beraten in jenen Jahren Seine Majestät und sein zuständiger Generalpostmeister Karl von Nagler das Thema, ob denn der Bau dieser neuartigen Eisenbahn auch auf einer Strecke zwischen den Residenzen Potsdam und Berlin nötig sei. Der Beamte argumentiert konservativ: Schon das bestehende Nahverkehrsangebot rentiere sich nicht, die sechssitzige fahrplanmäßige Postkutsche sei meist halbleer. Der König gibt sich fortschrittlich. Natürlich geschieht sein Wille: Der „Potsdamer Bahnhof" entsteht.

Diese erste – seine – Strecke in Preußen geht 1838 in Betrieb. Nur zwölf Jahre später ist das Eisenbahnnetz schon auf eine Länge von 2967 Kilometer gewachsen – ein Erfolg aus Eisen und Stahl, der Handel, Industrie und Gesellschaft revolutioniert.

Die Metropole Berlin hat damals schon 400 000 Einwohner, darunter viele Soldaten oder Beamte. Das Preußen der Oberschicht. Nur eine Generation später, 1877, ist Berlin Millionenstadt, viertgrößte Stadt Europas, Zentrum von Industrie und Verwaltung.

Den meisten anderen Preußen, den einfachen Leuten – die nur selten in den Geschichtsbüchern stehen – geht es zu Beginn der später sogenannten Gründerzeit dagegen noch eher schlecht, etwa den Handwerkern. Neuartige Maschinen und neue Produktionsweisen in den Manufakturen haben ihnen den erlernten Beruf genommen, neue Vertriebswege die städtische Kundschaft geraubt.

Im Jahr 1842 öffnet das erste Konfektionshaus für Textilien in Berlin – mit rauschendem Erfolg: Zehn Jahre später beschäftigt das Unternehmen in eigener Werkstatt über 120 Arbeiterinnen und als Lieferanten 150 Meisterbetriebe mit jeweils zehn Gesellen.

Doch das althergebrachte Handwerk, seit Jahrhunderten in Zünften streng reglementiert, wandelt sich. Ganze Branchen sterben aus. Viele traditionelle Berufe leben seitdem fast nur noch in Familiennamen weiter, etwa Drechsler, Böttcher, Seiler, Sattler oder Wagner.

Das durchschnittliche Einkommen eines solchen Handwerkers in Preußen betrug 1866, also noch vor der eigentlichen Gründerzeit, nach einer Berechnung des Sozialhistorikers Hans-Ulrich Wehler 434 Mark – im Jahr. Während der folgenden sieben fetten Jahre des Gründer-Booms legten die statistischen Arbeitslöhne um erstaunliche 43 Prozent oder 186 Mark zu.

Es sind die Preußen aus Überzeugung, die in wenigen Jahren das Land mit unbändigem Erfindergeist und Reformeifer voranbringen. Einer von ihnen wird nach der Schulzeit in Lübeck 1838 Artillerie-Leutnant in Preußens Armee, an der er – schreibt er später in seinen Erinnerungen – „die rücksichtslose Grobheit auf kameradschaftlicher Grundlage" schätzt. Sein Name: Werner Siemens (1816 bis 1892), geadelt 1888, ein „Ingenieur-Offizier", der mit Erfindergeist, kaufmännischem Geschick und staatlichmilitärischer Hilfe einen Weltkonzern begründet.

Er beschließt an seinem 30. Geburtstag, „eine feste Laufbahn durch die Telegrafie zu bilden". Auf diesem Wege konstruiert er den elektrischen Telegrafen, der die Kommunikation bei der Eisenbahn (und der Armee) weit über die störanfällige optische Telegrafie hinaus voranbringt. Er lässt die ersten Tiefseekabel nach Amerika verlegen. Er stellt 1879 auf der Berliner Gewerbeausstellung die erste elektrische Straßenbahn vor, die wenig später durch den Vorort Lichterfelde rumpelt. Er plant und entwirft die öffentliche Beleuchtung für den Potsdamer Platz. Er entwickelt den dampfmaschinengetriebenen Dynamo und spürt dessen Bedeutung für Fortschritt und Gesellschaft: „Die Effekte müssen bei richtiger Konstruktion kolossal werden", schreibt er seinem Bruder Wilhelm. Ein weiterer Bruder, Friedrich, meldet 1856 ein Patent auf das nach ihm benannte Siemens-Martin-Verfahren zur Stahlerzeugung an.

Auch ein anderer preußischer Unternehmer erkennt die Chancen der von Siemens so forcierten Elektrotechnik: Das flächendeckende Angebot von Strom „muss schließlich der mächtigste Hebel werden zur Aufhebung des Gegensatzes von Stadt und Land", schreibt der Barmer Fabrikant Friedrich Engels 1883 an den Sozialdemokraten Eduard Bernstein.

Dem liberalen Siemens geht es mehr um Technik als um Klassenkampf. Er, der Erfindungen sammelte wie andere Schmetterlinge, kämpft nachdrücklich für Patentschutz und initiiert später die erste Physikalisch-Technische Reichsanstalt.

Gemeinsam mit Emil Rathenau, dem Gründer und Chef der Allgemeinen Elektricitäts-Gesellschaft (AEG) – dem Vater des späteren Außenministers Walther – teilt er den neuentstehenden Strommarkt auf: Die AEG baut und liefert die Glühbirnen, Siemens alles andere vom Trafo bis zum Generator. In einem neuen Stadtteil Berlins, der Siemensstadt, leben und arbeiten seine Arbeiter und Angestellten, deren Zahl sich ständig mehrt: 1887 waren es 3000, 20 Jahre später sind es 42 900 Beschäftigte. Zu seinem Geschäftserfolg trägt bei, dass sein Mitstreiter und Neffe Georg 1870 Direktor der neugegründeten Deutschen Bank wird. Beide helfen mit, dass Siemens die ersten Berliner Hoch- und U-Bahn-Strecken bauen kann.

Der unermüdliche Siemens ist einer der Väter der industriellen Revolution, die das Agrarland Preußen in einem halben Jahrhundert an die Spitze der europäischen Industrienationen führt. Der Fortschritt, in Gestalt der Dampfmaschine und der Mechanisierung der Textilproduktion, war aus England auf den Kontinent gedrungen und fügte sich nahtlos in eine atemberaubende Veränderung aller gesellschaftlichen Bereiche.

Denn er war untrennbar verknüpft mit einem Mehr an bürgerlichen Freiheiten für den Einzelnen: Kleinbauern waren dem Willen des Gutsherrn nicht mehr untertan; sie konnten beispielsweise ohne dessen Zustimmung heiraten. Die Niederlassungsfreiheit machte erst die Landflucht möglich. Die 1810 verfügte Gewerbefreiheit, die jedem Arbeit oder Beruf nach seiner Fasson ermöglichen und ihn von Regeln und Fesseln der mittelalterlichen Zunftordnungen befreien sollte, bleibt sogar in manchen Relikten bis heute umstritten – Privilegien sind selbst innerhalb eines vereinten Europa so zäh wie etwa das deutsche Gebietsmonopol für Bezirksschornsteinfeger. Nur heißen die Zünfte heutzutage Handwerkskammern, ihr Schutzzaun Meisterbrief oder Ausbildungsordnung.

Auch vor 200 Jahren kam die Liberalisierung der Gesellschaft nicht an einem Tag und schon gar nicht über Nacht. Vehement wüteten Betroffene und Lobbyisten gegen die neue Konkurrenz an; und manch passiver Widerstand mutet an wie aus heutigen Tagen: Die eingesessenen Innungen stellten keinen Gesellen ein, der seine Lehrzeit bei „unzünftigen" Berufskollegen absolviert hatte. Ein „Handwerkerparlament" forderte 1848 in Frankfurt „im Namen Millionen Unglücklicher" die Rückkehr zu den alten Regeln.

Das preußische Gesetz von 1839, das die Beschäftigung von Kindern unter 9 Jahren in Fabriken und im Bergbau (also nicht deren Heimarbeit) verbot und für ältere (bis 16) die tägliche Arbeitszeit auf zehn Stunden begrenzte, wurde in der Praxis nicht beachtet: Denn die Arbeiter, deren Kinder im gleichen Betrieb arbeiteten, sahen in der Kinderschutzgesetzgebung eine Verletzung ihrer Elternrechte. Erst nach 1853 griff der Staat in Arbeitsverhältnisse ein: Behördliche Inspektoren sorgten für Kontrollen gegen Kinderarbeit in den Unternehmen, ein Gesetz (von 1849) verbot es den Unternehmern, Arbeitslohn statt in bar in Naturalien auszuzahlen.

So wurde, schwärmte der Wirtschaftshistoriker Josef Kulischer schon 1928, „das halbe Jahrhundert von 1815 bis 1866 eine ruhige Zeit, wo die Völker das Schwert abgelegt und sich der friedlichen Arbeit gewidmet hatten, dem Austausch von Menschen und Waren". Es ist die Frühphase des Hochkapitalismus, in der – so Werner Sombart – „die gesamte Leitung im Wirtschaftsleben auf die Unternehmer übergeht, die einzige treibende Kraft".

Tatsächlich sind es Wagemutige wie Friedrich Krupp, dessen Firma 1826 auf seine Frau und den später sehr erfolgreichen damals 14-jährigen Sohn Alfred übergeht, Siemens oder der Berliner Zimmerer und spätere Lokomotivbauer August Borsig (1804 bis 1854) die Preußen dem Industriezeitalter näherbringen. Der Branchenführer Borsig lieferte 1854 schon seine 500. Lok; vier Jahre später wurde bereits die 1000. Zugmaschine produziert. 39 Prozent gingen in den Export. Die Zahl der Beschäftigten stieg stetig über 4000 (1887) auf 10 000 20 Jahre später. Eine Höchstkonjunktur

Die Maschinenfabrik von August Borsig in Berlin wurde zur größten Lokomotivenfabrik Europas (Ölgemälde von Eduard Biermann, 1847)

im Transportwesen: Um 1870 wurden jährlich etwa 30 000 Güter- und Personenwaggons hergestellt.

Das 19. Jahrhundert gilt Ökonomen und Soziologen als Lehrbeispiel für gesamtgesellschaftliche Zusammenhänge und Nährboden für das heutige Wirtschaftssystem. Da Seuchen oder größere Kriege fehlten, nahm die Bevölkerung stark zu – grob gerechnet um ein Prozent im Jahr. Die neuen Einwohner brauchten erst Kleidung und Nahrung, dann Arbeit und Wohnung; der wachsende Bedarf wurde folgerichtig durch eine Intensivierung der Textil- und Lebensmittelproduktion gedeckt. In der Landwirtschaft etwa gab es bessere Werkzeuge, erste künstliche Düngemittel, die den Ernteertrag steigerten, und verbesserte Pflanzen. Statistiker fanden später heraus, dass die Viehzucht in Preußen in der ersten Hälfte des 19. Jahrhunderts mit 42 Prozent fast so stark wuchs wie die Bevölkerung (44 Prozent). Auch in der Textilbranche galt nun deutlich das Gesetz von Angebot und Nachfrage: Als im 18. Jahrhundert Garn und Spinner knapp waren, wurden Spinnmaschinen erfunden. Danach fehlte es an Webern, so lange, bis ein einziger Webstuhl die Arbeit von 40 dieser Handwerker übernahm.

Und dass technischer, wirtschaftlicher, gesellschaftlicher Fortschritt ihren Preis haben, lernten schlesische Weber 1844, wenn auch wider Willen, als frühe Opfer der Globalisierung: Die ausländische, besser ausgestattete Konkurrenz war so stark geworden und damit ihre eigene Arbeit so teuer, dass die Aufträge ausblieben. Den Aufstand von 3000 Berufskollegen gegen die sozialen Verhältnisse, die armseligen Löhne und den Hunger schlug das preußische Militär nach drei Tagen blutig nieder. Gerhart Hauptmann schuf 50 Jahre später deswegen ein neues dramatisches Genre, das Sozialdrama; und von London aus beobachtete der Emigrant Karl Marx das Geschehen in (England und) Preußen mit ideologischer Schärfe und bittern Anklagen.

Die gesellschaftliche Umwälzung erforderte nicht nur soziale Konsequenzen wie faire Beziehungen zwischen Arbeitgebern und Arbeitnehmern. Es ging auch um höchst alltägliche Notwendigkeiten wie den Beginn einer kommunalen Grundversorgung. Die Mechanisierung vieler gewerblicher Arbeitsplätze erforderte den Zuzug in Fabriknähe, also in die Städte, während einfache Verrichtungen – spinnen, weben, nähen, schneidern – auch in Heimarbeit (und auch von Kindern) erledigt werden konnten. Die Städte mussten ihre Anziehungskraft mit eigenen Maßnahmen meistern und die Versorgung ihrer Bürger sichern. Preußen etwa schuf mit dem Fluchtlinien- und dem Enteignungsgesetz Hilfen für die Stadtplanung, die teilweise bis zum Bundesbaugesetz 1960 Bestand hatten.

Für den wachsenden Handelsaustausch mussten Straßen verbessert, Eisenbahnen gebaut, Nahverkehrssysteme in den Städten geplant werden. Ein Gesetz von 1870 ließ den Gründerrausch über das ganze Land schwappen: Die Gründung von Aktiengesellschaften war fortan nicht mehr von obrigkeitlichen Genehmigungen abhängig. Neue Zukunftsbranchen wie die Elektro- und die Chemieindustrie konnten nun ihren Kapitalbedarf decken. Schon im folgenden Jahrzehnt beherrschten die deutschen Chemieproduzenten wie BASF, Bayer oder Hoechst – die spätere IG Farben – den Weltmarkt für Farbstoffe mit einem Anteil von 50 Prozent, den sie bis zur Jahrhundertwende auf 90 Prozent steigerten. Ihr Erfolg begann mit synthetischen Farbstoffen für die Textilwirtschaft und setzte sich bald mit pharmazeutischen Produkten fort.

Die kaum gebremste Dynamik des wirtschaftlichen Aufschwungs verschaffte Preußen zugleich politische Macht – erst innerhalb der zersplitterten deutschen Länder, dann innerhalb Europas: Es wurde, nach Einschätzung des Historikers Karl Erich Born, zur drittgrößten Industrie- und Wirtschaftsmacht Europas hinter Großbritannien und Frankreich. Mit dem Sieg im Deutsch-Französischen Krieg von 1870/71 und mit Hilfe der von Frankreich bezahlten Reparationen über fünf Milliarden Francs verschaffte es sich die nötigen Mittel, den Übergang zum neuproklamierten Deutschen Reich zu finanzieren.

Innerhalb weniger Generationen war die traditionelle Agrar- und Feudalgesellschaft in Preußen abgeschafft und durch einen Prozess ersetzt, der auf Marktwirtschaft ausgerichtet war – mit immer neuen sozialen Herausforderungen, aber den offensichtlich größten ökonomischen Chancen.

Morsche Macht

Die preußischen Junker gelten als Inkarnation von Militarismus und Untertanengeist. Neue Forschungen relativieren das Bild von den borniert en Chauvinisten.

Von Jan Friedmann

Otto von Bismarck wusste mit 19 Jahren schon recht genau, was er vom weiteren Leben erwarten durfte: Zunächst, so schrieb der junge Adlige im Frühjahr 1834 an einen Schulfreund, werde er sich „einige Jahre mit der rekrutendressierenden Fuchtelklinge amüsieren". Nach der Militärzeit werde er „ein Weib nehmen", einige „Kinder zeugen" und auf dem väterlichen Gut „das Land bauen".

Wenn der Freund in zehn Jahren zu Besuch komme, um sich „bei der „Hetzjagd den Hals zu brechen", werde er einen fettgemästeten schnurrbärtigen Gutsherrn antreffen, der „einen gerechten Abscheu vor Juden und Franzosen hegt und Hunde und Bedienstete auf das Brutalste prügelt, wenn er von seiner Frau tyrannisiert worden". Zu des Königs Geburtstag werde er sich besaufen, „,Vivat' schreien" und ansonsten über Pferde fachsimpeln.

Mit seinem Ausblick in die eigene Zukunft lag der spätere Reichskanzler daneben. Doch was Bismarck noch als ironische Karikatur des eigenen Milieus formulierte, sollte sich später zum historischen Urteil verfestigen: Die Junker gelten als chauvinistisch, borniert, uniformversessen und demokratiefeindlich – mithin als Verkörperung alles Negativen in der deutschen Geschichte. Mehr noch: Sie verhinderten, so die vorherrschende Interpretation, dass Deutschland den westlichen Normalpfad zu Demokratie und Marktwirtschaft einschlagen konnte. Sie standen gewissermaßen Spalier am deutschen Sonderweg, der in die Katastrophe des Nationalsozialismus mündete. Kaum eine gesellschaftliche Gruppe wird von den Nachkommen ähnlich negativ bewertet wie die Junker.

Einige jüngere Forschungen lassen die historische Rolle der adligen Großgrundbesitzer in den preußischen Provinzen Sachsen,

Morsche Macht

Brandenburg, Schlesien, Pommern, Posen, West- und Ostpreußen hingegen in einem milderen Licht erscheinen. Von einer Rehabilitierung sind die ungeliebten Barone noch weit entfernt. Doch die „schwarze Legende von der Tyrannei der Junker", wie sie der in Cambridge lehrende australische Historiker Christopher Clark nennt, wird auf den Prüfstand gestellt.

Clark kritisiert, dass die Geschichte der Ostelbier bislang immer von ihrem Ende her erzählt wurde: Demnach haben die späteren Steigbügelhalter Hitlers den Deutschen jenen fatalen Untertanengeist eingeimpft, der sie für die Verführungen der Nationalsozialisten empfänglich machte. Diese Verteufelung entspringt indes der frühen Bundesrepublik. Damals dienten die Junker als willkommene Sündenböcke: Als Inkarnation Preußens konnten den Landadligen alle Traditionen zugeschoben werden, mit denen man brechen wollte. Umso vorbildlicher strahlte im Kontrast die Geschichte des katholischen westdeutschen Bürgertums, das nun die Politik dominierte. Für Bundeskanzler Konrad Adenauer begann am Ostufer der Elbe bereits die „asiatische Steppe".

Tatsächlich lebten dort weder allmächtige Mini-Autokraten und Bauernfresser, noch konnten die gefürchteten Junker einen ganzen Staat – Preußen – für ihre Zwecke kapern. Manche Sozial- und Agrarhistoriker zeichnen im Gegenteil das Bild einer fragilen Herrschaft, die sich in einem schwierigen Umfeld behaupten musste.

Dorfbewohner und Gutsbesitzer waren, so formuliert es der amerikanische Historiker William Hagen, zusammengebunden wie „Eheleute in einer krisengeschüttelten, aber doch unlösbaren Gemeinschaft". Wer wen beherrschte, war nicht immer eindeutig: Die Bauern zeigten sich robust in der Durchsetzung ihrer Interessen; weit vor dem Ende der preußischen Monarchie 1918 mussten die Landadligen Macht abgeben, wie der in Halle lehrende Geschichtswissenschaftler Patrick Wagner am Beispiel der regionalen Behörden belegt.

Die Geschichte der Junker reicht zurück ins Mittelalter. Als Fürsten und Ordensritter Elbe und Saale überschritten, um den Slawen das Christentum zu bringen, wurden sie von Ministerialen und Militärführern begleitet. Diese Getreuen wurden für ihre Dienste bei der Kolonisation mit Land belehnt. Das Wort „Junker" leitet sich aus dem mittelhochdeutschen „Jungcherre", junger Herr, ab, denn es waren häufig die besitzlosen zweitgeborenen oder jüngeren Söhne, die sich auf das Abenteuer im Osten einließen. Das Land war spärlich besiedelt, die Böden karg, die Siedler versuchten ihr Glück, indem sie bisher brachliegende Wüstungen in Besitz nahmen. Im Jahr 1412 stellten die Kolonisten eine folgenreiche Forderung an den Hochmeister des Deutschen Ordens: Bauern sollten künftig nur noch mit Erlaubnis ihres Herrn die Scholle verlassen dürfen. Diese Regelung wurde in der Landesordnung von 1445 festgeschrieben und 1494 verschärft: Danach musste ein entlaufener Bauer seinem Gutsherrn ausgehändigt werden, dieser war berechtigt, ihn aufhängen zu lassen. Flüchtiges Gesinde sollte zur Strafe mit einem Ohr am Schandpfahl festgenagelt werden.

Fortan durchzog eine unsichtbare Grenzlinie der Agrarordnungen das Heilige Römische Reich Deutscher Nation: Im Westen herrschte die Grundherrschaft, im Osten die Gutsherrschaft. Während hier der formell meist unabhängige Bauer Zahlungen an die Grundherrn zu leisten hatte, schuldete dort der abhängige Bauer seinem Besitzer die eigene Arbeitskraft.

Die ostelbischen Rittergüter entwickelten sich zu einem eigenen Herrschaftsraum, sie bildeten quasi einen Staat im preußischen Staate. Der Gutsherr war alles in Personalunion: Arbeitgeber, Grundeigentümer, dazu Gerichtsherr und oberster Polizist. Die Junker entschieden, welche Tiere ihre Bauern zu halten und welche Früchte sie anzubauen hatten. Sie entschieden, was die Bauern lernten und wen sie ehelichten. So durften beispielsweise in Pommern Bauernmädchen nur mit Erlaubnis des Herrn in ein anderes Gut heiraten. Wenn dieser ablehnte, so heißt es in einer Beschwerde, musste das Mädchen „aus Caprice der Herrschaft unverheiratet bleiben, bis in demselben Dorfe sich ein Liebhaber" fand.

In der Praxis konnten die Gutsherren ihre Machtfülle selten ausnutzen, argumentiert Hagen am Beispiel von Stavenow, einer Gutsherrschaft in der Prignitz nahe Perleberg. Häufig half die gutsherrliche Rechtsprechung den Untertanen sogar zu ihrem Recht, etwa in den 24 Fällen, in denen die Stavenower uneheliche Schwangerschaften verhandelten. Die Ermittlung des Kindsvaters kam meist auf Druck des Dorfes in Gang, das Gericht sprach der

Mutter in einigen Fällen Alimente zu, deren Auszahlung dann wiederum das Dorf überwachte.

Die Gerichtsakten von Stavenow erzählen aber auch von langandauernden Streitigkeiten zwischen Gutsherrn und Bauern. Die Junkerfamilie von Kleist versuchte mehrfach erfolglos, geschuldete Arbeitsleistungen vor Gericht einzufordern, sie musste sogar kostspielige Protestaktionen der Bauern hinnehmen.

Die stärkste Waffe der Erbuntertänigen war der passive Widerstand. Im Jahr 1670 beschwerte sich der Verwalter eines Gutes im Amt Zechlin beim Kurfürsten: Seine Bauern schickten häufig nur ihre Kinder zum Dienst oder erschienen erst gegen 10 oder 11 Uhr morgens auf dem Feld, das sie gegen 14 Uhr schon wieder verließen. Drei Tage Frondienst ergäben so kaum einen vollen Arbeitstag.

Ab Mitte des 18. Jahrhunderts durften die Gutsgerichte nur noch staatlich zugelassene Juristen beschäftigen. Die Gerichte hatten vierteljährlich einen Bericht über alle geführten Verhandlungen vorzulegen, bei offensichtlicher Willkür intervenierte der preußische Staat.

Bauern und andere Dorfbewohner seien „keineswegs hilflose und duckmäuserische Untertanen" gewesen, argumentiert Historiker Clark. Er und seine Mitstreiter malen die Gutsherrschaft als komplexes System der gegenseitige Kontrolle – von einem vormodernen Agrar-Knast lässt sich danach kaum sprechen.

Diese Sichtweise relativiert auch den Ruhm der Bauernbefreiung, des wohl berühmtesten Gesetzes der preußischen Reformära. Mit dem „Oktoberedikt" von 1807 schafften Theodor von Schön und Friedrich Leopold von Schroetter die Erbuntertänigkeit in Ostelbien ab.

Der Wortlaut kündet von dem Bewusstsein, eine historische Tat vollbracht zu haben: „Mit dem Martini-Tage 1810 hört alle Guts-Untertänigkeit in Unsern sämtlichen Staaten auf." Fortan solle es in Preußen „nur freie Leute" geben – gemäß den Maximen von Aufklärung und Marktwirtschaft, dass eigenverantwortliche Menschen produktiver wirtschaften würden.

Das Gesetz brachte einschneidende Veränderungen für die ländliche Gesellschaft: Erstmals entstand ein freier Arbeitsmarkt, denn das Edikt öffnete die verschiedenen Gewerbe für alle Bevölkerungsschichten. Bauern, Knechte und Mägde durften nach Belieben umziehen, Arbeit suchen und heiraten. Das Oktoberedikt beendete außerdem das adelige Monopol auf privilegierten Grundbesitz und schuf zum ersten Mal einen freien Grundstücksmarkt.

Doch in der Praxis funktionierte das Gesetz, wie manch spätere Steuerreform, als Subventionsmaschine für die Reichen. Es machte vor allem die Junker mächtiger. Die Reformer hatten die entscheidende Frage zunächst offengelassen, wem denn das bisher von den Bauern bewirtschaftete Land künftig gehören solle. Mit der Erbuntertänigkeit verbanden sich für die Bauern ja nicht nur lästige Arbeitsdienste, sondern auch althergebrachte Pachtrechte. Viele Gutsherren interpretierten die Novelle als Freibrief, sich Bauernland anzueignen oder es billig aufzukaufen.

Die notwendigen Präzisierungen fielen ebenfalls im Sinne der Großgrundbesitzer aus. Neue bäuerliche Eigentümer mussten hohe Schulden auf sich nehmen, um den herrschaftlichen Anteil auszuzahlen. In anderen Fällen wurde das Land zwischen Bauer und Grundbesitzer aufgeteilt.

Am Ende der sogenannten Regulierung hatten die Junker knapp fünf Millionen Hektar Land vereinnahmt. Die frischgebackenen Kapitalisten konnten ihre Böden, die nun nicht mehr mit komplizierten Erbrechten belastet waren, von einem Heer billiger Lohnkräfte bewirtschaften lassen – Landarbeiter gab es nun zuhauf.

Erst die Unterstützung der Regierung machte den Aufstieg der Junker zu einer politischen und wirtschaftlichen Macht in Preußen möglich. Adel und Krone hatten „eine Sozialversicherung auf Gegenseitigkeit" (Francis Carsten) abgeschlossen. Der Deal funktionierte so: Die Landadligen stellten das Führungspersonal für die Zentralmacht in Militär, Auswärtigem Amt und Forstbehörden. Dafür erhielten sie weitreichende Steuerprivilegien und günstige Kredite von eigens für die Agrarier eingerichteten Geldinstituten.

Friedrich der Große hatte die „Erhaltung des Adels" zum Staatsziel erhoben, aus seiner Abneigung gegen die Bürgerlichen machte der Monarch keinen Hehl: „Sie haben meistens eine niedrige Gesinnung und geben schlechte Offiziere ab, man kann sie nirgends hinschicken." Der große Aufklärer stellte in seiner Regentschaft nur einen einzigen, ziemlich unwichtigen bürgerlichen Minister ein.

Besonders stark war die Identifikation von Adel und Militär, dessen Spitzenpositionen den Blaublütigen vorbehalten blieben. Der junge Offizier, der seine Uniform durch die Straßen spazieren trug, wurde zum Sinnbild des Junkertums. Ein Amerikaner, der im Jahr 1833 nach Berlin reiste, lästerte über den Adels-Hype um die „magischen Buchstaben VON" vor dem Namen, der nach Ansicht der Deutschen Aristokraten von Plebejern scheide.

In der Politik zementierte das Dreiklassenwahlrecht das Bündnis von Krone, Beamtentum und Landadel. Schnittstelle waren die konservativen Fraktionen im Reichstag. Mehr als die Hälfte ihrer Abgeordneten in den Jahren von 1876 bis 1914 entstammte dem Rittergutsbesitz. Die Junkerlobby erkämpfte weitreichende Subventionen. Zwei Reichskanzler, Caprivi und Bülow, verloren ihre Ämter über dem Versuch, Junkerprivilegien zu beschneiden.

Doch hinter der macht- und prachtvollen Fassade kriselte es. Die Industrialisierung untergrub die wirtschaftliche Basis der Junker: Der Boom konzentrierte sich auf die westlichen Regionen Preußens, der Osten blieb zurück. So sackte das ostpreußische Pro-Kopf-Einkommen, das im Jahr 1867 noch 90 Prozent des gesamtpreußischen Durchschnitts betrug, auf 60 Prozent im Jahr 1913 ab. Die Tagelöhner folgten der Arbeit in die Hauptstadt oder zu den rauchenden Schloten des Ruhrgebiets. Die Industriearbeit war für sie weit lukrativer als die Feldarbeit.

Die Abstimmung mit den Füßen ließ die hohen Herren nicht unberührt. Sie sahen sich plötzlich dem kalten Wind des Marktes ausgesetzt. Zu allem Übel bedrängten sie auch noch bürgerliche Emporkömmlinge auf ihrem ureigenen Territorium. Die Neu-Junker hatten den Fall der Standesschranken im Agrarsektor genutzt und machten nun den Alteingesessenen Konkurrenz. Diesen blieb nichts übrig, als die Nase zu rümpfen: „Wenn heute jemand Schornsteinfeger ist und morgen Rittergutsbesitzer", ereiferte sich ein von Bülow-Cummerow, „so ist dies nicht passend."

Das morsche System von Privilegien und Patronage wurde durch die Revolution von 1918 endgültig hinweggefegt. Mit dem Ende des Kaisertums fielen Steuerprivilegien und Zollschranken, die Gesindeordnung wurde abgeschafft. Der wirtschaftliche Druck auf die Landwirtschaft wuchs weiter, zahlreiche Güter gingen bankrott. In beständiger Angst vor dem sozialen Abstieg flüchteten sich die Junker in extremistische Positionen. Viele junge Adlige traten in die Freikorps ein, wo sie mit hemmungsloser Gewalt die Republik bekämpften. Die Ostelbier, Junker wie Bauern, waren infiziert vom Virus ihrer Zeit, Nationalismus und Antisemitismus. Bereits um 1860 kursierten Verschwörungstheorien, wonach sich reiche Juden verbündeten, um überschuldete Rittergüter in die Zwangsversteigerung zu treiben. Bauernvertreter wandten sich in erregten Petitionen gegen die ständischen Rechte jüdischer Rittergutsbesitzer, ohne jemals einen solchen Ritter benennen zu können.

Bereits 1920 nahm die Deutsche Adelsgenossenschaft einen Arierparagrafen in ihre Satzungen auf, wonach jeder Junker seine Mitgliedschaft verlieren sollte, der „unter seinen Vorfahren im Mannesstamm einen nach dem Jahre 1800 geborenen Nichtarier hat".

Bei der Reichstagswahl vom Juli 1932 erzielten die Nationalsozialisten in Ostpreußen reichsweite Spitzenergebnisse, beispielsweise rund 70 Prozent im Kreis Lyck. Es war weniger die zahlenmäßig kleine Schar der Junker, die den Nazis zu solchen Erfolgen verhalf, sondern die Masse der ostelbischen Landbevölkerung. Die Junker-Lobbyisten wiederum spielten bei der Machtübergabe an den künftigen Diktator eine besonders unrühmliche Rolle: In beispielloser Blauäugigkeit prahlte der ehemalige Reichskanzler Franz von Papen, politische Führungsfigur der Adligen, man habe sich Hitler nun „engagiert".

Ihren Irrweg bezahlten die Ostelbier teuer. Nur durch die „Liquidierung der Junker als gesellschaftliche Klasse" könne das „preußische Virus" ausgelöscht werden, postulierte der britische Labour-Chef Clement Attlee im Jahr 1943 – seine Forderung sollte Gehör finden. Mit dem Sieg der Alliierten ging die Lebenswelt der Landadligen unwiederbringlich verloren. Der Großteil ihrer Güter lag jenseits der Oder-Neiße-Linie. Dem Rest machten die Kommunisten in der Sowjetischen Besatzungszone den Garaus – ihre Enteignungen stellten sie unter die Parole „Junkerland in Bauernhand!".

Schabernack der Großmächte

Steife Junker versus quirlige Frohnaturen, Protestanten versus Katholiken – größer konnten die Gegensätze nicht sein. Trotzdem profitierten Preußen und das Rheinland vom Zusammenschluss.

Von Georg Bönisch

Als die Nachricht eintraf am Rhein, da geriet der schwerreiche Kölner Bankier Abraham Schaaffhausen erst einmal aus der Fassung. „Jesses, Maria, Josef", stöhnte er, „do hierode mir ävver in en ärm Famillisch." Arme Familie, damit war jenes Königreich gemeint, das für die Schaaffhausens und Co. weit weg im Osten lag, tatsächlich arm am Beutel und angeblich arm im Herzen. Qua Beschluss hatte der Wiener Kongress es 1815 zum Herrn über die Rheinlande gemacht – Preußen, ausgerechnet Preußen. Ein autoritäres Staatswesen mit einem Chef an der Spitze, der Protestant war wie fast alle seiner Untertanen. Wo Zucht und Ordnung herrschten, und wo der Drill erfunden wurde und der Gleichschritt.

Schon deshalb schien jegliche Form einer Seelenverwandtschaft zwischen Preußen, dem steifen Gejunkere, und den Rheinländern so gut wie ausgeschlossen. Sie glaubten, ein quirliges Geschenk der Geschichte zu sein, aus römischen Wurzeln stammend, aus der Kelterei Europas, und schon deswegen ausgestattet mit gesundem historischen Selbstbewusstsein. Staatsethos im preußischen Sinne war den Menschen hier fremd und Obrigkeit immer schon suspekt gewesen – egal, ob ein kleiner Beamter sie repräsentierte oder ein Kurfürst.

Hatten die Menschen sich doch längst, wie etwa in Köln, Rechte gegenüber den Regierenden erkämpft und fast demokratisch-republikanische Strukturen sowie eine Städtekultur aufgebaut, als von den Urlanden Brandenburgs nichts anderes bekannt war als „ganze Gegenden voller blankem, heißem Sand, dazwischen hier und da ein Dorf und Wälder aus verkümmerten Föhren", wie ein englischer Reisender noch gegen Mitte des 19. Jahrhunderts notierte.

Restauration und Revolution

Im „Okzident" Deutschlands blühten, schon in vorindustrieller Zeit, ganze Gewerbelandschaften – der „Orient" hingegen war eher schwer zu bestellendes Ackerland. Und noch ein besonderer Umstand markierte das Unverhältnis. Die Rheinländer hatten weitgehend Luthers Thesen getrotzt und waren Katholiken geblieben – selbst ein Krieg änderte daran nichts.

All diese Gegensätze und sonstige Sentimentalitäten hatten die politischen Macher auf dem Wiener Kongress mitnichten interessiert, als sie zur Entscheidung schritten. Nach den Verwirbelungen Napoleons in halb Europa galt vor allem eine Maxime: Die Grenzregionen mit Frankreich gegen neuerliche nachbarliche Annexionsgelüste militärisch zu sichern, und der Rhein stellte nun mal eine natürliche Demarkationslinie dar. Das Rheinland, sozusagen ein riesiger Schützengraben.

Schon in den Jahren 1813 und 1814, nach den ersten Erfolgen gegen die Franzosen, wurden vorläufige Verwaltungen links und rechts des Rheins aufgebaut; amtlich-preußisch war das Rheinland seit dem Frühsommer 1815 und doch, schrieb der Publizist Joseph Görres, „wie eine Insel im Ozean von Preußens Hauptland abgelegen". In der Tat: Auf der Landkarte zeigte sich ein merkwürdig zerrissener Staatskörper zweier getrennter Gebietsmassen im Osten und im Westen (zu dem alte Erbländer gehörten wie etwa Berg, auch das neuerworbene Westfalen).

Geschichte als Gelenkbruch, von nun an konnte Preußen, sagt sein Historiograf Sebastian Haffner, „nicht mehr die keck-selbständige, abenteuerlustige, frei operierende kleine Großmacht" sein, die es zuvor noch gewesen war, „das Wildpferd" sei gezähmt und gehe „jetzt im Geschirr".

Ein hübsches Bild, dieser Vergleich. Haffner hob damit ab auf die zweite europapolitische Bedeutung der Wiener Entscheidung neben dem Gedanken militärischer Stärkung – dass nämlich jene „abnorme geografische Abgrenzung" (Wilhelm I.) den neuformierten Staat gleichzeitig schwächen sollte. Eine Art Schabernack, den die anderen Großmächte Preußen spielten.

Oder, andersherum gesehen: Mit der auferlegten Einverleibung der rheinischen Gebiete stellten sie den Hohenzollern die bis dahin wohl schwierigste staatspolitische Aufgabe ihrer Geschichte. Und die Hohenzollern erledigten sie auf die Art, wie man wohl eine Vernunftehe ohne Scheidung durchsteht – trotz gespannten Verhältnisses immer bereit zu Zugeständnissen. Das preußische Staatswesen, lobte denn auch Haffner, habe stets „eine besondere Elastizität" besessen.

Die Juniorpartner in dieser denkwürdigen Liaison, knapp zwei Millionen Neupreußen zwischen Kleve und Koblenz, Saarbrücken und Aachen (und damit ein Fünftel der Gesamtbevölkerung), schimpften zwar, führten bewegte Klage, zeterten. Etwa über das schlechte Essen beim Militär: „Rude Krage, nix em Mage." Oder über die „Stockpreußen", auch „Litauer" genannt, jene an den Rhein beorderten Verwaltungshengste, deren Pflichtversessenheit „dem frischen Volke" (Görres) fast unheimlich vorkam. Aber sie partizipierten, sie widersetzten sich auch, und sie trotzten Berlin, wenn es nötig war und möglich.

Politischen Zündstoff gab es genug, zum Beispiel den ständigen Ärger darüber, dass ortsfremde, protestantische Kandidaten im Öffentlichen Dienst vorgezogen wurden; der Katholizismus war durchaus ein Machtfaktor. So musste es zum Eklat kommen, als die Regierung darauf bestand, Kinder einer gemischten Ehe, und davon gab es naturgemäß Zehntausende, sollten nicht mehr automatisch katholisch erzogen werden – wie es nun mal gang und gäbe war.

Vehement widersetzte sich der Kölner Erzbischof Klemens August von Droste zu Vischering diesem Ansinnen – und wurde im November 1837 wegen Insubordination sistiert. Eine unsinnige Provokation, die den schroffen, wenig beliebten Droste zu Vischering zum Märtyrer machte, sie löste auch heftige Tumulte und Demonstrationen aus.

Als am 3. Juli 1838 Königssohn Wilhelm, der spätere Kaiser, die Region besuchte, bekam er den tiefen Zorn der Bürger zu spüren. Beim offiziellen Empfang in Köln erschienen nur zwei der 24 Ratsherren; als er sich draußen zeigte, gab es ein heftiges Pfeifkonzert. „Vor ihm kam mit dem Dampfschiff der General von Borstel an", schrieb ein Geistlicher ins Tagebuch, „das Volk, das ihn für den Prinzen nahm, verfolgte ihn vom Rhein in die Stadt mit Geschrei und bewarf ihn mit Kot, so dass er ins Regierungsgebäude flüchten musste."

Restauration und Revolution

Die Proteste, waren sie auch noch so derb vorgetragen, hatten Erfolg. Zwar durfte der Erzbischof nicht mehr auf seinen Posten zurückkehren, doch die Administration ließ alle ihre Pläne fallen. „Freiheit der Kirche" wurde zu einem Schlagwort in der katholischen Rheinprovinz – und der sich von nun an politisch formierende Katholizismus führte schließlich zur Gründung einer Romorientierten, einflussreichen Partei: dem Zentrum.

Zu den verblüffenden Ambivalenzen preußisch-rheinischer Geschichte gerade auf kirchlich-religiösem Terrain zählt das Engagement des Königshauses beim Weiterbau und der Vollendung des Kölner Doms, der jahrhundertelang ein Torso geblieben war. An einem Juli-Morgen des Jahres 1814 hatte ein Kunstgelehrter Wilhelms älteren Bruder Friedrich Wilhelm mehrere Stunden lang durch das stark mitgenommene Kirchenschiff geführt, und der reagierte einigermaßen entsetzt. „So soll's nicht länger bleiben", bestimmte er. „Wir bauen es aus!"

Am 4. September 1842 kam er als (protestantischer) König zurück, nunmehr Friedrich Wilhelm IV., um tatsächlich den Grundstein für die Vollendungsphase der Kathedrale zu legen, Hauptkirche des (katholischen) Erzbistums Köln, dessen Regenten zu kurfürstlichen Zeiten viel bedeutender waren als die Kollegen in Brandenburg. Er überraschte die Menschenmenge mit einer programmatischen Rede, die Begeisterungsstürme hervorrief und viele zu Tränen rührte. „Es begibt sich Großes unter Ihnen", sprach der Monarch. „Dies ist, Sie fühlen es, kein gewöhnlicher Prachtbau. Es ist das Werk des Brudersinns aller Deutschen aller Bekenntnisse." Und, einmal in Schwung gekommen, fuhr er fort: „Der Geist, der diese Tore baut ... ist der Geist deutscher Einigkeit und Kraft. Er baue! Er vollende!" Der Dom, ein nationales Ereignis.

Nach den Turbulenzen von Mischehe und Kindererziehung symbolisierte die ökumenische Festivität eine Art Aussöhnung zwischen rheinisch-katholischer Kirche und preußischem Staat, die zumindest bis zum Kulturkampf halten sollte – gewissermaßen Egalité. Und die herrschte im Rheinland auch unter den Kommunen, ob Stadt oder Dorf – eine Tatsache, die mit der erst im Osten des Landes eingeführten Städteordnung kollidierte; sie bevorzugte größere Gemeinwesen, indem sie staatliche Eingriffe dort deutlich

Schabernack der Großmächte

Der Kölner Dom als Dauerbaustelle; die endgültige Fertigstellung erfolgte erst im Jahr 1880 (historisches Foto)

zurückschraubte. Die Provinzbosse protestierten gegen die Einführung der Städteordnung im Westen mit dem Argument, das strukturelle Stadt-Land-Gefälle sei am Rhein wesentlich „flacher" als in Altpreußen – und hatten Erfolg. Die alte Kommunalverfassung, die rheinischfranzösische, blieb weiterhin gültig.

Ein solches Prinzip der Duldung war durchaus Kalkül. Hatte doch der König im „Besitzergreifungspatent" nach der Wiener Entscheidung viel versprochen – vor allem eine Verfassung und eine Art Parlament. Und so gut wie nichts gehalten. Statt einer immer wieder angekündigten Gesamtrepräsentation des Volkes gewährte die Monarchie lediglich Provinzialstände mit bloß beratender Funktion, in denen der Adel auch noch dominant vertreten war, ein Graus für die allermeisten Rheinländer angesichts der jüngeren Vergangenheit und längst überholt geglaubter Privilegien für Menschen dieses Standes.

Sollte es nicht zu einer gefährlichen Schieflage im Lande kommen, mussten politische Kompensationen her; die zugebilligte Kommunalverfassung war eine solche. Und die mit Abstand wei-

Restauration und Revolution

testgehende Konzession an die preußischen Neubürger links des Rheins war, ein eigenes Rechtssystem hier weiter pflegen zu dürfen, das „rheinische Recht". Im Bewusstsein des Rheinländers galt jenes ungewöhnliche Privileg geradezu als Verfassungsersatz. Zwar existierte im seit 1794 geltenden „Allgemeinen Landrecht für die preußischen Staaten" der unabhängige Richter, Urteile wurden jedoch oftmals beeinflusst durch „Kabinettsordres" oder andere Maßnahmen der Obrigkeit. Dass die Verfahren im schriftlichen Wege hinter verschlossenen Türen erledigt wurden, musste den an die Segnungen des Code Napoléon gewöhnten Rheinländern vorkommen wie ein Rückfall in den Absolutismus – sie kannten öffentliche und mündliche Verhandlungen, sie kannten Schwurgerichte, die auch mit Laien besetzt waren, sie kannten die saubere Trennung von Anklagebehörde („Öffentliches Ministerium") und Gericht. Dass 1846 am Berliner Kammer- und Kriminalgericht eine Staatsanwaltschaft zu arbeiten begann, ist zweifellos ein Ergebnis des rheinischen, sprich französischen Rechts. Auch die Herabsetzung der Volljährigkeit von 25 auf 21 Jahre; dieser „rheinische Großjährigkeitstermin", wie er unter Juristen heißt, galt seit 1869 in ganz Preußen.

Vor allem aber hatte das Hohenzollernreich profitiert von der Wirtschaftskraft des Rheinlandes, das neben dem Raum um Berlin und Schlesien zu den drei ökonomischen Wachstumsregionen in Mitteleuropa gehörte. Zwar ächzten – auf gut Kölsch: „kühmten" – etliche Unternehmer darüber, dass die hier aufgebrachten Steuern weitgehend in den agrarischen Osten abflössen, sozusagen als Entwicklungshilfe. Der damit verbundene konjunkturelle Aufschwung kam ihnen jedoch genauso zugute.

Für das Lebensgefühl schien wichtig zu sein, dass Preußen nun Österreich als bisherige Hegemonialmacht auf wirtschaftlichem Gebiet übertrumpft hatte. Orden und Titel – „Kommerzienrat", als nächste Stufe „Geheimer Kommerzienrat" – sedierten zudem die Gemüter, so etwas nämlich machte Eindruck am Rhein.

Als der Bankier Schaaffhausen starb, neun Jahre nach seiner Wehklage, war er natürlich ein solcher Kommerzienrat. Und er trug stolz den Roten Adler-Orden. So gesehen war die preußische Integrationspolitik ein Erfolg.

Teil 5
Abschied von Preußen

Mit der Gründung des Deutschen Reiches 1871 begann das Ende Preußens. In der Weimarer Republik kam ein demokratisches Preußen noch einmal zu kurzer Blüte, bis das Kartell der Junker die neuen Errungenschaften auslöschte. Hitler und die Nazis machten sich Preußens Mythos zunutze.

Tiger des Nationalismus

Die Kaiserproklamation 1871 im Spiegelsaal von Versailles war der Schlusspunkt einer Entwicklung, die mit der Revolution 1848/49 begonnen hatte. Der Pakt mit der Nationalbewegung hatte es Bismarck unmöglich gemacht, ein Großpreußen zu gründen.

Von Harald Biermann

Am Anfang war die Revolution. Die Ereignisse der Jahre 1848/49 haben die politische Landschaft in Deutschland grundlegend verändert. Eine Rückkehr zu den Verhältnissen vor der Revolution war jedenfalls vollkommen ausgeschlossen. Weite Kreise der deutschen Bevölkerung waren erstmals direkt mit politischem Handeln, ja mit Politik überhaupt, in Kontakt gekommen; der Nationalismus hatte breiteste Schichten der Gesellschaft ergriffen.

Zudem hatte sich während der Revolution gezeigt, dass die Einheit Deutschlands nicht im Einvernehmen zwischen den beiden Großmächten im Deutschen Bund – Österreich und Preußen – vereinbart werden konnte. Der Dualismus sollte bis 1866 die deutschen Geschicke prägen.

Eine weitere Tatsache kann aus der Rückschau kaum überschätzt werden. Die Revolution schleuderte eine ganze Reihe von Männern – damals waren es tatsächlich nur Männer – auf die politische Bühne, die ohne diese grundstürzenden Ereignisse vielleicht niemals ein politisches Amt oder eine öffentliche Laufbahn in Erwägung gezogen hätten. Dies gilt übrigens sowohl auf der Seite der Revolutionäre als auch auf Seiten der Verteidiger der alten Ordnung.

Otto von Bismarck (1815 bis 1898) erfuhr dieses rauschhafte Beschleunigungserlebnis am eigenen Leibe. Ohne die vielfachen Verwerfungen im preußischen Staat, ohne die schwere Erschütterung der Hohenzollernmonarchie, kurzum: ohne die Revolution wäre die Karriere dieses „Außenseiters" (Lothar Gall) völlig anders verlaufen. Mit hohem Grad an historischer Wahrscheinlichkeit hätte es den „Eisernen Kanzler" wohl überhaupt nicht gegeben.

Die Revolution gab Bismarck nicht nur eine Bühne, um sich als erzkonservativer Kämpfer für die preußische Krone zu profilieren, sondern sie bot ihm auch politisches Anschauungsmaterial erster Güte. In Berlin, Frankfurt am Main und Wien, aber auch in St. Petersburg, in Paris und London wurde in dieser bewegten Zeit hoch gespielt. Der rasche Wechsel der Konstellationen in der Innen- wie der Außenpolitik war das genaue Gegenteil des „Metternichschen Systems der Regungslosigkeit" (Hermann Baumgarten), das die Politik in Deutschland über Jahrzehnte geprägt hatte.

Nachdem Österreich und Preußen die ersten Stürme erfolgreich überstanden hatten, kamen auch in Wien und Berlin durchaus revolutionäre Gedanken auf. Die Regierungen der beiden Vormächte setzten auf die aktive Umgestaltung Deutschlands. Während die Hofburg plante, in Mitteleuropa ein 70-Millionen-Reich zu errichten, in dem die österreichische Herrschaft ebenso festgeschrieben werden sollte wie das Herabsinken Preußens zu einem Mittelstaat, propagierte der preußische König Friedrich Wilhelm IV. (1795 bis 1861) einen Unionsplan, der letztlich auf das Herausdrängen Habsburgs aus den deutschen Angelegenheiten zielte.

Im Herbst 1850 – also nach dem Scheitern der Revolution – spitzte sich die Lage dramatisch zu. Es drohte Krieg. Preußische Truppen schossen bereits auf bayerische Einheiten, die sich in Übereinstimmung mit Österreich den Berliner Plänen entgegengestellt hatten. Friedrich Wilhelm IV. musste nun erkennen, dass ihn sein Unionsplan in die Isolation getrieben hatte. Mit der Unterzeichnung der Punktuation von Olmütz am 29. November 1850 begrub der Monarch den Versuch einer kleindeutschen Einigung. Preußen musste klein beigeben. Dieses Einknicken vor außenpolitischem Druck hat die auf Berlin ausgerichtete Nationalbewegung dem König nie verziehen. Auch in konservativen Kreisen sprach man fortan mit Verachtung von der „Schmach von Olmütz".

Anders jedoch Otto von Bismarck. Am 3. Dezember 1850 ergriff er im Preußischen Abgeordnetenhaus das Wort, um die Beerdigung der Unionspolitik nicht nur zu rechtfertigen, sondern auch zu preisen. In seiner ersten großen außenpolitischen Rede plädierte Bismarck mit kühler Rationalität für eine konsequente preußische Interessenpolitik: „Die einzig gesunde Grundlage eines großen Staates, und dadurch unterscheidet er sich wesentlich von einem kleinen Staate, ist der staatliche Egoismus und nicht die Romantik, und es ist eines großen Staates nicht würdig, für eine Sache zu streiten, die nicht seinem eigenen Interesse angehört." Er geißelte die Unionspolitik als „ein zwitterhaftes Produkt furchtsamer Herrschaft und zahmer Revolution" und erklärte, dass es in dieser Situation eigentlich nur einen wahren Kriegsgrund geben dürfe, nämlich die seit 1815 Preußen vorenthaltene Parität mit Österreich im Deutschen Bund. Für dieses Ziel, so Bismarck, hätte sich ein Krieg gelohnt, nicht für die Chimäre einer fehlgeleiteten Unionspolitik.

Von der postulierten Gleichberechtigung war Preußen allerdings in diesen Monaten weiter entfernt denn je. Auf den Dresdner Konferenzen von Dezember 1850 bis Mai 1851 scheiterten alle Versuche, den Deutschen Bund in die eine wie in die andere Richtung zu verändern. Er blieb, wie er seit 1815 gewesen war. Der Bundestag, die Delegiertenversammlung der Mitgliedstaaten, tagte seit Juni 1851 wieder vollzählig in Frankfurt am Main.

Zur allgemeinen Überraschung wurde Otto von Bismarck zum preußischen Gesandten beim Bundestag in Frankfurt ernannt. Die Wahl war letztlich auf diesen „diplomatischen Autodidakten" (Heinrich Lutz) gefallen, um das arg ramponierte Verhältnis zu Österreich wieder zu kitten. Doch Bismarck blieb sich treu. Es ging ihm noch immer um Parität mit Habsburg. Als indes Fortschritte in dieser Sache ausblieben, machte er sich daran, die österreichische Präsidialmacht in eine Vielzahl von diplomatischen Scharmützel zu verstricken. Er führte einen regelrechten Kleinkrieg gegen seine österreichischen Kollegen, die ihn wiederum mit Spott und Verachtung straften.

Gleichwohl funktionierte der Deutsche Bund in diesen Jahren, denn den siegreichen Dynastien ging es nun gemeinsam darum, die rechtlichen und politischen Überbleibsel der Revolution von 1848/49 auszumerzen. „Das Ziel war die Entliberalisierung und Entdemokratisierung der Landesverfassungen mit Hilfe der Bundesgewalt" (Ernst Rudolf Huber).

Die beiden Großmächte wirkten Hand in Hand, um die Grundrechte zu beschneiden. Der Deutsche Bund war das Instrument dieser Disziplinierungsmaßnahmen, die vor Eingriffen in die innere Verfasstheit kleinerer Mitgliedstaaten nicht haltmachten. Vor diesem Hintergrund verwundert es nicht, dass die Liberalen den Deutschen Bund mehr und mehr verabscheuten, ja lernten, ihn zu hassen. Sie sahen in ihm nur noch den Unterdrückungsapparat, der gegen das aufstrebende Bürgertum gerichtet war.

Obwohl in der Geschichtswissenschaft lange Zeit die Auffassung vorgeherrscht hat, dass die fünfziger Jahre des 19. Jahrhunderts gleichsam eine verlorene Dekade gewesen seien, wissen die Historiker heute ein differenzierteres Bild zu zeichnen. Selbstverständlich darf aus der Rückschau nicht übersehen werden, dass die Revolution mit einer vernichtenden Niederlage für die sogenannte Bewegungspartei – also für die liberale Mehrheit sowie für die demokratische Minderheit – geendet hatte.

Gleichzeitig muss allerdings unterstrichen werden, dass sich vor allem die wirtschaftlichen Rahmenbedingungen grundlegend wandelten. Die fünfziger Jahre sind mit gutem Grund als erste Gründerzeit bezeichnet worden. Der Aufschwung war mit Händen zu greifen. Und er verbesserte die Lebensbedingungen der Menschen. Der Vorreiter dieser Entwicklung in Deutschland, die wir vereinfachend als industrielle Revolution bezeichnen, war Preußen.

Diese langanhaltende Konjunktur, die eigentlich erst 1873 zu Ende ging, beeinflusste nachhaltig das Lebensgefühl der Menschen. Der liberale Fortschrittsglaube schien Realität zu sein; für seine Anhänger war der Triumph des Liberalismus in der Zukunft eine ausgemachte Sache. Was fehlte zur Glückseligkeit, war die Einheit der Nation.

In diesen äußerlich so ruhigen Jahren formierte sich erneut die deutsche Nationalbewegung. Nachdem die Männer die Enttäuschungen der gescheiterten Revolution verdaut hatten, machten sie sich daran, politische Kontakte zu knüpfen. Sie konnten dabei auf bereits bestehende Beziehungsgeflechte und persönliche Bekanntschaften zurückgreifen, denn selbst in der dunkelsten Periode der sogenannten Reaktion war der nationale „Kommunikationsraum"

(Dieter Langewiesche), der während der Revolution gleichsam über Nacht errichtet worden war, nicht kollabiert.

Die führenden Köpfe der deutschen Nationalbewegung standen über alle Landesgrenzen hinweg in engem Kontakt miteinander. Für aufmerksame Beobachter der politischen Entwicklungen wie Otto von Bismarck stand außer Frage, dass diese Männer in der Zukunft eine wichtige Rolle spielen würden. Der Nationalismus war schließlich die vorwaltende Tendenz der Zeit – nicht nur in Deutschland, sondern in ganz Europa.

Während in der Alten Welt viele Hochkonservative darauf hofften, dass der nationale Spuk irgendwie beendet sei, wussten beweglichere Denker wie zum Beispiel der piemontesische Ministerpräsident Camillo Benso Graf von Cavour (1810 bis 1861), dass er, um seine Ziele zu erlangen, genötigt sein würde, die Nationalbewegung vor den eigenen Karren zu spannen. Die Bestrebungen zur Gründung des Königreichs Italien waren in dieser Hinsicht lebendiger Anschauungsunterricht. Mit Argusaugen schauten die deutsche Nationalbewegung sowie Otto von Bismarck auf die Ereignisse südlich der Alpen.

Der österreichisch-französische Krieg in Oberitalien im Frühjahr 1859 war auch für die weitere Entwicklung im Deutschen Bund eine wichtige Weichenstellung. Zum einen wurde für jeden offensichtlich, dass der Deutsche Bund seine eigentliche Aufgabe – Sicherheit für seine Mitgliedstaaten zu gewährleisten – nicht mehr erfüllen konnte. Zum anderen trat der latent vorhandene Gegensatz zwischen Österreich und Preußen nun für die ganze Welt sichtbar ans Tageslicht: Berlin war dem bedrängten Bundesgenossen nicht zur Hilfe geeilt, und Wien opferte im Vorfrieden von Villafranca weite Teile seiner italienischen Besitzungen, um die Vorherrschaft im Deutschen Bund nicht zu gefährden. Die Zeichen in der deutschen Politik standen jedenfalls auf Sturm.

Auch in der Nationalbewegung hatte es im Vorfeld und auch während des Krieges hitzige Diskussionen über den einzuschlagenden Kurs gegeben. Die überwiegende Mehrheit plädierte für einen Waffengang gegen Frankreich. Ihr schwebte allerdings nicht ein europäischer Normalkrieg vor, wie er seit Jahrhunderten zum Gang der Geschichte gehört hatte. Sie plädierte vielmehr mit

Inbrunst für einen „Nationalkrieg", der nicht nur den westlichen Nachbarn vernichtend besiegen, sondern in einem Zuge auch die deutsche Nation einen sollte. Eine derartige Zuspitzung konnte allerdings durch die tradierte Staatsklugheit in den europäischen Kabinetten abgewendet werden. Alle aufgeregten Debatten verliefen letztlich im Sande.

Der militärische Triumph Napoleons III. (1808 bis 1873) in Oberitalien ließ die deutschen Nationalisten erschaudern. Todesangst und das Gefühl der Machtlosigkeit waren die eigentlichen Motive für die Gründung des Deutschen Nationalvereins im September

Der preußische Ministerpräsident und Reichskanzler Otto von Bismarck (Fotografie von Carl Hahn, ca. 1894)

1859. Dieser für damalige Verhältnisse straff organisierte Zusammenschluss innerhalb der kleindeutschorientierten Nationalbewegung versammelte auf dem Höhepunkt 24 000 Mitglieder in seinen Reihen. Bis Mitte der sechziger Jahre war der Nationalverein ein politischer Faktor, der weder von seinen politischen Gegenspielern – also beispielsweise dem großdeutschorientierten Reformverein – noch von den herrschenden Dynastien ignoriert werden konnte.

Für Bismarck waren diese Entwicklungen zunächst ohne tiefere Bedeutung, denn er war bereits im März 1859 aus Frankfurt am Main abberufen worden. Das liberal-konservative Kabinett der „Neuen Ära" in Berlin stellte ihn als Gesandten in St. Petersburg kalt. Bismarck war vom Zentrum der deutschen Politik an die Peripherie gedrängt worden. Nicht nur aus diesem Grund blieb er auch weiterhin ein Außenseiter.

Bezeichnenderweise ermöglichte erst die krisenhafte Zuspitzung des Konflikts zwischen Wilhelm I. und dem von Liberalen dominierten Abgeordnetenhaus um eine Heeresreform und den Militäretat Bismarck die Rückkehr auf die Berliner Bühne. Als der König nach dem Scheitern aller Bemühungen im September 1862 seine Abdankung ernsthaft in Betracht zog, war die Zeit reif für Otto von Bismarck. Er kehrte gegenüber dem Monarchen seine Rolle als ergebener Diener der Hohenzollerndynastie hervor und versicherte seinem König, dass er zur Not auch ohne parlamentarisch verabschiedetes Budget regieren werde.

Zugleich zeigte Bismarck sich wild entschlossen, das Lieblingskind Wilhelms und gleichzeitig den eigentlichen Kern des Heereskonflikts – die dreijährige Dienstpflicht in der preußischen Armee – gegen alle Widerstände durchzusetzen. Dies war der stürmische Beginn einer nahezu 26 Jahre währenden außergewöhnlichen Zusammenarbeit zwischen dem Monarchen und Otto von Bismarck.

Sofort nach seiner Ernennung zum Ministerpräsidenten machte sich Bismarck daran, die verfahrene Situation zu entwirren. Er unterbreitete den preußischen Liberalen, die mittlerweile die Zweite Kammer völlig dominierten, ein Kooperationsangebot: In der Budgetkommission des Preußischen Abgeordnetenhauses wies er am 30. September 1862 mit Nachdruck darauf hin, dass „nicht durch Reden und Majoritätsbeschlüsse ... die großen Fragen der Zeit entschieden [werden] – das ist der große Fehler von 1848 und 1849 gewesen –, sondern durch Eisen und Blut".

Bismarck hatte klarsichtig erkannt, dass die preußischen Liberalen durchaus keine Feinde einer gewaltsamen Lösung der deutschen Frage waren. Im Gegenteil: Die Nationalbewegung inner- und außerhalb Preußens setzte sehenden Auges auf den großen Krieg, um in einer europäischen Gesamtkonvulsion die deutsche Nation zu gründen. Diese außenpolitische Aggressivität ist übrigens erst in den letzten Jahren in das Blickfeld der Historiker gerückt.

Womit Bismarck allerdings nicht gerechnet hatte, war die starke ideologische Auflagerung der außenpolitischen Ansichten der kleindeutsch-orientierten Liberalen. Stellvertretend für viele abschätzige Urteile über den neuen Ministerpräsidenten steht eine briefliche Äußerung Heinrich von Treitschkes (1834 bis 1896): „Du weißt", schrieb der einflussreiche Historiker in diesen Tagen an einen Freund, „wie leidenschaftlich ich Preußen liebe, höre ich aber einen so flachen Junker, wie diesen Bismarck, von dem ‚Eisen' und ‚Blut' prahlen, womit er Deutschland unterjochen will, so scheint mir die Gemeinheit nur noch durch die Lächerlichkeit überboten." Bismarcks Annäherungsversuch scheiterte jedenfalls vollständig. Der preußische Ministerpräsident avancierte sogar zur Spottfigur der Liberalen. Innerhalb der Nationalbewegung wurde er als Mann der Heiligen Allianz beschimpft. Von einem solchen „Krautjunker" erwartete die liberale Öffentlichkeit weniger als nichts. Diese ideologisch motivierte Ablehnung, die sich im weiteren Verlauf des Verfassungskonflikts zu offenem Hass steigern sollte, vernebelte den Liberalen inner- und außerhalb der preußischen Landesgrenzen derart die Sinne, dass zunächst selbst der große Erfolg des Ministerpräsidenten im Krieg gegen Dänemark im Jahre 1864 nahezu ohne positive Resonanz im liberalen Lager blieb. Sie verharrten gedanklich im innenpolitischen Machtkampf und befürchteten buchstäblich bis zur letzten Sekunde den Ausverkauf nationaler Interessen in den umkämpften Herzogtümern Schleswig, Holstein und Lauenburg durch Bismarck.

Zwar hatte Bismarck zunächst im Zusammenspiel mit Österreich ein überragendes Ziel der deutschen Nationalbewegung erreicht – die drei Herzogtümer aus dänischer Herrschaft loszureißen –, doch schienen sowohl die Art und Weise, wie er dies bewerkstelligt hatte, als auch die weitere Vorgehensweise als ein Rückfall in die Kabinettspolitik des 18. Jahrhunderts. Als der preußische Plan zur Annexion von Schleswig publik wurde, brach in der Öffentlichkeit abermals ein Sturm der Entrüstung los. Länderschacher und Willkürherrschaft waren die gängigsten Vorwürfe.

Bismarck erschien den liberalen Beobachtern als rücksichts- und auch skrupelloser Verfechter preußischer Staatsziele. Dies war er gewiss. Gleichzeitig jedoch war es eine seiner Grundüberzeugungen, dass in der konkreten Situation der sechziger Jahre die preußischen mit den deutschen Interessen zusammenfielen. Diese angenommene Deckungsgleichheit hatte zur Folge, dass Bismarck das Ziel der Zusammenarbeit mit der Nationalbewegung weiter konsequent verfolgen konnte, obwohl alle Avancen bislang brüsk zurückgewiesen worden waren.

Das Bild von Bismarck als zielgerichtet agierender Reichsgründer ist in den letzten Jahrzehnten relativiert worden. Historiker heben mittlerweile verstärkt sowohl auf sein tiefverwurzeltes Preußentum als auch auf seine machtpolitische Beweglichkeit, ja seinen Opportunismus ab. Noch immer streiten sich die Gelehrten. War es vielleicht Bismarcks eigentliches Streben, ein Großpreußen zu gründen? Hatte er die deutsche Einigung unter preußischer Führung als den einzig gangbaren Weg ausgemacht, um dieses Ziel zu erreichen? Letzte Klarheit über diese Fragen werden wir wohl nie erhalten. Eines jedoch ist gewiss: Bismarck betrieb spätestens seit dem Sommer 1865 konsequent die Sprengung des Deutschen Bundes und damit den Ausschluss Habsburgs aus dem deutschen Gesamtzusammenhang.

Der preußisch-österreichische Krieg war eine entscheidende Weichenstellung für die folgenden Jahrzehnte. Der triumphale Sieg der preußischen Armee bei Königgrätz am 3. Juli 1866 veränderte nicht nur die mitteleuropäische Landkarte, sondern bewirkte auch das Ausscheiden Österreichs aus der deutschen Geschichte. Die Jahrhunderte während Vorherrschaft Habsburgs war beendet. Wien wandte sich nun nach Osten. Der Balkan wurde erneut zum Hauptschauplatz der österreichisch-ungarischen Großmachtpolitik. Hellsichtige Beobachter erkannten bereits zeitgenössisch den am Horizont heraufziehenden Konflikt mit der anderen Großmacht, die den Balkan ebenfalls im Visier hatte: dem Zarenreich.

Doch zurück ins Entscheidungsjahr: Der Krieg Preußens gegen Österreich war innerhalb Deutschlands ungemein unpopulär. Als im März 1866 die ersten Gerüchte über die wechselseitigen Kriegsvorbereitungen an die Öffentlichkeit drangen, machte das Wort vom „Bruderkrieg" rasch die Runde. Die überwiegende Mehrheit der Bevölkerung konnte sich nicht vorstellen, dass Deutsche auf Deutsche schießen würden. Selbst Bismarcks wagemutiger Vorstoß im Deutschen Bund blieb zunächst ohne positive Resonanz:

Zur allgemeinen Überraschung hatte der preußische Ministerpräsident im Bundestag am 9. April 1866 einen formellen Antrag auf Einrichtung eines deutschen Parlaments gestellt, das – man mochte es kaum für möglich halten – aus allgemeinen und gleichen Wahlen hervorgehen sollte. Diese tollkühne Initiative erschütterte nicht nur das konservative Lager in Preußen nachhaltig, sondern wurde auch von den Vertretern der Nationalbewegung als geradezu typische Verzweiflungstat eines politischen Hasardeurs angesehenen. Bismarcks Werben um die kleindeutschorientierten Liberalen war abermals gescheitert.

Preußen zog also ohne ideellen Flankenschutz und ohne mächtige Verbündete innerhalb des Deutschen Bundes in den Krieg. Gleichwohl war Berlin auf internationalem Parkett alles andere als isoliert. Die überlegene Diplomatie Bismarcks hatte im Vorfeld des Waffengangs sichergestellt, dass die innerdeutsche Auseinandersetzung zunächst nicht unter dem Damoklesschwert einer sofortigen Intervention des Auslands stand. Die Großmächte betrachteten die Entwicklungen in Mitteleuropa zwar mit großer Aufmerksamkeit, doch hatten weder London, noch St. Petersburg oder gar Paris die Stimme erhoben, um einen Krieg innerhalb des Deutschen Bundes zu vereiteln. Die europäischen Kabinette warteten ab.

Der Triumph in Königgrätz sowie der zeitgleiche Siegeszug gegen die deutschen Mittelmächte kamen völlig überraschend. Im In- und Ausland hatten die Beobachter mit einem langen Krieg gerechnet, ja ihn teilweise sogar erhofft. Der französische Kaiser Napoleon III. hatte zum Beispiel darauf gesetzt, dass er einen ausgedehnten Waffengang dazu würde nutzen können, für Frankreich Kompensationsforderungen zu erheben. Das verquere Schlagwort „Revanche pour Sadowa" – also „Rache für Königgrätz" – avancierte in den nächsten Jahren zur Maxime französischer Außenpolitik. Der deutsch-französische Krieg von 1870/71 hatte in diesem Gefühl der ehrabschneidenden Zurücksetzung eine kräftige Wurzel.

Auch innerhalb Deutschlands hatte niemand mit einem schnellen Sieg Preußens gerechnet. Nach dem Wegfall Österreichs und der Implosion des Deutschen Bundes sahen sich die Mittelmächte gezwungen, ihre Politik völlig neu auszurichten. Erneut erwies sich Bismarck als vorausschauender Sieger: Hatte er schon unter Aufbietung aller seiner Kräfte verhindern können, die Habsburger Monarchie durch einen Triumphzug durch Wien zu demütigen und damit für Jahrzehnte zu einem geschworenen Feind Preußens zu machen, zeigte er sich auch gegenüber den Königreichen Sachsen, Bayern und Württemberg großmütig. Weder verlangte er

Herrscherwechsel noch Kontributionen. Diese Nachsicht mit den geschlagenen Feinden war ein wichtiger Faktor bei der Gründung des Deutschen Reichs kaum vier Jahre später.

Anders verfuhr Bismarck dagegen mit dem Königreich Hannover und zum Beispiel auch mit der ehemaligen Reichsstadt Frankfurt am Main. Hier setzte der Ministerpräsident auf das klassische Mittel der Annexion und verlangte zudem hohe Kontributionen. Diese Territorien wurden – ähnlich wie Schleswig und Holstein – vollständig in den preußischen Staat integriert. Mit diesen Zuwächsen avancierte Preußen endgültig zur eindeutigen Vormacht in Deutschland – noch deutlicher war die Vorherrschaft Berlins im neugegründeten Norddeutschen Bund.

Dieser Zusammenschluss von 23 Mitgliedern erblickte am 1. Juli 1867 das Licht der Welt. Trotz der Betonung föderativer Elemente lastete das preußische Übergewicht schwer auf dem neuen Bundesstaat, dessen Verfassung zwar maßgeblich von Otto von Bismarck beeinflusst worden war, dennoch auch Kompromisscharakter aufwies. Denn die Verfassung war kein Oktroi, sondern wurde im konstituierenden Reichstag des Norddeutschen Bundes beraten und am 16. April 1867 mit 230 zu 53 Stimmen angenommen. Maßgeblich beteiligt an den Beratungen war die nationalliberale Fraktion unter Rudolf von Bennigsen – einem geborenen Hannoveraner, der seit Gründung des Deutschen Nationalvereins im September 1859 dessen Vorsitzender gewesen war. Endlich, so mochte es aus Sicht Bismarcks erscheinen, war es ihm gelungen, seine mit großer Hartnäckigkeit verfolgte Strategie des Zusammenspiels mit der kleindeutschen Nationalbewegung Wirklichkeit werden zu lassen.

Und in der Tat arbeiteten die Nationalliberale Partei, die eine Neugründung des Herbstes 1866 war, und Otto von Bismarck bis 1878/79 eng zusammen. Auch über die Zäsur der Reichsgründung hinweg entwickelte sich aus dieser Kooperation eine der großen Reformphasen der deutschen Geschichte. Bismarck konnte sich auf die nationalliberale Mehrheit im Bundestag und später im Reichstag ebenso verlassen, wie die Parlamentarier gewiss sein konnten, dass Bismarck seine überaus starke Stellung nicht ausnutzen würde, um die Gewichte auf dem politischen Parkett zu verschieben.

Diese Kooperationsstrategie der Nationalliberalen steht auch heute noch unter dem Generalverdacht des Ausverkaufs liberaler Ideen. Nicht wenige Historiker sprachen über lange Jahrzehnte von der liberalen Kapitulation vor dem Macht- und Gewaltmenschen Otto von Bismarck. Betrachtet man die Optionen der handelnden Personen allerdings mit größerer Gelassenheit, dann wird rasch deutlich, dass die Zusammenarbeit mit dem späteren Reichskanzler weder übereilt noch unter Preisgabe liberaler Grundüberzeugungen vollzogen worden ist.

Bismarck hatte nach dem Triumph von 1866 alle Optionen für sich. Die Nationalliberalen waren entschlossen, an der Vollendung der deutschen Einheit aktiv mitzuarbeiten. Gewiss mussten sie Kompromisse machen – doch ist die Fähigkeit zum Kompromiss die eigentliche Voraussetzung für politisches Handeln, die in der deutschen Geschichte nicht eben weit verbreitet war.

Wären die Nationalliberalen, so darf man spekulieren, in ihrer überkommenen Ablehnungshaltung verharrt – wie dies die in der Fortschrittspartei verbliebenen Linksliberalen taten –, dann lässt sich mit einem hohen Grad an Wahrscheinlichkeit feststellen, dass Bismarck ihnen wohl kaum ein weiteres Kooperationsangebot unterbreitet hätte. Die Chance des Jahres 1866 bestand nur für einen kurzen historischen Moment – die Nationalliberalen ergriffen sie beherzt.

Der Norddeutsche Bund war ein lebensfähiges Gebilde. Bismarck hatte diesen Bundesstaat auf Dauer eingerichtet. Die Vertreter der Nationalbewegung wollten sich damit nicht abfinden. Für sie war die Teilung Deutschlands entlang der Mainlinie eine Tragödie, die möglichst rasch beendet werden musste. Erneut setzten sie auf Krieg, um die Einheit zu vollenden. Frankreich unter seinem erratisch agierenden Kaiser war nicht nur der tradierte Erbfeind, sondern auch erklärter Wunschgegner der deutschen Nationalbewegung.

Auf beiden Seiten des Rheins wurde während der Krise um das Großherzogtum Luxemburg im Frühjahr 1867 Kriegsgeheul angestimmt. Die Nationalbewegung sah Luxemburg, das bis 1866 Mitglied des Deutschen Bundes gewesen war, als deutsches Territorium an und wies daher aus tiefer Überzeugung das Ansinnen

Napoleons III. zurück, das Großherzogtum als Kompensation für den Machtzuwachs Preußens unter französische Herrschaft zu stellen.

Mit großer Mühe und unter tätiger Vermittlung von Großbritannien konnte schlussendlich ein Waffengang vermieden und ein leidlicher Kompromiss gefunden werden. Was jedoch für jeden offensichtlich geworden war: Die Spannungen zwischen Frankreich und dem Norddeutschen Bund – und zwar nicht in erster Linie zwischen den Regierungen, sondern zwischen den kriegsbereiten Völkern – blieben unverändert bestehen.

Die spanische Thronfolge war dann der entscheidende Funke, der das Pulverfass im Sommer 1870 zur Explosion brachte. Über die Verantwortung für den Krieg streiten die Historiker noch heute. Während viele Forscher sich angewöhnt haben, Bismarck als verschlagenen und zugleich genialen Drahtzieher zuerst der diplomatischen Verwicklungen und später auch des eigentlichen Kriegsausbruchs – Stichwort Emser Depesche – zu bewerten, rückt in den letzten Jahren Napoleon III. immer stärker in das Zentrum der Aufmerksamkeit. Seine sprunghafte Außenpolitik hatte ihn nicht nur auf internationaler Bühne isoliert, sondern auch innenpolitisch stand er im Jahr 1870 vor einem Scherbenhaufen.

Anders der Norddeutsche Bund unter dem Bundeskanzler Otto von Bismarck, der nach innen und außen gefestigt war. Gleichwohl wusste auch Bismarck, dass die Reichseinigung durch einen siegreichen Feldzug gegen Frankreich immens beschleunigt worden wäre. Die beiden Kontrahenten belauerten sich also und warteten auf den aus ihrer Sicht besten Moment zum Losschlagen.

Entgegen den allgemeinen Erwartungen brachte der große Sieg bei Sedan am 2. September 1870 nicht die Entscheidung im Krieg gegen Frankreich. Gewiss, Napoleon III. musste abdanken, doch setzte die neugegründete Dritte Republik den Waffengang fort, der bei längerer Dauer immer mehr den Charakter eines Volkskrieges annahm und damit bereits auf die verheerenden militärischen Konflikte des kommenden Jahrhunderts verwies. Bismarck hatte jedenfalls große Mühe, die entfesselten Leidenschaften zu bändigen. Zeitweise sah es so aus, als ob der Krieg völlig seiner Kontrolle entgleiten würde. Vor diesem durchaus unsicheren Hintergrund machte sich Bismarck daran, das Deutsche Reich aus der Taufe zu heben.

Die Kaiserproklamation am 18. Januar 1871 im Spiegelsaal von Versailles war der feierliche Schlusspunkt einer Entwicklung, die im Grunde spätestens seit der Revolution von 1848/49 eingesetzt hatte. Mit der „Fundamentalpolitisierung" (Wolfram Siemann) breiter Bevölkerungsschichten hatte sich das politische Spielfeld grundsätzlich gewandelt. Die zunächst zersprengte Nationalbewegung avancierte während der fünfziger Jahre erneut zu einem wichtigen Faktor. Es war das Verdienst Otto von Bismarcks, diese Entwicklung klar analysiert und in seine Berechnungen integriert zu haben. Wie andere Politiker seiner Zeit ritt er den Tiger des Nationalismus. Dass er „ein gefährliches Spiel spielte" (Hagen Schulze), stand ihm jederzeit klar vor Augen.

Das Bündnis mit der Nationalbewegung hat jedoch nicht nur die Methoden der Bismarckschen Politik geprägt, sondern eben auch subkutan die Ziele beeinflusst. Durch diesen Pakt, für den es aus seiner Sicht der Dinge keine Alternative gab, war es ihm unmöglich geworden, ein Großpreußen zu gründen. Das Deutsche Reich war eine genuine Neuschöpfung mit eigenem Charakter. Und so verwundert es nicht, dass noch heute zumeist konservative Anhänger eines spezifischen Preußentums im „weißen Revolutionär" (Henry Kissinger) den Verderber ihres geliebten Staates ausmachen.

Untergang auf Raten

Preußische Rittergutsbesitzer bildeten im Kaiserreich ein konservatives Bollwerk gegen gesellschaftliche Reformen und standen auch in der Weimarer Republik in Opposition zur parlamentarischen Demokratie. Erst mit der Verschwörung des 20. Juli 1944 gegen Hitler knüpften preußische Adlige an das Preußen des Rechtsstaats und der Reformen an.

Von Heinrich August Winkler

Dem Mann, auf den am 18. Januar 1871 bei der Kaiserproklamation im Spiegelsaal des Schlosses von Versailles alles ankam, war im entscheidenden Augenblick eher nach Heulen als nach Jubeln zumute. Bis zuletzt hatte sich König Wilhelm I. von Preußen dagegen gesträubt, die neue Würde eines „Deutschen Kaisers" anzunehmen. Er sprach von einem „Scheinkaisertum", an dessen Spitze er nun treten solle. Ja mehr noch: Am Vorabend des feierlichen Aktes beklagte sich der König unter Schluchzen und Weinen gegenüber seinem Sohn, Kronprinz Friedrich, und Otto Graf von Bismarck, dem preußischen Ministerpräsidenten und Bundeskanzler des Norddeutschen Bundes, er könne gar nicht schildern, „in welcher verzweifelten Stimmung er sich befände, da er morgen von dem alten Preußen, an welchem er allein festhielt und fernerhin auch festhalten wollte, Abschied nehmen müsste" (Kronprinz Friedrich).

Wie König Wilhelm dachten nicht wenige Altpreußen. Einer von ihnen war Hans von Kleist-Retzow. Am 21. Dezember 1870 erklärte er im preußischen Herrenhaus: „Wir wollen in dem deutschen Reiche nicht aufgehen, sondern Preußen bleiben, ihm unsere davon unzertrennlichen Gaben und Kräfte zubringen."

Einige Jahre nach der Reichsgründung begannen aber auch die preußischen Konservativen, sich im neuen Reich einzurichten. 1876 benannten sie sich unter dem Eindruck schwerer Wahlniederlagen von Konservativer Partei in Deutschkonservative Partei um, wurden auch außerhalb Preußens aktiv und bemühten sich um ein betont nationales Profil. „National" hatte bis 1871 so viel bedeutet wie antifeudal, antidynastisch, antipartikularistisch, kurz liberal und fortschrittlich zu sein. Zehn Jahre später lautete die Gleichung schon eher national gleich antiliberal, antimarxistisch, antiinternationalistisch und häufig auch bereits antisemitisch.

Mit einer solchen Art von Abwehrnationalismus sammelte die Deutschkonservative Partei Stimmen in Schichten, die sich vor Gewerbefreiheit und Gewerkschaften, vor Liberalismus und Sozialdemokratie fürchteten und für alles, was ihnen zuwider war, Drahtzieher aus dem internationalen Judentum verantwortlich machten: bei Bauern, Handwerkern und kleinen Kaufleuten. 1888 spottete der freisinnige Reichstagsabgeordnete Ludwig Bamberger, der sich acht Jahre zuvor von den Nationalliberalen getrennt hatte: „Das nationale Banner in der Hand der preußischen Ultras und der sächsischen Zünftler ist die Karikatur dessen, was es einst bedeutet hat, und diese Karikatur ist ganz einfach so zustande gekommen, dass die überwundenen Gegner sich das abgelegte Gewand des Siegers angeeignet und dasselbe nach ihrer Fasson gewendet, aufgefärbt und zurechtgestutzt haben, um als die lachenden Erben der nationalen Bewegung darin einherstolzieren zu können."

Auch mit Bismarck verstanden sich die preußischen Konservativen seit Ende der siebziger Jahre des 19. Jahrhunderts wieder besser als zuvor. Als der Kanzler 1878 zwei Attentate auf Kaiser Wilhelm I., die er wahrheitswidrig den Sozialdemokraten in die Schuhe schob, mit einem Ausnahmegesetz „gegen die gemeingefährlichen Bestrebungen der Sozialdemokratie", dem sogenannten Sozialistengesetz, beantwortete, standen die Konservativen, anders als die Nationalliberalen, von Anfang an geschlossen auf seiner Seite. Noch wichtiger war, dass der Eiserne Kanzler sich Mitte der siebziger Jahre zum Bruch mit dem Wirtschaftsliberalismus entschlossen hatte und im Jahr 1879 die Einführung von Schutzzöllen auf Eisen und Getreide durchsetzte. Unter denen, die im Reichstag der Vorlage zustimmten, waren die beiden konservativen Parteien, die Deutschkonservativen und die 1866 gegründete, Bismarck stets treu ergebene Freikonservative Partei, die katholische Zentrumspartei und eine Minderheit der stärksten Fraktion, der

Nationalliberalen. Die Folge war eine Spaltung der Nationalliberalen Partei.

Bald darauf begann eine Annäherung der Rest-Nationalliberalen an die Konservativen, die ihren Höhepunkt in der Bildung eines „Kartells" bei den Reichstagswahlen von 1887 erreichte. Die Schutzzölle für Getreide und Eisen dienten den Interessen der ostelbischen Rittergutsbesitzer und der rheinischwestfälischen Schwerindustrie. Auf dieser materiellen Grundlage entstand jenes Bündnis von „Rittergut und Hochofen", das zwar mehr als einmal vom Zerfall bedroht war, aber immer wieder belebt wurde, wenn es galt, Kräfte gegen eine Liberalisierung und Demokratisierung des Kaiserreichs und Preußens zu sammeln.

Für die preußischen Rittergutsbesitzer, bei denen seit Mitte des 19. Jahrhunderts die Bürgerlichen die Adligen überwogen, bedeuteten die Getreidezölle eine Überlebensgarantie auf Kosten von Verbrauchern und Exportindustrien. Bismarck hatte diese Wirkung gewollt. Der General Leo von Caprivi aber, der den Reichsgründer nach dessen Entlassung durch Kaiser Wilhelm II. im März 1890 im Amt des Reichskanzlers ablöste, hielt den Übergang vom Agrar- zum Industriestaat für unumkehrbar und war überzeugt, dass Deutschlands wirtschaftliche Zukunft von der Ausfuhr abhing. Folglich sorgte er dafür, dass Deutschland in mehreren Handelsverträgen seine Zollbarrieren, darunter die Getreidezölle, abbaute.

Die preußischen Großagrarier, die Hauptnutznießer dieser Zölle, reagierten mit äußerster Schärfe. Im Februar 1893 wurde auf ihr Betreiben hin der Bund der Landwirte gegründet, der sich von Anfang an zum Sprecher aller Schichten machte, die sich von der Industrialisierung bedroht fühlten, und damit vor allem bei kleinen Bauern, auch außerhalb Preußens, Erfolg hatte: Um die Jahrhundertwende stellten diese knapp neun Zehntel der Mitglieder des einflussreichen landwirtschaftlichen Interessenverbandes.

Unter Bismarcks drittem Nachfolger, dem Reichskanzler Bernhard Graf von Bülow, vollzog das Reich eine handelspolitische Wende rückwärts, die zwar hinter den Maximalforderungen der Agrarier zurückblieb, aber doch im Interesse der Junker lag: Im Dezember 1902 nahm der Reichstag den „Bülow-Tarif" an, der am 1. März 1906 in Kraft trat und der ostelbischen Landwirtschaft höhere Schutzzölle für Weizen, Roggen und Hafer brachte. Die Zollvorlage war der politische Preis, den die Reichsleitung dafür zahlte, dass die Junker ihren Widerstand gegenüber einem Projekt aufgaben, für das sich das Reichsmarineamt, die Admiralität, die Exportindustrie, der Außenhandel und große Teile des besitzenden und gebildeten Bürgertums einsetzten: den Aufbau einer deutschen Schlachtflotte, in der viele den bewaffneten Arm der Handelsflotte sahen, die Junker aber eine „bürgerliche" Konkurrenz zum „aristokratischen", preußisch geprägten Heer.

Die preußischen Rittergutsbesitzer konnten ihre Position dank des Tauschhandels Flotte gegen Zölle verbessern. Sie waren wirtschaftlich zu schwach, um die weitere Industrialisierung aufzuhalten, aber politisch stark genug, um alles abzuwenden, was ihre gesellschaftliche Stellung ernsthaft gefährdet hätte. Sie bedienten sich souverän der Klaviatur des modernen politischen Massenmarktes und nutzten zugleich ihre überkommenen Verbindungen zum Hof des Königs von Preußen, der zugleich deutscher Kaiser war, um ihre Interessen geltend zu machen. Sie hatten viele Führungspositionen im Offizierskorps des preußischen Heeres und im diplomatischen Dienst inne und mussten dort einsehen, dass sie ohne Zusammenwirken mit den konservativen Teilen des Bürgertums auf lange Sicht nichts durchsetzen konnten.

Nachdem die Sozialdemokraten bei den Reichstagswahlen vom Januar 1912 mit 34,8 Prozent der abgegebenen gültigen Stimmen einen geradezu triumphalen Erfolg errungen hatten, musste die Rechte alle Hoffnung fahren lassen, für ihre Forderungen noch parlamentarische Mehrheiten zu finden. Ein siegreicher Krieg erschien daher vielen als einziger Ausweg aus der innenpolitischen Sackgasse, in der sich das Reich seit 1912 befand. Bei einer solchen Lagebeurteilung wäre es geradezu widersinnig gewesen, das Attentat von Sarajewo am 28. Juni 1914, die Ermordung des österreichischen Thronfolgerpaares durch serbische Nationalisten, nicht als Chance einer kriegerischen Krisenlösung zu begreifen. Die konservativen Parteien, die Nationalliberalen, der Bund der Landwirte, die Schwerindustrie, das hohe Militär und nationalistische Kampfbünde wie der Alldeutsche Verband bündelten deshalb ihre Kräfte, um in der Julikrise von 1914 die Reichsleitung auf eine harte Linie gegenüber Russland, der Schutzmacht des orthodoxen Serbien, und, nachdem der Erste Weltkrieg am 1. August 1914 begonnen hatte, auf umfangreiche Eroberungen und Annexionen in Ost- und Westeuropa, aber auch in Afrika, kurz auf einen „Siegfrieden" festzulegen.

Als es im Herbst 1918 an der Niederlage nichts mehr zu deuten gab, standen für die Rechte und namentlich für den starken Mann des deutschen Militärs, General Erich Ludendorff, auch schon die Schuldigen fest: Es waren die Mehrheitsparteien des Reichstags, die Sozialdemokraten, das katholische Zentrum und die Linksliberalen der Fortschrittlichen Volkspartei, die sich im Jahr zuvor für einen Verständigungsfrieden ausgesprochen hatten. Sie sollten nunmehr nach dem Wunsch der Obersten Heeresleitung die Verantwortung für die Beendigung des Krieges, also für den Waffenstillstand und die Friedensbedingungen, übernehmen. Da die Mehrheitsparteien ihrerseits bereit waren, in die Bresche zu springen, ging Deutschland im Oktober 1918 erst de facto und dann auch de jure von der konstitutionellen zur parlamentarischen Monarchie über.

Am 29. Oktober 1918 begann in Wilhelmshaven jener Matrosenaufstand, aus dem binnen kurzem eine deutsche Revolution wurde. Am gleichen Tag begab sich Wilhelm II. auf Anraten des Generalfeldmarschalls Paul von Hindenburg, eines der beiden Chefs der Obersten Heeresleitung, ins Große Hauptquartier im belgischen Spa. Am 9. November 1918 erreichte die Revolution Berlin. Als der Sozialdemokrat Philipp Scheidemann gegen 14 Uhr von einer Fensterbrüstung des Reichstags aus die „Deutsche Republik" ausrief, hatte Wilhelm II. noch nicht abgedankt. Das tat er erst vom holländischen Exil aus am 28. November. Viele preußische Konservative hatten von ihrem König, dem Obersten Kriegsherrn, etwas anderes erwartet: dass er, statt sich von der Truppe zu entfernen und ins Ausland zu fliehen, an der Spitze seiner Soldaten um den Thron kämpfen und gegebenenfalls im Kampf fallen würde. Der unheroische Untergang der Monarchie war für viele, zumal jüngere preußische Adlige eine traumatische Erfahrung. Sie trug dazu bei, dass sie gegenüber der monarchistischen Deutschnationalen Volkspartei (DNVP), der Erbin der konservativen Parteien des Kaiserreichs, eine kühle Distanz bewahrten und nach neuen, radikaleren Antworten auf die verachtete Weimarer Republik suchten, wie sie aus der Niederlage und Revolution von 1918/19 hervorgegangen war.

Dass Preußen nach dem Sturz der Monarchie erhalten blieb, verstand sich nicht von selbst. Es gab Befürworter einer Auflösung des Landes in seine einzelnen Provinzen, unter ihnen den „Vater" der Weimarer Reichsverfassung, Hugo Preuß. Aber die Gegner einer Zerstückelung, darunter die Sozialdemokraten, konnten ein stichhaltiges Argument ins Feld führen: Die Zerschlagung Preußens würde französischen und polnischen Angliederungswünschen entgegenkommen und die Gefahr des Separatismus vergrößern. So blieb der Staat, der rund drei Fünftel des deutschen Gebietes und der deutschen Bevölkerung umfasste, erhalten – und mit ihm ein Stück preußischer Hegemonie im Reich als Republik.

An den gesellschaftlichen Grundlagen des preußischen Rittergutsbesitzes änderte die Revolution auch nur wenig. Es gab keine Volksbewegung für die Enteignung der großen Güter. Die regierenden Sozialdemokraten, im Kaiserreich die schärfsten Kritiker der Junker, hatten keine klaren Vorstellungen, was mit dem Großgrundbesitz geschehen sollte. Eine Aufteilung der Güter an Landarbeiter und landarme Bauern kam 1918/19 nicht in Frage: Angesichts der fortdauernden alliierten Blockade hätte ein derart radikaler Eingriff vermutlich zum völligen Zusammenbruch der Lebensmittelversorgung geführt.

Der Rittergutsbesitz konnte infolgedessen rasch wieder seine Kräfte sammeln. Als im März 1920 Freikorps, die aufgrund des Friedensvertrags von Versailles von der Auflösung bedroht waren, unter Führung des Generals Walther von Lüttwitz und des ostpreußischen Deutschnationalen Wolfgang Kapp gegen die Republik putschten, konnten sie sich nur im konservativen Ostelbien auf einen gewissen Rückhalt in der Gesellschaft stützen: Gutsbesitzer, monarchistische Politiker und Beamte bildeten den zivilen Flügel der Verschwörung. Das Scheitern des Umsturzes bewirkte kein Umdenken. Bis zum Ende der Weimarer Republik stand keine andere gesellschaftliche Elite derart geschlossen und konsequent in Opposition zur parlamentarischen Demokratie von Weimar wie das preußische Junkertum.

Für Preußen wurde der Kapp-Lüttwitz-Putsch zu einer tiefen Zäsur. An die Spitze einer neuen Regierung der „Weimarer Koalition" aus SPD, Zentrum und Deutscher Demokratischer Partei trat der bisherige Landwirtschaftsminister, der energische Otto Braun, ein gebürtiger Königsberger, der mit kurzen Unterbrechungen bis 1933 das Amt des preußischen Ministerpräsidenten innehaben sollte. Unter der Leitung Brauns vollzog sich ein erstaunlicher Wandel: Aus dem Obrigkeitsstaat wurde ein Bollwerk der Demokratie. Die sozialdemokratischen Innenminister Carl Severing und Albert Grzesinski säuberten den Öffentlichen Dienst von illoyalen Beamten und beriefen zuverlässige Republikaner in die Ämter der Oberpräsidenten (an der Spitze der preußischen Provinzen), der Regierungspräsidenten, Landräte und Polizeipräsidenten. Während im Reich die Regierungen rasch wechselten, zeichnete sich das republikanische Preußen durch Beständigkeit aus. Drohten von rechts oder links Gefahren für die Republik, trat Preußen sofort an die Spitze ihrer Verteidiger.

Im Mai 1927, zu einer Zeit, als im Reich ein „Bürgerblock" unter Einschluss der Deutschnationalen regierte, dankte der sozialdemokratische Theoretiker und zweimalige Reichsfinanzminister Rudolf Hilferding auf dem Kieler Parteitag der SPD Braun und Severing dafür, dass sich die Welle sowohl des Bolschewismus als auch des Faschismus an Preußen gebrochen hätten: „Das war eine welthistorische Leistung... Preußen ist eine stolze Feste im Lager der Republik, und unsere Aufgabe kann es nur sein, es zu einer stolzen Feste im Lager des Sozialismus zu machen."

Am 26. April 1925 wurde der damals 77-jährige Paul von Beneckendorff und von Hindenburg als Nachfolger des verstorbenen Sozialdemokraten Friedrich Ebert zum Reichspräsidenten gewählt. Hindenburg, im Oktober 1847 in Posen geboren, hatte als junger Offizier 1871 der Kaiserproklamation in Versailles beigewohnt. Ihn umgab mit zweifelhaftem historischem Recht der Mythos des Siegers in der Schlacht bei Tannenberg, in der die nach Ostpreußen eingedrungenen russischen Truppen eine schwere Niederlage hatten hinnehmen müssen. Von 1916 bis 1918 war er zusammen mit Ludendorff Chef der Obersten Heeresleitung und angesichts der Tatsache, dass Wilhelm II. nur noch selten in Erscheinung trat, eine Art „Ersatzkaiser". Nach Kriegsende wurde er zu einem der Väter der „Dolchstoßlegende", der zufolge Verrat an der Heimatfront das „im Felde unbesiegte" Heer um die Früchte seines heldenhaften Kampfes gebracht habe. Seine Wahl zum Reichspräsidenten entsprang dem Wunsch vieler Deutscher, etwas von dem Glanz der vermeintlich guten alten Zeit vor 1914 zurückzugewinnen. Ein Plebiszit für die Wiederherstellung der Hohenzollernmonarchie aber war die Entscheidung vom April 1925 nicht.

Für zwei Gruppen der alten preußischen Machtelite bedeutete Hindenburgs Wahl die Chance, ihren politischen Einfluss erheblich zu steigern. Die Reichswehr, durch den Vertrag von Versailles auf 100 000 Mann Heeresstärke beschränkt, hatte in Hindenburg einen verständnisvollen Fürsprecher ihrer Belange, und für den ostelbischen Rittergutsbesitz galt dasselbe. Beide Gruppen durften das Reichsoberhaupt als einen der Ihren betrachten. Als Hindenburg 1927 von der deutschen Wirtschaft anlässlich seines 80. Geburtstags das Gut Neudeck in Ostpreußen geschenkt erhielt, rückte er dem Junkertum dieser durch den „polnischen Korridor" vom übrigen Reich abgetrennten Provinz auch räumlich näher. Das erwies sich als besonders nützlich für die hochverschuldeten Rittergutsbesitzer, die Hauptempfänger der „Osthilfe", die seit 1926 aus Mitteln Preußens und des Reichs gespeist wurde. Das Militär wiederum konnte darauf bauen, dass sich der Reichspräsident auch für heißumstrittene Rüstungsvorlagen einsetzen würde, wie er das 1928 beim legendären „Panzerkreuzer A" dann auch tat, an dem die letzte parlamentarische Mehrheitsregierung der Weimarer Republik, ein Kabinett der Großen Koalition unter dem Sozialdemokraten Hermann Müller, beinahe zerbrochen wäre.

Was das Privileg des Zugangs zum Reichspräsidenten wert war, zeigte sich vor allem nach der Auflösung der Großen Koalition im März 1930. In der anschließenden Zeit der Präsidialkabinette, die durch Notverordnungen des Reichspräsidenten nach Artikel 48 der Weimarer Reichsverfassung regierten, konnte der Reichslandbund, der landwirtschaftliche Spitzenverband, der 1921 das Erbe des Bundes der Landwirte angetreten hatte, seine Forderungen leichter durchsetzen als zu Zeiten der parlamentarischen Demokratie. Der erste Präsidialkanzler, der Zentrumspolitiker Heinrich

Brüning, der seit Oktober 1930 von den Sozialdemokraten „toleriert" wurde, genügte den Erwartungen der Großagrarier aber keineswegs. Als er im Mai 1932 eine Siedlungsverordnung vorlegte, die als Ultima Ratio eine Zwangsversteigerung nicht mehr sanierungsfähiger Güter für Zwecke der bäuerlichen Siedlung vorsah, entfesselten Reichslandbund und DNVP eine Kampagne gegen den angeblichen „Agrarbolschewismus" der Reichsregierung.

Das kam der Reichswehrführung sehr gelegen, die Brüning aus anderen Gründen loswerden wollte: Der politische Kopf des Militärs, der General Kurt von Schleicher, strebte als Nahziel eine Rechtsregierung an, die mit einer gewissen Schonung seitens der Nationalsozialisten, der Sieger in vier von fünf Landtagswahlen im April 1932, rechnen durfte. Hindenburg war schon deswegen zum Kanzlerwechsel bereit, weil er mit den Umständen seiner Wiederwahl am 10. April 1932 haderte: Brüning hatte zwar ein Bündnis aus Sozialdemokraten, Zentrum und anderen gemäßigten Parteien geschmiedet, das Hindenburg zum Sieg über Hitler verhalf, aber nicht vermocht, die von „Pressezar" Alfred Hugenberg geführten Deutschnationalen ins Lager des greisen Generalfeldmarschalls zu holen. Dieser war also gegen die Mehrheit seiner Wähler von 1925 im Amt bestätigt worden, und das wurmte den Reichspräsidenten.

Am 30. Mai 1932 wurde Brüning von Hindenburg entlassen, und damit endete die gemäßigte Phase des Präsidialregimes. Brünings Nachfolger wurde der weithin unbekannte westfälische Gutsbesitzer, Herrenreiter und Rechtskatholik Franz von Papen. Zu den ersten Amtshandlungen des neuen „Kabinetts der Barone", in dem ein Graf, vier Freiherren, zwei weitere Adlige und nur drei Bürgerliche auf den Ministersesseln saßen, gehörten die Auflösung des im September 1930 gewählten Reichstags und die Aufhebung des von der Regierung Brüning verhängten Verbots von Hitlers Privatarmeen, der SA und der SS. Damit erfüllte die Regierung Papen Forderungen des nationalsozialistischen Parteiführers, ohne dass dieser irgendwelche Gegenleistungen erbringen musste.

Der Übergang vom gemäßigten, parlamentarisch tolerierten zum autoritären, offen antiparlamentarischen Präsidialregime im Mai und Juni 1932 war der entscheidende Wendepunkt der deutschen Staatskrise. Reguläre Neuwahlen wären erst im September 1934 fällig gewesen: zu einem Zeitpunkt, für den Konjunkturexperten eine gewisse wirtschaftliche Erholung und sinkende Erwerbslosenzahlen voraussagten. Bei Neuwahlen im Sommer 1932 aber, auf dem Höhepunkt der Weltwirtschaftskrise und der Massenarbeitslosigkeit, war ein weiterer Zulauf zu den extremen Parteien von rechts und links, den Nationalsozialisten und den Kommunisten, zu erwarten: eine Aussicht, die für Hindenburg, Papen und Schleicher, den neuen Reichswehrminister, offenbar nichts Erschreckendes an sich hatte.

Die Neuwahl war auf den 31. Juli 1932 festgesetzt worden. Elf Tage vorher, am 20. Juli 1932, holte die Regierung Papen zum „Preußenschlag" aus: Durch eine vom Reichspräsidenten angeordnete Reichsexekution wurde die Regierung Otto Braun, seit den Landtagswahlen vom April ein nur noch geschäftsführend amtierendes Minderheitskabinett, abgesetzt. Die Regierungsgewalt ging auf das Reich über; der Reichskanzler machte sich selbst zum Reichskommissar für Preußen. Die Begründung der staatsstreichartigen Aktion war unglaubwürdig: Die preußische Regierung habe sich als unfähig erwiesen, Ruhe und Ordnung aufrechtzuerhalten. Tatsächlich war für die Eskalation der politischen Gewalt während des Reichtagswahlkampfs nicht die preußische, sondern die Reichsregierung verantwortlich: Sie hatte durch die Aufhebung des SA-Verbots den entscheidenden Beitrag zur Entfesselung des blutigen Straßenterrors geleistet.

Doch dem „Kabinett der Barone" kam es nicht auf Rechtfertigungen, sondern auf das Ergebnis an: Mit dem 20. Juli 1932 begann die Säuberung des Öffentlichen Dienstes in Deutschlands größtem Staat von Anhängern der Weimarer Parteien und die Ersetzung der Entlassenen durch konservative, meist deutschnationale Beamte. Das kurze Kapitel des republikanischen Preußen war beendet. Das alte Preußen löschte alles aus, was das neue an demokratischer Kultur hervorgebracht hatte.

Auf den „Preußenschlag" mit einem Generalstreik zu antworten war für SPD und Gewerkschaften angesichts von über fünf Millionen Arbeitslosen und des tiefen politischen Gegensatzes zwischen Sozialdemokraten und Kommunisten undenkbar. So blieben nur eine Klage beim Staatsgerichtshof und der Aufruf an die Wähler, den Regierenden mit dem Stimmschein zu antworten. Andere Appelle fanden jedoch sehr viel mehr Gehör: Am 31. Juli 1932 stieg die NSDAP mit einem Stimmenanteil von 37,4 Prozent zu der mit Abstand stärksten Partei auf; die KPD kam auf 14,5 Prozent, woraus sich eine negative Mehrheit gegen die parlamentarische Demokratie ergab.

Die altpreußischen Eliten hatten durch den Regimewechsel vom Mai und Juni 1932 einen Zustand herbeigeführt, den Staatsrechtler als „Verfassungsnotstand" und „Verfassungslähmung" bezeichneten. Der Reichspräsident lehnte es zwar standhaft ab, Hitler, für den es im Reichstag keine Mehrheit gab, zum Reichskanzler eines Präsidialkabinetts zu berufen. Doch für Papen sah die parlamentarische Lage noch ungleich düsterer aus: Er wusste nicht einmal ein Zehntel der Abgeordneten, nämlich die der DNVP und der rechtsliberalen Deutschen Volkspartei, hinter sich. Am 12. September wurde der Reichstag erneut aufgelöst. Die zweite Reichstagswahl des Jahres 1932, am 6. November, änderte an der Gesamtsituation nur wenig: Die Nationalsozialisten verloren zwar über zwei Millionen Stimmen, blieben aber stärkste Partei, die Kommunisten gewannen über 600 000 Stimmen hinzu und kamen auf die magische Zahl von 100 Mandaten, was die Angst vor dem Bürgerkrieg wachsen ließ. Eine regierungsfähige Mehrheit gab es auch im neuen Reichstag nicht.

Im Januar 1933 verfiel Franz von Papen, der am 3. Dezember 1932 von Reichswehrminister Schleicher als Reichskanzler abgelöst worden war, auf den scheinbar rettenden Gedanken: die Bildung eines mehrheitlich konservativen Kabinetts, das einen Reichskanzler Hitler gewissermaßen einrahmen und bändigen könne. In dieselbe Richtung drängten ostelbische Rittergutsbesitzer wie Elard von Oldenburg-Januschau und ein Teil der Schwerindustrie. Wie im Mai 1932 machten auch jetzt wieder der Reichslandbund und die Deutschnationalen gegen die amtierende Reichsregierung mobil: Schleicher musste sich wie zuvor Brüning eine „bolschewistische" Agrarpolitik vorwerfen lassen.

Der Reichspräsident war Anfang 1933 persönlich verbittert, weil der Kanzler ihn nicht öffentlich gegen Angriffe verteidigte, die im

Haushaltsausschuss des Reichstages im Zusammenhang mit dem „Osthilfeskandal", der Veruntreuung öffentlicher Mittel für hochverschuldete ostpreußische Rittergüter, gegen enge Freunde Hindenburgs wie den „alten Januschauer", zum Teil aber auch gegen Vater und Sohn Hindenburg erhoben wurden. Am Ende ließ sich der Reichspräsident von seinen wichtigsten Beratern, seinem („in der Verfassung nicht vorgesehenen") Sohn Oskar, Staatssekretär Otto Meissner und vor allem Papen, überzeugen, dass ein Kanzler Hitler, der von einer konservativen Kabinettsmehrheit überwacht werde, ein geringeres Risiko darstelle als der verfassungswidrige Aufschub von Neuwahlen, zu dem Schleicher ihn drängte und den er selbst, Hindenburg, im Sommer 1932 nachdrücklich befürwortet hatte. Damit waren die Weichen gestellt für das Ergebnis des 30. Januars 1933: die Ernennung Hitlers zum Reichskanzler an der Spitze einer „nationalen Regierung".

Hindenburg war nicht gezwungen, diesen Weg zu gehen. Der Verfassungsbruch war auch nicht die einzige Alternative zur Kanzlerschaft Hitlers. Der Reichspräsident hätte auch Schleicher nach dem zu erwartenden „destruktiven" Misstrauensvotum des Reichstags geschäftsführend im Amt belassen oder durch einen anderen, nicht polarisierenden Reichskanzler ersetzen können. Das Dilemma, in dem sich Hindenburg befand, war selbstverschuldet. Er und seine Berater hatten die Staatskrise so zugespitzt, dass sie kaum noch steuerbar war. Der Kreis um Hindenburg, die „Kamarilla", war das Machtzentrum der späten Weimarer Republik. Es war in den Händen von Kräften, die das alte Preußen verkörperten. Der Weg, für den sie sich entschieden, führte Deutschland 1932/33 in die Katastrophe.

Viele jüngere preußische Adlige waren im Gegensatz zu den älteren, deutschnational gesinnten nicht der Meinung, dass es Hitler zu zähmen gelte. Sie hatten sich längst schon der NSDAP, der SS oder der SA angeschlossen. Es gab vieles, was sie am Nationalsozialismus anzog: das Antibürgerliche, der Führergedanke, der glühende Nationalismus, die Ablehnung von Liberalismus, Marxismus und Demokratie, aber auch die Rassenidee und die Judenfeindschaft. Die Deutsche Adelsgenossenschaft, die repräsentative Vertretung des niederen Adels, war seit ihrer Gründung im Jahre

1874 antisemitisch und im 20. Jahrhundert immer mehr zu einem Teil der völkischen Bewegung geworden.

Nach den Recherchen des Historikers Stephan Malinowski waren fast alle bekannten preußischen Adelsfamilien schon vor 1933 in der NSDAP zahlreich vertreten, danach erst recht. 312 der von ihm untersuchten Familien stellten 3592 Parteimitglieder. Von den Alvenslebens über die Arnims, Bernstorffs, Bismarcks, Dohnas, Hardenbergs, Krosigks, Lettows, Oertzens, Richthofens, Schulenburgs, Schwerins, Tresckows, Witzlebens, Wrangels bis zu denen von Zitzewitz: Alle zählten sie in ihren Reihen viele „Parteigenossen" und nicht wenige „alte Kämpfer", die der Partei Hitlers schon vor dem 30. Januar 1933 beigetreten waren. Die Zahl der höheren SA- und SS-Führer mit klangvollen Adelsnamen war beträchtlich. Prinz August Wilhelm („Auwi") von Preußen, ein Sohn Kaiser Wilhelms II., wurde mit dem Dienstgrad eines Standartenführers in die SA aufgenommen und brachte es dort zum Obergruppenführer; der Adjutant von Reichspropagandaminister Joseph Goebbels, Friedrich Christian Prinz zu Schaumburg-Lippe, erhielt auf Anhieb den Titel eines SS-Obersturmbannführers. 1938 gehörten 8,4 Prozent der Standartenführer, 14,3 Prozent der Brigadeführer, 9,8 Prozent der Gruppenführer und 18,7 Prozent der Obergruppenführer der SS zum Adel.

Die konservativen Koalitionspartner waren notwendig, um der Regierung Hitler bei der Reichstagswahl vom 5. März 1933 zur Mehrheit zu verhelfen. Die NSDAP wurde bei dieser letzten, noch halbwegs freien Wahl mit 43,9 Prozent die bei weitem stärkste Partei, aber erst die 8 Prozent, die auf die „Kampffront Schwarz-Weiß-Rot", einen Zusammenschluss der Deutschnationalen und parteiloser Konservativer um Vizekanzler Franz von Papen, fielen, brachten der „nationalen Regierung" die absolute Mehrheit. Es folgte der „Tag von Potsdam": Am 21. März 1933 fand in der Garnisonkirche der heimlichen Hauptstadt Preußens die Eröffnung des neugewählten Reichstags, natürlich ohne Sozialdemokraten und Kommunisten, statt.

Die Feierlichkeiten waren darauf angelegt, Hitlers Bekenntnis zur Verbindung von „alter Größe" und „junger Kraft" zu unterstreichen. Als Reichspräsident von Hindenburg in der Garnisonkirche allein in die Gruft zum Sarg Friedrichs des Großen hinunterstieg, um stumme Zwiesprache mit dem Preußenkönig zu halten, trat bei vielen Deutschen die gleiche patriotische Rührung ein, die seit Jahren die Fridericusfilme der „Ufa", eines Teils des Medienkonzerns des deutschnationalen Parteiführers Alfred Hugenberg, hervorriefen. Doch das alte Preußen erlebte am 21. März 1933 keine Auferstehung. Die neuen Machthaber nahmen nur seinen Mythos in den Dienst, um sich den Schein einer noch höheren Legitimation zu verschaffen als jener, die sie am 5. März durch die Wähler erhalten hatten.

Hitler brauchte den Preußenmythos schon deshalb, weil er kein Preuße war. Als von Haus aus katholischer Österreicher schuldete er dem evangelischen Deutschland den Nachweis, dass er „dazugehörte". Die Berufung auf Friedrich den Großen (den er wirklich bewunderte) und Bismarck (bei dem er das auch, obschon mit Einschränkungen, tat) diente diesem Zweck. Die Verbeugungen vor dem alten Preußen halfen dem „Führer", sich die Loyalität derer zu sichern, denen die preußischen Werte und Tugenden etwas bedeuteten: obenan den Offizieren und Beamten, die in der Tradition des Hohenzollernstaates groß geworden waren. Sie bedurften schließlich auch einer gewissen psychologischen Entschädigung dafür, dass bald nach dem „Tag von Potsdam" die Entmachtung des konservativen Koalitionspartners der NSDAP begann: Am 27. Juni 1933 trat Hugenberg von seinen Ämtern als Reichs- und preußischer Minister für Wirtschaft und Landwirtschaft zurück. Am selben Tag löste sich die „Deutschnationale Front", die vormalige DNVP, auf.

Die Wehrmacht, der stärkste Rückhalt des Preußentums, war Hitler für ihre Aufwertung durch Aufrüstung so dankbar, dass sie ihm die Ermordung zweier ihrer Generäle, Kurt von Schleicher und Ferdinand von Bredow, während des sogenannten Röhm-Putsches am 30. Juni 1934 nachsah. Eine militärische Opposition gegen Hitler formte sich erst in der „Sudetenkrise" vom Sommer 1938 heraus, als zeitweilig ein Krieg mit Frankreich und Großbritannien drohte. Im Jahr darauf, bei der Vorbereitung des Polenfeldzugs, war davon kaum noch etwas zu spüren.

Die Wehrmacht blieb auch nicht „sauber", als Hitlers Rassen- und Eroberungskrieg in Polen begann und in der Sowjetunion seine blutige Fortsetzung fand. Der Generalfeldmarschall Walter von Reichenau machte sich am 10. Oktober 1941 zum Sprachrohr Hitlers, als er den „Soldaten im Ostraum" zum „Träger einer unerbittlichen völkischen Idee" erklärte, der „für die Notwendigkeit der harten, aber gerechten Sühne am jüdischen Untermenschentum volles Verständnis haben" müsse. General Erich von Manstein formulierte fast wortgleich: „Für die Notwendigkeit der harten Sühne am Judentum, dem geistigen Träger des bolschewistischen Terrors, muss der Soldat Verständnis aufbringen." Selbst General Erich Hoepner, ein Mann des Widerstands, rechtfertigte am 2. Mai 1941 den Krieg gegen die Sowjetunion, bevor er überhaupt begonnen hatte, mit den Worten: „Es ist der alte Kampf der Germanen gegen das Slawentum, die Verteidigung europäischer Kultur gegen moskowitisch-asiatische Überschwemmung, die Abwehr des jüdischen Bolschewismus."

Der Widerstand von Offizieren, Diplomaten und Beamten setzte in der Regel sehr viel später ein als der von „unten", aus den Reihen der gespaltenen Arbeiterbewegung. Ein früher Gegner Hitlers aus dem preußischen Adel, Ewald von Kleist-Schmenzin, setzte als Deutschnationaler Anfang 1933 auf ein autoritäres Regime, das vermutlich den Bürgerkrieg bedeutet hätte, aber er stand mit dieser Position unter seinen Standesgenossen ziemlich allein. Bei den meisten, die sich während des Krieges zum Kampf gegen Hitler entschlossen, war das Entsetzen über die systematische Ausrottung der Juden das entscheidende Motiv. Wann immer ihr Widerstand begann, was immer ihre (zumeist nicht gerade demokratischen) Vorstellungen von der Zukunft Deutschlands waren: Ihre Auflehnung war ein Aufstand des Gewissens. Und sie war bei vielen der Wunsch, eigene Irrtümer, eigenes Versagen und eigene Schuld durch den Einsatz des Lebens wiedergutzumachen.

Nach dem gescheiterten Attentat auf Hitler am 20. Juli 1944 zeigte sich, dass es noch immer ein anderes Preußen und ein anderes Deutschland gab. Beim Prozess vor dem Volksgerichtshof bekannte sich ein Angeklagter nach dem anderen zu seiner Verantwortung und bot, den sicheren Tod vor Augen, dem tobenden Präsidenten Roland Freisler die Stirn. Ulrich Wilhelm Graf Schwerin von Schwanenfeld, Mitarbeiter der Dienststelle des Generalquartiermeisters, nannte als einen Beweggrund für sein Handeln „die vielen Morde in Polen". Peter Graf Yorck von Wartenburg erklärte: „Das Wesentliche ist, was alle diese Fragen verbindet, der Totalitätsanspruch des Staates gegenüber dem Staatsbürger unter Ausschaltung seiner religiösen und sittlichen Verpflichtungen Gott gegenüber." Hans-Bernd von Haeften, Vortragender Legationsrat im Auswärtigen Amt, sprach für alle seine Freunde, als er sagte: „Nach der Auffassung, die ich von der weltgeschichtlichen Rolle des Führers habe, nehme ich an, dass er ein großer Vollstrecker des Bösen ist."

Die Verschwörung des 20. Juli 1944 war kein Aufstand des Adels und auch nicht des preußischen Adels gegen Hitler. Es war eine Minderheit, die moralische Elite der altpreußischen Führungsschicht, die sich, nachdem sie den verbrecherischen Charakter des Regimes erkannt hatte, zum Kampf gegen den „Führer" des „Großdeutschen Reiches" und Oberbefehlshaber der Wehrmacht entschloss. Hätte es diesen Kampf nicht gegeben, wäre das Urteil der Nachwelt über Preußen wohl ein anderes: ein ganz und gar negatives.

Das „Dritte Reich" betrieb seinen Preußenkult bis zum bittern Ende. Noch im April 1945 hing im Führerbunker ein Bild Friedrichs des Großen, auf das Hitler besonders dann zu blicken pflegte, wenn er schlechte Nachrichten von der immer näher rückenden Front erhielt. Ein paar Tage vor dem 12. April, dem Todestag des schwerkranken amerikanischen Präsidenten Franklin Delano Roosevelt, las ihm Goebbels aus der Friedrich-Biografie des schottischen Historikers Thomas Carlyle den Passus vor, der von dem „Mirakel des Hauses Brandenburg" handelte: der Rettung Preußens im Siebenjährigen Krieg, ermöglicht durch den Tod der Zarin Elisabeth und die Thronbesteigung Peters III., der den Krieg mit Preußen sogleich beendete. Als Goebbels am Freitag, dem 13. April 1945, die Nachricht vom Tod Roosevelts erhielt, jubelte er: „Die Zarin ist tot." Doch das Wunder von 1762 wiederholte sich nicht. Am 30. April beging Hitler Selbstmord. Am 8. Mai 1945 folgte die bedingungslose Kapitulation des Deutschen Reiches.

Die Begründung, die der Alliierte Kontrollrat wählte, als er am 25. Februar 1947 durch das Gesetz Nr. 46 den Staat Preußen auf-

Die Militärführer der Alliierten im Juli 1945 in Berlin, unter anderem Sowjet-Marschall Georgij Schukow (vorn, 2. v. l.) und der britische Feldmarschall Bernard Montgomery (3. v. l.)

löste, ließ an Eindeutigkeit nichts zu wünschen übrig: Preußen sei „seit jeher Träger des Militarismus und der Reaktion in Deutschland" gewesen und habe in Wirklichkeit zu bestehen aufgehört. Das war nicht rundum falsch, aber zu pauschal, um richtig zu sein. Vom anderen Preußen, das es auch immer gegeben hatte, war im Spruch der Alliierten keine Rede: weder vom Preußen der Aufklärung oder dem der Stein-Hardenbergschen Reformen noch vom republikanischen Preußen der Weimarer Zeit oder dem des 20. Juli 1944.

Die Aburteilung machte es Nicht- oder „Muss"-Preußen leicht, sich auf der Seite eines besseren Deutschland zu wähnen. Konrad Adenauer meinte bereits rund ein Jahr vor dem Gesetz Nr. 46 in einer Grundsatzrede als erster Vorsitzender der CDU in der britischen Besatzungszone, die er am 24. März 1946 in der Kölner Universität hielt, nach dem Krieg von 1870/71 sei der „Militarismus zum beherrschenden Faktor im Denken und Fühlen breitester Volksschichten" geworden; nach der „Gründung des Kaiserreichs unter preußischer Vorherrschaft" habe sich „der Staat aus seinem ursprünglich lebendig gefügten Wesen mehr und mehr in eine souveräne Maschine" verwandelt. Dass Preußen auch andere Seiten hatte, wusste der ehemalige Kölner Oberbürgermeister und Präsident des Preußischen Staatsrates sehr wohl. Aber 1946 zog er es vor, darüber zu schweigen.

Die Beseitigung des ostelbischen Rittergutsbesitzes erfolgte nach 1945 in zweierlei Form: durch die Vertreibung der Deutschen aus den Gebieten östlich von Oder und Görlitzer Neiße, die polnischer beziehungsweise, im Fall des nördlichen Ostpreußens um Königsberg, sowjetischer Verwaltung unterstellt wurden, und durch die „Bodenreform" in der Sowjetischen Besatzungszone, der späteren DDR. Zwischen Parteigängern und Gegnern des Nationalsozia-

Die deutsche Bevölkerung Ostpreußens flieht im Januar und Februar 1945 vor der anrückenden Roten Armee

lismus unterschied die sowjetische Besatzungsmacht dabei nicht, und von Entschädigungen war ohnehin keine Rede. Die westlichen Besatzungszonen zogen Nutzen daraus, dass es auf ihrem Gebiet so gut wie keinen Rittergutsbesitz gab. Das Fehlen feudaler Relikte ist nicht der einzige Grund, weshalb „Bonn" nicht „Weimar" wurde, aber es ist ein wichtiger Grund. Wäre es anders gewesen, hätte die zweite deutsche Demokratie sehr viel mehr Probleme zu bewältigen gehabt, als es nach 1949 der Fall war.

Ob es 1947 noch etwas aufzulösen gab, was sich als „Preußen" bezeichnen ließ, ist zweifelhaft. Im „Dritten Reich" hatte es zwar einen preußischen Ministerpräsidenten namens Hermann Göring gegeben, aber kein handlungsfähiges Staatswesen namens Preußen. Manches spricht dafür, das „Ende Preußens" auf den 20. Juli 1932, den Tag des „Preußenschlags", zu datieren, manches für den anderen und bekannteren 20. Juli, den des Jahres 1944.

Preußen ist untergegangen. Sein Untergang war in letzter Instanz eine Folge der Widersprüche, die von jeher in ihm angelegt waren. Preußen nachzutrauern oder es zu verherrlichen verbietet sich angesichts seiner Geschichte. Es ohne Wenn und Aber zu verdammen wäre gleichfalls unhistorisch. Sechs Jahrzehnte nach dem Kontrollratsgesetz Nr. 46 spricht alles für einen kritischen und differenzierten Umgang mit dem sperrigen Thema Preußen.

Der rote Zar

Unter dem sozialdemokratischen Politiker
Otto Braun erlebte Preußen seine letzte Glanzzeit.

Von Norbert F. Pötzl

Die beiden Regierungschefs brauchten, wenn sie miteinander reden wollten, bloß über die Straße zu gehen. Der Reichskanzler residierte in der Wilhelmstraße 77, der preußische Ministerpräsident schräg gegenüber, im Staatsministerium mit der Hausnummer 63.

Doch zwischen den beiden Adressen in Berlin-Mitte lagen Welten. Im Reich ging es drunter und drüber, der Hausherr im Reichskanzlerpalais wechselte alle paar Monate, die Weimarer Republik erlebte zwischen 1919 und 1933 insgesamt 12 Kanzler und 21 Reichskabinette.

Preußen hingegen erwies sich als Hort der Stabilität und Ordnung, der Ministerpräsident hieß, von zwei kurzen Unterbrechungen abgesehen, von März 1920 bis 1933 Otto Braun. Unter der Führung des Sozialdemokraten entwickelte sich Preußen zu einem modernen Freistaat, der durch die Republikanisierung des Beamtenapparats und der Polizei eine der Hauptstützen der ersten deutschen Demokratie bildete.

Gegner wie Bewunderer nannten Otto Braun den „roten Zaren von Preußen", eine Bezeichnung, die er selbst für eine gehässige und bösartige Erfindung seiner Feinde hielt. Mit seinen Parteifreunden lag der dickschädlige Ostpreuße oft über Kreuz. Die SPD-Führung im Reich hätte den preußischen Staat nach der Revolution am Ende des Ersten Weltkriegs am liebsten von der Landkarte getilgt – schließlich waren schon nach August Bebels fester Überzeugung „preußischer Geist und preußische Regierungsgrundsätze" der „Todfeind aller Demokratie".

Brauns Preußen knüpfte indes an die guten Traditionen an – die von Aufklärung und Toleranz. „Das neue, das demokratische Preußen soll man nicht zerschlagen", forderte er. Preußen umfasste drei Fünftel der Gesamtbevölkerung des Reichs. Mit einem Stimmenanteil von zwei Fünfteln im Reichsrat konnte Preußen jede Verfassungsänderung verhindern. Als Bewahrerin Preußens wirkte eine Koalition, die ironischerweise aus den in der Bismarck-Ära geächteten Gruppen bestand: Der Sozialdemokrat Braun regierte im Bündnis mit dem katholischen Zentrum und der linksliberalen Deutschen Demokratischen Partei.

Braun, schrieb der Historiker Hagen Schulze in seiner 1977 erschienenen Biografie, „war eine Figur, die die konservativen Parteien gerne im eigenen Lager gesehen hätten": „Er besaß viele jener Attribute, vom ‚herrenmäßigen' Auftreten über den einfachen Lebenszuschnitt bis hin zu seinem autokratischen Regierungsstil, die in der altpreußischen Grundbesitzer- und Beamtenschicht als eigentypisch betrachtet wurden."

Otto Braun, 1872 in Königsberg geboren, war freilich in ärmlichsten Verhältnissen aufgewachsen. Sein Vater, einst selbständiger Schuhmacher, hatte die Familie als Bahnarbeiter über Wasser gehalten. Der Sohn erlernte das Steindruckerhandwerk, schloss sich als 16-Jähriger der noch illegalen sozialdemokratischen Partei an und wurde Funktionär im örtlichen Arbeiter-Wahlverein, der damaligen Organisationsform der Partei.

Ostpreußen war eine Agrarprovinz, mit wenigen Herren und vielen Knechten. Friedrich Engels hatte die ostelbischen Landarbeiter schon 1870 als die „zahlreichsten und natürlichsten Bundesgenossen" des Industrieproletariats bezeichnet. Die sollten nun für die SPD gewonnen werden, und Braun betätigte sich als Landagitator. Er stieg zum Vorsitzenden der ostpreußischen SPD auf und gehörte dem Parteivorstand im Reich von 1911 bis 1919 an. Nach der Novemberrevolution 1918 übernahm Braun das preußische Landwirtschaftsministerium. Dort verfolgte er vor allem den Plan, ehemalige Soldaten auf brachliegenden Ländereien anzusiedeln, was jedoch am Widerstand der Großgrundbesitzer scheiterte.

Die eher rechten Koalitionspartner überließen Braun gern den Posten des Ministerpräsidenten, weil sie irrigerweise glaubten, in dieser Funktion sei er, wie in der Presse zu lesen war, „viel weniger in der Lage, ausgesprochene Parteipolitik zu treiben", das Amt sei „mehr dekorativer Natur" – seine Gegner hatten offenbar die neue preußische Verfassung nicht richtig gelesen, die den Regierungschef mit einer weitreichenden Richtlinienkompetenz ausstattete.

Braun konnte sich derart profilieren, dass die SPD ihn trotz ständiger Querelen mit der Parteiführung 1925 nach dem Tod Friedrich Eberts als Kandidat für das Amt des Reichspräsidenten aufstellte. Im ersten Wahlgang erhielt er 29 Prozent der Stimmen – 3 Prozentpunkte mehr, als die SPD bei der vorangegangenen Reichstagswahl errungen hatte. Da das Zentrum keinen sozialdemokratischen Bewerber unterstützen mochte, trat Braun zum zweiten Wahlgang nicht mehr an; gewählt wurde Generalfeldmarschall Paul von Hindenburg, der Kandidat des rechten „Reichsblocks".

Braun erkämpfte die Unabhängigkeit seines Kabinetts und seiner Politik vom Reich – egal, wer auf der anderen Seite der Wilhelmstraße gerade regierte. Als jedoch Adolf Hitlers Nationalsozialisten immer mehr Zulauf bekamen, stützte Braun, um „Schlimmeres" zu verhüten, den ab 1930 amtierenden Zentrums-Kanzler Heinrich Brüning. Dessen Sturz hätte auch die preußische Koalition zerbrechen lassen. Dabei nahm Braun in Kauf, für Brünings rigiden Sparkurs und die verfassungsrechtlich bedenklichen Notverordnungen, mit denen der Kanzler regierte, in Mithaftung genommen zu werden.

Bei der preußischen Landtagswahl am 24. April 1932 steigerten sich die Nationalsozialisten von 2,9 auf 36,3 Prozent der Wählerstimmen und ließen die SPD, die nur noch auf 21,2 Prozent kam, weit hinter sich. Den Nazis und den Deutsch-Nationalen fehlten, rechnet man weitere rechte Splitterparteien hinzu, nur neun Sitze zur absoluten Mehrheit. Aber es reichte eben auch nicht für eine Regierungsbildung, weshalb Brauns Koalition geschäftsführend im Amt blieb.

Am 30. Mai 1932 entließ Hindenburg den Reichskanzler Brüning und ersetzte ihn durch Franz von Papen, einen reaktionären westfälischen Landadligen, der zwei Tage nach seiner Ernennung aus der Zentrumspartei austrat. Papens „Kabinett der Barone" war allein vom Vertrauen Hindenburgs und der Tolerierung durch die NSDAP getragen. Eine preußische Regierung, die die Nazis von der Macht fernhalten wollte, stand ihm da im Wege. „Es hatte wenig Sinn, im Reiche zu einer besseren Ordnung der Dinge zu schreiten, wenn sie nicht gleichzeitig auch in Preußen hergestellt werden konnte", rechtfertigte Papen noch 1952 in seinen Memoiren seinen von langer Hand vorbereiteten „Preußenschlag".

Am Vormittag des 20. Juli 1932 klingelte ein Beamter der Reichskanzlei an Brauns Dreizimmerhäuschen in Berlin-Zehlendorf. Das Schreiben, das der Bote überreichte, enthielt einen einzigen Satz: Papen teilte mit, als vom Reichspräsidenten eingesetzter Reichskommissar für das Land Preußen enthebe er Braun seines Amtes als preußischer Ministerpräsident.

Gegen Papens Staatsstreich wollte Braun allein mit rechtlichen Mitteln Widerstand leisten. Das wirksamste Gegenmittel wäre ein Generalstreik gewesen, den Papens Kabinett am meisten fürchtete, war doch der rechtsradikale „Kapp-Putsch" im Frühjahr 1920 an einem flächendeckenden Ausstand der Arbeiter gescheitert. Damals hatte freilich nahezu Vollbeschäftigung geherrscht; nun aber gab es mehr als fünf Millionen Arbeitslose, und die SPD konnte sich ausrechnen, dass ein Aufruf zur Arbeitsniederlegung wenig bewirkt hätte. Auch eine blutige Auseinandersetzung der preußischen Polizei mit der waffentechnisch überlegenen Reichswehr mochte Braun nicht heraufbeschwören.

Die preußische Koalition rief den Staatsgerichtshof an und hoffte, die Regierung Papen würde bei der anstehenden Reichstagswahl vom Wähler abgestraft. Doch die NSDAP konnte ihren Stimmenanteil gegenüber der vorangegangenen Wahl im September 1930 auf 37,4 Prozent mehr als verdoppeln. Und der Staatsgerichtshof fällte am 25. Oktober 1932 ein zwiespältiges Urteil: Einerseits rehabilitierte er die Regierung Braun von dem Vorwurf, Preußen habe seine Pflichten verletzt, andererseits billigte er auch das Vorgehen des Reichspräsidenten.

Noch einige Monate kümmerte die rechtmäßige preußische Regierung im Schatten der Reichskommissare dahin, tagte in Restaurants und Kneipen, bis ihr die neuen braunen Machthaber im März 1933 endgültig den Garaus machten. Otto Braun emigrierte in die Schweiz. Er starb 1955 in Locarno.

„Ein Bollwerk der Demokratie"

Der australische Historiker und Bestseller-Autor Christopher Clark über Preußen und den deutschen Sonderweg

Das Gespräch führten Martin Doerry und Klaus Wiegrefe.

SPIEGEL: Professor Clark, was reizt einen Australier, der im englischen Cambridge lehrt, ein umfangreiches Werk über preußische Geschichte zu schreiben?
CLARK: Ich habe in den achtziger Jahren in West-Berlin studiert und fand es faszinierend, am Grenzübergang Bahnhof Friedrichstraße das Herz des alten preußischen Berlin zu betreten, das im Osten der geteilten Stadt lag. Man sagt, die Vergangenheit sei ein fernes Land, und in Berlin war genau das der Fall.
SPIEGEL: Und was hat Sie nach Berlin gelockt?
CLARK: Es gibt zwischen Preußen und Australien manche Verbindung. Einer unserer größten Entdecker war Ludwig Leichhardt, ein Brandenburger aus der Nähe von Beeskow, der in den vierziger Jahren des 19. Jahrhunderts Tausende Kilometer unter größten Strapazen durch Australien gereist ist. Er gilt als Alexander von Humboldt Australiens. Auch unsere Weinindustrie wurde von Einwanderern aus Preußen gegründet.
SPIEGEL: Das klingt nach Folklore.
CLARK: Es gibt auch politische Analogien. Australien ist wie Preußen ein Kunststaat. Die einzelnen Kolonien waren etabliert, bevor es Australien gab. Auch Brandenburg, Schlesien, Pommern existierten vor Preußen.
SPIEGEL: Und das rechtfertigt den Begriff Kunststaat?

CHRISTOPHER CLARK zählt zu den führenden Deutschland-Historikern in der englischsprachigen Welt. Im Februar 2007 erschien sein Buch „Preußen. Aufstieg und Niedergang 1600–1942" bei der DVA. Clark ist Professor für Neuere Europäische Geschichte am St. Catharine's College im britischen Cambridge.

CLARK: Nehmen Sie Preußen 1815. Ungefähr die Hälfte der Einwohner waren eine Generation zuvor noch nicht Preußen gewesen. Und das hat sich oft wiederholt: Immer wieder mussten neue Bevölkerungsgruppen integriert werden. Nach den Zerstörungen durch den Dreißigjährigen Krieg siedelten sich Einwanderer in Brandenburg an, mit den Teilungen Polens Ende des 18. Jahrhunderts kamen neue Landesteile hinzu, später wurden dann die Gebiete im Westen und das Großherzogtum Posen zu Preußen geschlagen.

SPIEGEL: Die Vielfalt Preußens hat die Beobachter schon immer fasziniert. Es war Hort der Aufklärung mit einem vorbildlichen Rechtssystem, lag an der Spitze bei der Bekämpfung des Analphabetentums, die Universitäten genossen Weltruf. Gleichzeitig dominierten die Militärs das Land. Wie lässt sich dieser Gegensatz erklären?

CLARK: Ich würde gern eine Gegenfrage stellen: Ist Preußen wirklich so viel widersprüchlicher als andere Staaten, dass dies nach einer eigenen Erklärung verlangt? Wenn es im 19. Jahrhundert ein Land gibt, das modern und kapitalistisch ist, mit einer freiheitlichen Verfassung, dann die USA. Zugleich finden Sie dort Sklaverei, Rassismus und die Ausrottung der Indianer mit einem beinahe genozidalen Krieg...

SPIEGEL: ... das kleine Preußen und die großen USA eigenen sich schlecht für einen Vergleich.

CLARK: Gut, also nehmen Sie Großbritannien: Ein parlamentarisches und vergleichsweise liberales Regierungssystem. Und dann kommt es ab 1845 in Irland, das zu Großbritannien gehört, zu einer Hungersnot, und die britischen Behörden verschleppen Hilfsmaßnahmen, so dass bis zu eine Million Menschen sterben. Wäre das im polnischen Teil Preußens passiert, würde man heute von einem Vorspiel zur Polenpolitik des „Dritten Reiches" sprechen.

SPIEGEL: Wie begründen Sie denn, dass immer wieder Beobachtern die Gegensätzlichkeit Preußens auffiel?

CLARK: Diese Figur des Paradoxes stammt ursprünglich von Madame de Staël, die 1810 schrieb, Preußen sei wie ein Januskopf, mit zwei Gesichtern. Das wurde von den Historikern übernommen und weitergegeben bis die Modernisierungstheoretiker im

20. Jahrhundert behaupteten: Preußen ist zerrissen zwischen Moderne und Rückständigkeit, und daraus resultiert ein deutscher Sonderweg, der zu 1933 führt.

SPIEGEL: Preußen gleich Deutschland?

CLARK: Mit dem deutschen meint man eigentlich den preußischen Sonderweg. Wenn man von der Beharrung alter Eliten spricht, meint man die Junker, wenn man von der Übermacht des Staates spricht, meint man den preußischen Staat. Im kollektiven Gedächtnis ist diese Version zu einer Art zebragestreifter Meistererzählung geworden.

SPIEGEL: Was sollen wir uns darunter vorstellen?

CLARK: Gutes und Böses wechseln sich angeblich ab, also schwarz-weiß-schwarz-weiß. Erst kommt im 18. Jahrhundert die Aufklärung – da heißt es „Hurra". Für die Gegenaufklärung gibt es dann ein „Buh", für die Preußischen Reformen wieder ein „Hurra", anschließend für die Restauration ein „Buh", und so weiter.

SPIEGEL: Was finden Sie daran falsch?

CLARK: Damit macht man es sich zu einfach. Natürlich ist es eine legitime Frage, wie es zu 1933 kommen konnte. Diese Frage hat aber die preußische Geschichte bislang zu stark überschattet. Oft ist vorher klar, wer die Bösen – die Wegbereiter Hitlers – sind, und wer die guten, die progressiven Kräfte.

SPIEGEL: Bitte ein Beispiel.

CLARK: Nehmen Sie die Junker und die Bauern im 18. Jahrhundert.

SPIEGEL: Nach gängiger Lesart begann damals die Militarisierung der Deutschen. Die Bauern mussten als Soldaten dienen, die Offiziere jedoch entstammten den Familien adliger Gutsherren, die damit nicht nur Arbeitgeber der Bauern waren, sondern auch deren militärische Vorgesetzte wurden.

CLARK: Genau. Aber die meisten Männer haben nicht oder nur kurz gedient; das Heer bestand zu einem Drittel aus Ausländern. Die Soldaten arbeiteten zudem nebenbei, ihre Frauen wohnten bei ihnen. Die Männer wurden nicht in Kasernen zusammengezogen und dann indoktriniert. Das kam viel später. Preußen war ein militarisierter Staat, aber das ist ja nicht gleichzusetzen mit einer militarisierten Gesellschaft.

SPIEGEL: An der Lage der Bauern änderte das doch wenig. Im Preußischen Allgemeinen Landrecht 1794 wurde das Züchtigungsrecht des Gutsherrn festgeschrieben.
CLARK: Auch da hat sich ein neues Bild ergeben. Wir wissen heute, dass die Bauern geklagt haben, wenn sie sich ungerecht behandelt fühlten. Die Gerichte haben dann oftmals zu ihren Gunsten entschieden.
SPIEGEL: Das kann man auch anders lesen: In den Verfahren kam zur Sprache, dass sie geschlagen und eingesperrt wurden. Und woher wissen wir eigentlich, dass es jenen Bauern besser erging, die nicht klagten?
CLARK: Was meinen Sie denn, wie es in England war? Da hat es die Prügelstrafe noch bis ins 20. Jahrhundert gegeben. Es ist nicht so, dass nur in Preußen der kleine Mann drangsaliert wurde. Den Bauern in Brandenburg ging es besser oder zumindest nicht schlechter als in Süddeutschland. Es fehlte nie an Einwanderern, die bereit waren, sich auf die preußischen Verhältnisse einzulassen.
SPIEGEL: Hat es in Preußen – anders als in Frankreich – vor 1848 keine Revolution gegeben, weil es den Bauern zu gutging?
CLARK: Das ist zumindest ein Argument.
SPIEGEL: Sie scheinen das Ausbleiben einer Revolution nicht zu bedauern.
CLARK: Das ist ja die Kernfrage der Debatte um den Sonderweg. In England und Frankreich hat man die Könige geköpft. In Berlin rief die Menge während der Revolution 1848 Friedrich Wilhelm IV. zu „Hut ab", sie rief nicht „Kopf ab". Aber deshalb sollte man nicht den Wandel unterschätzen, der sich in Preußen im 19. Jahrhundert vollzogen hat. Nehmen Sie die Revolution von 1848/49. Die war nicht nur ein Misserfolg.
SPIEGEL: Da sind wir gespannt.
CLARK: Preußen wurde erstmals in seiner Geschichte ein konstitutioneller Staat. Es hat also eine Verfassung gegeben...
SPIEGEL: ... die später der König und Bismarck manipulierten.
CLARK: Aber dennoch war sie Bestandteil des öffentlichen Lebens. Auch wandelte sich die Pressepolitik, so dass eine liberale Öffentlichkeit entstand. Und viele Liberale von 1848 haben den Marsch durch die Institutionen angetreten und diese verändert. Ich bin

nicht sicher, dass Deutschland an einem Revolutionsdefizit gelitten hat.
SPIEGEL: Sie beschreiben einen Wandel von oben, staatlich gewährt wie die Preußischen Reformen, nicht vom Volk erzwungen.
CLARK: Wieder eine Gegenfrage: Was ist eigentlich besser: Dass eine Verwaltung vernünftige Politik macht und dem Volk Reformen gewährt oder eine Situation wie in Frankreich mit den revolutionären Exzessen? Wo hätten Sie lieber gelebt: in Paris 1793 während des jakobinischen Terrors oder im zugegebenermaßen etwas langweiligen Berlin? Es gehört zur Meistererzählung, die wir nur ungern loslassen, dass Revolutionen an sich etwas Fabelhaftes sind.
SPIEGEL: Dann widersprechen Sie vermutlich auch der These, dass in Preußen eine beeindruckende wirtschaftliche und gesellschaftliche Modernität mit großer politischer Rückständigkeit einherging?
CLARK: Das trifft erst auf das Preußen innerhalb des vereinten Deutschlands zu, also nach der Reichsgründung 1871. Da war Preußen mit seinem Dreiklassenwahlrecht wirklich rückständig gegenüber den anderen Gebieten des Reiches.
SPIEGEL: Es gibt also nicht einen preußischen, sondern nur einen deutschen Sonderweg?
CLARK: Welches Land hat keinen Sonderweg?
SPIEGEL: Uns geht es um den Weg zu 1933.
CLARK: Ich würde ihn nicht im Kaiserreich oder gar bei Luther beginnen lassen wie manche Sonderweg-Historiker, sondern eher mit dem Ende des Ersten Weltkriegs. Damit stehe ich übrigens nicht allein. Eine ganze Reihe britischer Historiker haben die Sonderweg-These kritisiert, vor allem aus der linken Ecke, was die deutschen Sonderweg-Historiker etwas irritiert hat.
SPIEGEL: Das klingt so, als wenn Preußen mit dem Nationalsozialismus nichts zu tun hat.
CLARK: Die Sache wird dadurch kompliziert, dass die Nazis sich als Preußen ausgegeben haben. Von Joseph Goebbels gibt es den Satz: „Wo immer wir Nationalsozialisten auch stehen, in ganz Deutschland sind wir die Preußen." Die Nazis benutzten allerdings lieber den Begriff Preußentum, das war eine Abstraktion, eine Art Tugendkatalog: Kampfeswille, Gehorsam...

SPIEGEL: ... die haben nur die schwarzen Streifen des Zebras genommen?

CLARK: Ja, die uns heute schwarz erscheinenden Streifen. Die Nazis gingen dabei höchst selektiv vor. Friedrich den Großen haben sie als großen Feldherrn gefeiert, aber seine Frankophilie, seine Toleranz, seine ambivalente Sexualität haben sie verschwiegen.

SPIEGEL: In welchem Verhältnis steht denn nun Preußen zum Nationalsozialismus?

CLARK: In einem absoluten Gegensatz. Preußen steht für die Hoheit des Staates, für die Idee, dass der Staat die gesamten Interessen der Zivilgesellschaft in sich aufnimmt. Für die Nazis war das unvorstellbar, sie wollten ein völkisches Gebilde an die Stelle des Staates setzen.

SPIEGEL: Was ist mit der preußischen Tradition des skrupellosen Angriffskrieges, mit Friedrich dem Großen, der 1740 in Schlesien einfiel?

CLARK: Hitlers Kriege gegen Polen, Frankreich oder die Sowjetunion haben nichts mit dem Einmarsch Friedrichs in Schlesien gemein. Da gilt immer noch der Satz von Leopold von Ranke: Jede Epoche ist unmittelbar zu Gott. Sie müssen sich in die Situation von 1740 versetzen.

SPIEGEL: Und was sehen wir dann?

CLARK: Friedrich ist nur den Sachsen zuvorgekommen, und niemand hätte es den Sachsen übelgenommen, wenn sie Schlesien zuerst attackiert hätten. Es ging um die Erbfolge der Habsburger, die in Schlesien regierten. Und alle – Sachsen, Bayern, Franzosen und andere – wollten ein Stück von dem Habsburger Reich.

SPIEGEL: Und wie beurteilen Sie den von Bismarck provozierten Deutsch-Französischen Krieg von 1870/71?

CLARK: Die Franzosen waren nicht bereit, ohne Krieg ein geeintes Deutschland zuzulassen. Mit Hitlers Kriegen hat das nichts zu tun.

SPIEGEL: Dann ist vermutlich auch der Militarismus des Kaiserreichs kein Bindeglied zwischen Preußen-Deutschland und den Nazis?

CLARK: Es gab in vielen Ländern Europas im letzten Drittel des 19. Jahrhunderts eine Militarisierungswelle, die ähnliche Formen

angenommen hat. Sicherlich war das Militär im öffentlichen und privaten Leben in Preußen dominant. Der Dienst als preußischer Reserveoffizier galt vielen Bürgerlichen als Statussymbol. Selbstverständlich hat man bei öffentlichen Veranstaltungen den Militärs Ehrenplätze eingeräumt. Aber schauen Sie nach Großbritannien: Dort lockte die ultrarechte National Service League mit ihren Vorurteilen von der Überlegenheit der britischen Rasse gut 100 000 Mitglieder an, darunter 177 Abgeordnete aus dem Unterhaus.
SPIEGEL: Und wie verhält es sich mit der preußischen Armee, die keiner direkten parlamentarischen Kontrolle unterworfen war?
CLARK: Da kann man wirklich von einem preußischdeutschen Sonderweg sprechen; die Armee war eine Art Prätorianergarde des Königs und Kaisers. Nur verschieben Sie damit die Perspektive. Bisher sah man im Militarismus ein kulturelles Phänomen. Die Deutschen seien Ende des 19. Jahrhunderts reaktionär, chauvinistisch und ultranationalistisch geworden aufgrund einer Militarisierung der Gesellschaft. Ich sehe im Militarismus vor allem ein politisches Phänomen. Das lässt sich gut in Deutsch-Südwestafrika beobachten.
SPIEGEL: Sie meinen den Völkermord an den Herero nach deren Aufstand 1904?
CLARK: Ja, der Genozid erklärt sich nicht aus einem Militarismus in den Köpfen, sondern daraus, dass Generalleutnant Lothar von Trotha, Spross einer preußischen Militärfamilie aus Magdeburg, Amok lief. Er ließ die Männer der Herero erschießen und Frauen und Kinder in die Wüste treiben, gegen den Protest des zivilen Gouverneurs. Aufgrund der Militärverfassung dauerte es einige Zeit, bis Bernhard von Bülow, Kanzler und preußischer Ministerpräsident, in Berlin mit einer Intervention beim Kaiser dem Morden Einhalt gebieten konnte. Da war das Schlimmste schon passiert. Bülow hatte eben über Trotha keine direkte Befehlshoheit.
SPIEGEL: Warum sehen Sie in dem Genozid nicht einen Beleg für eine besondere Dehumanisierung preußischer Militärs? Trotha handelte ja nicht allein, sondern befehligte einige tausend Soldaten, die mitmachten.
CLARK: Preußen-Deutschland ist nur eine von vielen Mächten, die in den Kolonien wüteten. Nehmen Sie den Krieg der USA auf

den Philippinen zwischen 1899 und 1902; mindestens 250 000 Einheimische sind in diesem Krieg umgekommen, die Amerikaner haben nur einige tausend Soldaten verloren. Da gab es Befehle, die einen ausgesprochen genozidalen Charakter hatten. Brigadegeneral Jacob H. Smith etwa gab Order, im Kampfgebiet jeden Filipino älter als zehn Jahre niederzumähen.

SPIEGEL: Den Epocheneinschnitt von 1933 können Sie mit solchen Vergleichen aber nicht erklären.

CLARK: Daran bleibt in der Tat etwas Unbegreifliches. Noch am besten lässt er sich aus der extremen Zerrüttung im Ersten Weltkrieg herleiten. Deutschland ist da ein völlig anderes Land geworden.

SPIEGEL: Also erfolgte die sogenannte Machtergreifung Hitlers nicht wegen Preußen?

CLARK: Der Staat Preußen war in der Weimarer Republik sogar ein Bollwerk der Demokratie mit dem Sozialdemokraten Otto Braun als Ministerpräsidenten, einer zutiefst preußischen Gestalt.

SPIEGEL: Sie vergessen die zahlreichen Junker, die 1933 das Ende der Demokratie begrüßten.

CLARK: Nein, natürlich nicht. Mein Kollege Stefan Malinowski hat vor einigen Jahren unwiderlegbar die Affinitäten zwischen dem preußischen Adel und dem Nationalsozialismus dargelegt. Aber interessant ist auch, dass jemand wie der Reichspräsident Paul von Hindenburg eben nicht ein Mann preußischer Traditionen war, auch wenn er das behauptet hat. Seine frühe Karriere wurde geformt durch die Einigungskriege, seine Ansichten hatten mehr mit dem deutschen Nationalismus als mit preußischen Traditionen zu tun.

SPIEGEL: Immerhin folgte er den Einflüsterungen seiner ostelbischen Kamarilla, und so regierten die Junker 1932/33 auf fatale Weise mit.

CLARK: Das stimmt. Hindenburg hat zwei der Vorgänger Hitlers, die Reichskanzler Brüning und Schleicher, auch deshalb entlassen, weil sie Sympathien für eine Bodenreform signalisierten, die zur Aufteilung bankrotter ostelbischer Gutshöfe geführt hätte. Erwähnen muss man auch die Arroganz des preußischen Adels gegenüber Hitler, seine völlige Unfähigkeit, die Gefahr dieses Mannes zu sehen. Die Otto Brauns waren da viel hellsichtiger. Insofern bestreite ich auch nicht, dass in dem Beziehungsgeflecht, das Hitler an die Macht gebracht hat, viele Stränge des preußischen Erbes zu finden sind. Aber es sind immer nur Teilbereiche, in denen preußische Resttraditionen weiterwirkten.

SPIEGEL: Zählen Sie dazu auch die Wehrmacht mit ihrem normfreien Gehorsamsbegriff?

CLARK: Ja, wobei ich bestreite, dass der entleerte Gehorsamsbegriff ein preußischer war. Unter den Widerständlern gegen Hitler sind die ostelbischen Familien bezeichnenderweise besonders prominent vertreten. Henning von Tresckow, einer der führenden Köpfe des 20. Juli, sagte ausdrücklich: Wir verabscheuen die Abkoppelung des Gehorsamsbegriffs von einer moralischen Verpflichtung. Das habe es auch im alten Preußen nicht gegeben.

SPIEGEL: Viele Widerständler erinnerten sich allerdings erst nach Stalingrad wieder an diese Maxime.

CLARK: Gut. Aber welche Beweise gibt es denn, dass die Preußen die größeren Nazis waren? Nehmen wir die Ebene des Völkermordes. Es müsste ja relativ leicht zu beweisen sein, dass sich Badener oder Hamburger nicht zum Massenmord eigneten.

SPIEGEL: Sie spielen auf das Hamburger Reserve-Polizeibataillon 101 an?

CLARK: Diese scheinbar liberalen, vom Mittelstand geprägten Polizisten aus der Hansestadt haben in Polen wie Mordmaschinen gewütet. Wenn überhaupt Gruppen unter den Holocaust-Tätern auffallen, dann sind es die Österreicher und die Deutsch-Balten. Sie sind deutlich überrepräsentiert. Aber nicht die Preußen. Das ist schon eine Art der Entsorgung der Vergangenheit gewesen. Denn bis vor kurzem hat niemand gefragt, warum eigentlich Hamburger oder Sachsen am Holocaust derart beteiligt waren.

SPIEGEL: Sie können der These vom preußisch-deutschen Sonderweg offenbar gar nichts abgewinnen.

CLARK: Die Sonderweg-These war fruchtbar, weil sich die klügsten Geister damit auseinandergesetzt haben. Und sie erfüllte einen volkspädagogischen Zweck, denn sie ermöglichte es, verschiedene Problemkomplexe wie Militarismus, Gehorsamskult, Autoritätsgläubigkeit über den Begriff Preußen zusammen mit dem Nationalsozialismus in einen Topf zu werfen. Das hat die Entstehung einer liberalen Bundesrepublik erleichtert. Aber jetzt ist es Zeit, andere Fragen zu stellen und Raum zu schaffen für neue Sichtweisen.

SPIEGEL: Professor Clark, wir danken Ihnen für dieses Gespräch.

CHRONIK
Preußens Ende

1861 bis 1888 Wilhelm I., ab 1871 Kaiser Wilhelm I.

1862 Preußischer Verfassungskonflikt: Der Landtag verweigert das Geld für eine Heeresreform, die den Adel stärken soll. Wilhelm I. ernennt Bismarck zum Ministerpräsidenten; dieser bricht die Verfassung und regiert gegen das Parlament.

1864 Preußisch-österreichischer Krieg gegen Dänemark. In der Schlacht an den Düppeler Schanzen besiegen preußische Truppen die Dänen. Die Herzogtümer Schleswig, Holstein und Lauenburg werden zunächst von Preußen und Österreich verwaltet.

1866 Der Streit mit Österreich um Holstein führt zum Austritt Preußens aus dem Deutschen Bund und zum Krieg der beiden Großmächte. Er endet überraschend schnell mit dem preußischen Sieg bei Königgrätz. Preußen annektiert das Königreich Hannover, das Kurfürstentum Hessen, das Herzogtum Nassau sowie die bis dahin freie Stadt Frankfurt am Main.

1867 Gründung des von Preußen dominierten Norddeutschen Bundes.

1870/1871 Deutsch-Französischer Krieg. In der Schlacht bei Sedan erringen die vereinten deutschen Armeen einen Sieg über die Franzosen. Frankreich muss einen Teil Lothringens und das Elsass abtreten. Wilhelm I. wird in Versailles zum Kaiser des neuen Deutschen Reiches ausgerufen. Bismarck wird deutscher Reichskanzler, bleibt aber preußischer Ministerpräsident.

1876 Beginn der Germanisierungspolitik gegenüber der polnischen Bevölkerung in den Ostprovinzen: Deutsch wird vorrangige Amtssprache. Deutsche Bauern werden angesiedelt.

1878 Sozialistengesetz gegen die „gemeingefährlichen Bestrebungen der Sozialdemokratie".

1883 bis 1889 Staatliche Fürsorge durch Einführung von Kranken-, Unfall-, Alters- und Invaliditätsversicherung.

1888 Kaiser Friedrich III., der liberale Reformen nach dem Vorbild Großbritanniens anstrebt, stirbt nach nur 99 Tagen im Amt.

1888 bis 1918 Kaiser Wilhelm II.

1890 Entlassung Bismarcks. Wilhelm II. beginnt bald darauf das maritime Wettrüsten mit England.

1906 Begrenzung des Arbeitstags auf neun Stunden. Kinderarbeit wird verboten.

1914 bis 1918 Erster Weltkrieg. Gegen Ende des für Deutschland bereits verlorenen Krieges verweigern Matrosen in Kiel den Befehl zum Auslaufen. Am 9. November 1918 ruft der Sozialdemokrat Philipp Scheidemann in Berlin die Republik aus. Wilhelm II. dankt als deutscher Kaiser und preußischer König am 28. November 1918 ab und geht ins Exil in die Niederlande. Er stirbt am 4. Juni 1941 in Doorn.

1919 Preußen muss im Versailler Vertrag u. a. große Teile Posens und Westpreußens abtreten.

1920 bis 1932 Im Freistaat Preußen regiert fast durchgehend eine „Weimarer Koalition" unter dem Sozialdemokraten Otto Braun.

1932 Preußenschlag: Reichskanzler Franz von Papen stürzt die Regierung Otto Brauns durch einen Staatsstreich. Von Papen wird von Reichspräsident Paul von Hindenburg zum Reichskommissar ernannt.

1933 „Machtergreifung" der Nationalsozialisten auch in Preußen: Adolf Hitler ernennt sich zum Reichsstatthalter des Landes, Hermann Göring wird preußischer Ministerpräsident.

1945 Nach der deutschen Kapitulation wird Ostpreußen zwischen der Sowjetunion und Polen geteilt, Schlesien und Pommern fallen an Polen.

1947 Die Siegermächte des Zweiten Weltkriegs verfügen im Kontrollratsgesetz Nr. 46 die Auflösung des preußischen Staates. Preußen sei „seit jeher Träger des Militarismus und der Reaktion" in Deutschland gewesen.

Schauplätze
der preußischen Geschichte

LEIPZIG
VÖLKERSCHLACHTDENKMAL
Rund eine halbe Million Soldaten standen sich vom 16. bis 19. Oktober 1813 vor den Toren Leipzigs gegenüber. Bei der bis zum Ersten Weltkrieg größten Schlacht der Geschichte unterlag Napoleon den Truppen Preußens, Österreichs, Russlands und Schwedens. Genau 100 Jahre später wurde das 91 Meter hohe Denkmal eingeweiht, das über die Schlacht informiert sowie einen Ausblick über Stadt und Umgebung bietet.

www.voelkerschlachtdenkmal.de

BERLIN
ZEUGHAUS
Das Zeughaus ist das älteste Gebäude des Prachtboulevards Unter den Linden. Es gilt als einer der schönsten Barockbauten Norddeutschlands. Das preußische Militär nutzte das Bauwerk – bis zu seiner endgültigen Fertigstellung vergingen 35 Jahre – von 1731 bis 1876 als Waffenlager. Heute ist das Zeughaus Teil des Deutschen Historischen Museums.

www.dhm.de

BRANDENBURGER TOR
Das bekannteste Wahrzeichen Berlins ist das einzig noch erhaltene Stadttor der Hauptstadt. Das 1789 bis 1791 unter König Friedrich Wilhelm II. errichtete Bauwerk wurde Teilen der Akropolis in Athen nachgebildet. 1794 wurde dem Tor die sechs Meter hohe Quadriga aufgesetzt. Nach dem Bau der Berliner Mauer 1961 stand das Tor mitten im Sperrgebiet und war ein Symbol der deutschen Teilung. Am 22. Dezember 1989 wurde es unter großem Jubel der Bevölkerung wieder geöffnet.

HUMBOLDT-UNIVERSITÄT

Unter dem preußischen König Friedrich Wilhelm III. gründete der Gelehrte und Staatsbedienstete Wilhelm von Humboldt die erste Berliner Universität, die 1810 ihren Lehrbetrieb aufnimmt. Die Hochschule, an der von Anfang an die Einheit von Forschung und Lehre im Mittelpunkt steht, gilt bis heute als Vorbild aller modernen Universitäten.

www.hu-berlin.de

POTSDAM
SCHLOSS SANSSOUCI

Zum Teil nach eigenen Skizzen ließ Friedrich der Große zwischen 1745 und 1747 dieses kleine Schloss im Stil des Rokoko bauen. Entsprechend dem Namen Sanssouci – ohne Sorge – zog sich der König gern dorthin zurück, besonders in schwierigen Zeiten. Friedrich starb am 17. August 1786 im Schloss, sein Wunsch, dort beerdigt zu werden, erfüllte sich jedoch erst 1991. Unter anderem die aus dem 18. Jahrhundert erhaltene Ausstattung der Räume lässt die Besucher in die große Zeit Preußens eintauchen.

SCHLOSS CECILIENHOF

Kaiser Wilhelm II. errichtete das Bauwerk von 1913 bis 1917 für seinen Sohn und dessen Frau Cecilie im englischen Landhausstil. Bekannt wurde der Cecilienhof vor allem, weil dort nach Ende des Zweiten Weltkriegs die Potsdamer Konferenz vom 17. Juli bis 2. August 1945 tagte.

Die Schlösser Sanssouci und Cecilienhof wie die dazugehörigen weitläufigen Parkanlagen zählen zum Weltkulturerbe und stehen unter dem Schutz der Unesco.

www.spsg.de

Schauplätze der preußischen Geschichte

JENA UND AUERSTEDT
HISTORISCHES SCHLACHTFELD
Am 14. Oktober 1806 erlitt die preußische Armee in der Doppelschlacht bei Jena und Auerstedt eine vernichtende Niederlage gegen Napoleon. Der bis dahin bekannte altpreußische Staat ging unter: Ende Oktober marschierten französische Truppen in Berlin ein, im Frieden von Tilsit 1807 verlor Preußen mehr als die Hälfte seines Gebietes. Ein Museum auf dem Gebiet des Jenaer Schlachtfeldes informiert über die Geschehnisse, daneben werden Wanderungen über die historischen Stätten angeboten.

www.jena1806.de

NEURUPPIN
FONTANE-DENKMAL
Theodor Fontane (1819 bis 1898) behandelt in seinem umfangreichen Werk immer wieder mit poetischem Realismus das Leben in Preußen in der zweiten Hälfte des 19. Jahrhunderts. In seiner Geburtsstadt Neuruppin, die er ausführlich im ersten Band seiner „Wanderungen durch die Mark Brandenburg" beschreibt, steht seit 1907 ihm zu Ehren ein Monument.

www.neuruppin.de

MINDEN UND WESEL
PREUSSENMUSEUM
NORDRHEIN-WESTFALEN
In den zwei Museumsstandorten wird die Entwicklung der rheinisch-westfälischen Region im Rahmen des preußischen Staates vom frühen 17. bis ins 20. Jahrhundert anhand vieler Zeugnisse nachgezeichnet.

www.preussenmuseum.de

Buchhinweise

Patrick Bahners, Gerd Roellecke (Hrsg.): Preußische Stile. Ein Staat als Kunststück, Klett-Cotta Verlag, Stuttgart 2001.
Von der Selbstkrönung Friedrichs I. bis zum unrühmlichen Ende seiner politischen Schöpfung reicht diese Essaysammlung. Facettenreich macht sie deutlich, wie preußische Geisteshaltungen bis heute nachwirken – und wie man an Preußen scheitern konnte.

Werner Busch: Adolph Menzel. Leben und Werk, Verlag C. H. Beck, München 2004.
Souverän erklärt der Berliner Kunsthistoriker, wie architektonisch Preußens Meisterzeichner seine Bilder baute. Als „Zaungast des Lebens" (Menzel über Menzel) suchte der Künstler Stabilität – und fand sie nicht zuletzt in den Helden seines Staates.

Christopher Clark: Preußen. Aufstieg und Niedergang. 1600–1947, DVA, München 2007.
Mit Weitblick und profunder Detailkenntnis schildert der Cambridger Historiker, wie ein kleines, armes Territorium zur europäischen Großmacht werden konnte und dann einen langen, tragischen Niedergang erlebte. Rezensenten lobten die kompakte Darstellung fast einhellig als neues Standardwerk.

Gordon A. Craig: Das Ende Preußens. Acht Porträts, Verlag C. H. Beck, München 2001.
Charaktere als Spiegel ihrer Epoche: Von Stein bis Adenauer würdigt der verstorbene US-Deutschland-Fachmann mit anheimelnder Nüchternheit Schlüsselfiguren aus anderthalb Jahrhunderten.

Günter de Bruyn: Als Poesie gut. Schicksale aus Berlins Kunstepoche 1786 bis 1807, S. Fischer Verlag, Frankfurt am Main 2006.
Gleich einem Panorama reiht der märkische Erzähler, selbst Nachfahre von Hugenotten, ein Miniatur-Porträt an das andere. Stilistisch kraftvoll und sorgsam illustriert, bietet das Buch ein fesselndes

Bild der Übergangsjahre zwischen Revolution und Freiheitskriegen, Goethe-Kult und Romantik.

Günter de Bruyn: Preußens Luise. Vom Entstehen und Vergehen einer Legende, BTB Verlag, München 2004.
So fortschrittlich und mitleidsvoll war die früh verstorbene Volksheldin gar nicht. Doch gerade ihre Entzauberung macht umso interessanter, wie der langlebige Mythos entstehen konnte.

Annette Dorgerloh u. a. (Hrsg.): Klassizismus – Gotik. Karl Friedrich Schinkel und die patriotische Baukunst, Deutscher Kunstverlag, München/Berlin 2007.
Stilvielfalt praktizierte der große Architekt aus reflektierter Liebe zur Heimat: Der Nachweis dieser These führt die Autoren des opulenten Bandes auf das Ideal gemeinschaftlichen Erinnerns und seine spätere nationalistische Ausschlachtung.

Lothar Gall: Bismarck – Der weiße Revolutionär, Ullstein Taschenbuchverlag, Berlin 1997.
In seinem erstmals 1980 erschienenen Standardwerk zeigt der Frankfurter Historiker, wie der „Eiserne Kanzler" Preußens äußere Macht und innere Verfassung mit modernen Mitteln zu konservieren trachtete.

Andreas Kossert: Ostpreußen. Geschichte und Mythos, Siedler Verlag, München 2005.
Nach dem Ende des Ostblocks ist auch der Blick auf Preußens gern mythisierten Osten unbefangener geworden. Konzis führt der junge Historiker durch tausend Jahre Grenzlandgeschichte zwischen Weichsel und Memel.

Frank-Lothar Kroll (Hrsg.): Preußens Herrscher, Verlag C. H. Beck, München 2006.
Diese Galerie „Von den ersten Hohenzollern bis Wilhelm II." lässt in Triumph und Tragik großer Regenten das Schicksal Brandenburg-Preußens seit dem Spätmittelalter lebendig werden.

Buchhinweise

Manfred Kühn: Kant. Eine Biographie, Deutscher Taschenbuch Verlag, München 2007.
So urpreußisch er wirken konnte – der Königsberger Denker wusste bei aller Bürgerpflicht seine intellektuelle Radikalität zu wahren. Dieses Standardwerk erklärt gleichermaßen gründlich Leben und Werk des genialen Philosophen.

Johannes Kunisch: Friedrich der Große. Der König und seine Zeit, Verlag C. H. Beck, München 2004.
Sensibler Intellektueller, militärischer Draufgänger, Kunstfreund, Aufklärer und Autokrat: Gerade die Widersprüche des Mannes, der seinen Staat verkörperte wie kein anderer, haben den Kölner Historiker zu seiner weithin gelobten neuen Darstellung animiert.

Thomas Lackmann: Das Glück der Mendelssohns. Geschichte einer deutschen Familie, Aufbau-Verlag, Berlin 2007.
Das akribisch recherchierte und packend erzählte Gruppenbild über mehr als fünf Generationen räumt mit Verklärungen auf. So entsteht ein Mikrokosmos der Kulturgeschichte im Licht des prekären deutsch-jüdischen Verhältnisses.

Wolf Jobst Siedler: Auf der Pfaueninsel. Spaziergänge in Preußens Arkadien, Siedler Verlag, München 2007.
Der Essay-Klassiker von 1986 lässt anhand eines einzigen Schauplatzes Höhepunkte und Niederungen der preußischen Geschichte Revue passieren: Kurfürstliche Liebhaberei, Alchimistenlabor, Hitlers Testament: Die scheinbare Idylle hat es in sich.

Autorenverzeichnis

Susanne Beyer ist Redakteurin im Kulturressort des SPIEGEL.

Wolfram Bickerich war bis 2007 Redakteur des SPIEGEL.

PD Dr. Harald Biermann ist Direktionsassistent der Stiftung „Haus der Geschichte der Bundesrepublik Deutschland" in Bonn.

Georg Bönisch ist Redakteur im Ressort Deutsche Politik des SPIEGEL.

Stephan Burgdorff ist Leiter des Ressorts Sonderthemen des SPIEGEL.

Professor Dr. Christopher Clark lehrt Neuere Europäische Geschichte am St. Catharine's College in Cambridge.

Günter de Bruyn lebt als freier Schriftsteller im märkischen Görsdorf bei Beeskow. Er publizierte mehrere Werke zur preußischen Geschichte.

Dr. Martin Doerry ist stellvertretender Chefredakteur des SPIEGEL.

Jan Friedmann ist Redakteur im Ressort Deutsche Politik des SPIEGEL.

Ulrike Knöfel ist Redakteurin im Kulturressort des SPIEGEL.

Professor Dr. Frank-Lothar Kroll lehrt Europäische Geschichte des 19. und 20. Jahrhunderts an der TU Chemnitz.

Bettina Musall ist Redakteurin im Ressort Sonderthemen des SPIEGEL.

Norbert F. Pötzl ist stellvertretender Leiter des Ressorts Sonderthemen des SPIEGEL.

Jan Puhl ist Redakteur im Auslandsressort des SPIEGEL.

Autorenverzeichnis

Dr. Johannes Saltzwedel ist Redakteur im Ressort Sonderthemen des SPIEGEL.

Hans-Ulrich Stoldt ist Leiter des Ressorts Deutsche Politik des SPIEGEL.

Dr. Klaus Wiegrefe ist Autor im Ressort Deutsche Politik des SPIEGEL.

Professor Dr. Heinrich August Winkler lehrte bis 2007 Neueste Geschichte an der Humboldt-Universität in Berlin.

Namensregister

Adenauer, Konrad 239, 282, 304
Alexander I., Zar von Russland 128, 206 f., 29
Arendt, Hannah 202
Arndt, Ernst Moritz 196 f., 217
Arnold, Christian 92 f.

Bennigsen, Rudolf von 262
Bismarck, Otto von 12, 17, 27–30, 112, 117, 122 f., 148, 182 f., 199, 215, 222, 225 f., 229, 238, 252–265, 266–268, 278 f., 286, 292, 294, 299 f., 305
Blum, Robert 225–228
Borsig, August 11, 146, 21, 218, 229, 235
Brandenburg-Ansbach, Albrecht von 45, 51 f.
Braun, Otto 272, 275, 285–288, 296, 300
Braunschweig-Bevern, Elisabeth Christine von 26, 86
Brüning, Heinrich 274, 276, 287, 296
Bruyn, Günter de 12, 204, 304
Bülow, Bernhard Graf von 243, 268, 295

Caprivi, Leo von 243, 268
Churchill, Winston 11, 33

Droste zu Vischering, Clemens August von 246
Drzymala, Michal 123 f.

Eitel Friedrich I. von Zollern 35

Ferdinand I., Kaiser von Österreich 227–229
Feuchtwangen, Siegfried von 44
Fichte, Johann Gottlieb 144, 159, 162 f., 165, 197
Finckenstein, Karl Graf von 202
Fontane, Theodor 29, 112, 149, 153, 158, 198 f., 216 f., 220, 303
Fouqué, Friedrich de la Motte 112, 196, 201
Franz Wilhelm Prinz von Preußen 107
Friedrich I., König in Preußen 16, 18, 59–63, 67, 69, 72, 125, 150, 173 f., 176, 185, 193 f., 304
Friedrich II. (der Große), König von Preußen 11 f., 16 f., 19–24, 31, 33, 37, 63 f., 76, 78–96, 97–100, 101–103, 104–107, 110 f., 113 f., 116 f., 119, 125 f., 129 f., 133, 150–155, 160 f., 176, 178 f., 183, 186, 190–194, 198–201, 242, 279, 281, 294, 302, 306

Friedrich II., Kaiser des Heiligen Römischen Reiches 40
Friedrich III., Kurfürst von Brandenburg *siehe* Friedrich I.
Friedrich III., Kaiser des Deutschen Reiches 299
Friedrich VI., Burggraf 48f., 125
Friedrich XII. von Zollern 35
Friedrich Wilhelm (Großer Kurfürst) 52–57, 60, 83, 108, 125, 150, 184
Friedrich Wilhelm I., König in Preußen 18f., 37, 65–79, 83, 87, 93, 95f., 125, 150, 176, 178, 185, 193
Friedrich Wilhelm II., König von Preußen 126, 154, 162, 179, 186, 301
Friedrich Wilhelm III., König von Preußen 24–26, 121, 128f., 134, 144–148, 155, 163, 170, 179, 195, 203f., 206–210, 302
Friedrich Wilhelm IV., König von Preußen 26f., 36, 97, 122, 155–157, 186, 211, 215f., 219–222, 227–229, 248, 253, 292

Georg Friedrich Ferdinand Prinz von Preußen 37
Görres, Joseph 246f.
Göthe, Johann Eosander von 63, 185

Goethe, Johann Wolfgang von 20, 142, 163, 169, 179, 191, 195, 203, 206, 305
Gotzkowsky, Johann Ernst 106
Gneisenau, August Neidhardt von 129, 131, 133, 138f., 146f.

Hamann, Johann Georg 160
Hardenberg, Karl August Freiherr von 11, 24f., 128–140, 145–148, 158, 196, 206, 209f.
Hecker, Friedrich 218, 220, 223f., 228
Hegel, Wilhelm Friedrich 24f., 144, 159, 161, 164–166
Herder, Johann Gottfried 206
Herz, Henriette 196, 201
Hindenburg, Paul von 31f., 270, 272–279, 287, 296, 300
Hitler, Adolf 12, 17, 23, 30–33, 117, 124, 226, 239, 244, 274–281, 287, 291, 294, 296f., 300, 306
Hufeland, Christoph Wilhelm von 165, 208
Humboldt, Alexander von 155, 169, 184, 201, 289
Humboldt, Wilhelm von 11, 128f., 131, 142–144, 184, 201, 210f., 302

Jean Paul 201, 203, 206
Joachim II., Kurfürst von Brandenburg 50
Johann Sigismund, Kurfürst von Brandenburg 50, 125

Kant, Immanuel 17, 159–163, 168, 194, 206, 306
Katte, Hans Hermann von 19, 78f.
Kleist, Heinrich von 196–198, 206f.
Knobelsdorff, Georg Wenzeslaus von 90, 151f., 178
Körner, Theodor 196f.
Kosciuszko, Tadeusz 120
Krupp, Alfred 235
Krupp, Friedrich 235
Kugler, Franz 99, 198

La Mettrie, Julien Offray de 84
Lenné, Peter Joseph 111, 156–158
Lessing, Gotthold Ephraim 110, 168, 178, 190f., 200
List, Friedrich 231
Louis Ferdinand, Prinz von Preußen 201
Ludendorff, Erich 270, 272

Maria Theresia von Österreich 22f., 113, 116f., 126
Masowien, Konrad von 39
Mecklenburg-Strelitz, Luise von 24, 195, 203–209, 305
Mendelssohn, Moses 167–171, 178, 190, 194, 200
Mendelssohn Bartholdy, Fanny 168f.
Mendelssohn Bartholdy, Felix 168–171
Menzel, Adolph 97–100, 198f., 304

Napoleon I., Kaiser der Franzosen 24f., 104, 121, 128, 131f., 134–136, 138, 141, 145–147, 163, 186, 196, 202, 206–210, 216, 229, 246, 301, 303
Napoleon III., Kaiser der Franzosen 257, 260, 264
Nicolai, Friedrich 110, 154, 178, 190f., 194, 196
Novalis 195, 203

Papen, Franz von 31, 244, 274–278, 287f., 300
Persius, Ludwig 157
Peter I. (der Große), Zar von Russland 23, 76
Pufendorf, Samuel von 63, 88, 91

Rathenau, Emil 233

Salza, Hermann von 40
Schadow, Johann Gottfried 179, 196, 203
Scharnhorst, Gerhard von 129, 131, 133, 138, 141, 147
Schelling, Friedrich Wilhelm Joseph 25, 184
Schinkel, Karl Friedrich 36, 156, 179f., 196, 305
Schlabrendorf, Karoline Gräfin von 201
Schlegel, Friedrich 168, 195f., 201
Schlüter, Andreas 63, 125, 175, 185

Schön, Theodor von 132, 138, 241
Schopenhauer, Arthur 166, 227
Schroetter, Friedrich Leopold von 241
Siemens, Werner 146, 232–235
Sienkiewicz, Henryk 118
Staël, Germaine de 11, 290
Stanislaw II. August, König von Polen 119f.
Stein, Karl Reichsfreiherr vom und zum 11, 24f., 36, 128f., 131, 133–142, 144, 148, 164, 196, 206, 210, 304
Struve, Gustav von 218, 223, 228

Tieck, Ludwig 194–196, 201
Treitschke, Heinrich von 258f.

Unzelmann, Friederike 201

Varnhagen, Rahel 179, 200–202
Voltaire 20, 80, 84f., 110, 116, 151, 199

Wilhelm I., Kaiser des Deutschen Reiches 204, 246–248, 257f., 266–268, 299
Wilhelm II., Kaiser des Deutschen Reiches 17, 30, 36f., 104, 107, 123, 158, 186, 268, 270–272, 278, 300–302, 305
Woltmann, Jörg 107

Yorck von Wartenburg, Peter Graf 141, 281

Sachregister

Abgeordnetenhaus, Preußisches 253, 258
Akzise 55, 70, 94
Alldeutscher Verband 269
Allgemeines Landrecht für die Preußischen Staaten 22, 91f., 136, 250, 292
Antisemitismus 170–172, 210, 244, 267, 277f.
Arbeiterbewegung 280, 286, 288
Architektur 12, 34–36, 63, 89f., 111, 149–158, 179–183, 184–189, 304f.
Askanier 49
Aufklärung 12, 18, 160, 172, 190, 194f., 206, 241, 282, 285, 290f.

Bauernbefreiung 130, 132, 146, 241, *siehe auch* Oktoberedikt
Beamte / Beamtentum 24, 69–72, 82, 89, 95, 121, 126, 128, 133f., 138, 178, 196, 210, 222–225, 231f., 243, 245, 271f., 275, 279f., 286, 288
Befreiungskriege 130, 146–148, 156, 196f., 204, 210, 226, 305
Berlin 11f., 18f., 27, 31, 33, 56, 60–64, 68f., 84, 89f., 93–95, 99f., 104, 106f., 108–111, 116, 120–124, 125f., 128, 130, 138, 142, 144, 150, 154f., 157, 159–165, 166–171, 173–183, 190–199, 200–202, 203, 210f., 217–223, 229, 231–235, 243, 247, 250, 253, 256–258, 261f., 270, 282, 284, 288f., 292f., 295, 300–307
Berliner Schloss 26, 63, 76, 184–189
Bernstein 38, 43
Bernsteinzimmer 76
Bildungsreform 131, 138, 142–145, 210
Bodenreform (SBZ) 283, 296
Böhmen 40, 45, 73, 126, 216
Bourbonen 56f.
Brandenburger Tor 178f., 186, 301
Bund der Landwirte 268f., 273, *siehe auch* Reichslandbund
Bundesrepublik Deutschland 30, 131, 239, 298
Bundestag (Deutscher Bund) 254, 260, 262
Bürger / Bürgertum 21, 63, 67, 69, 74, 95, 98, 120, 129, 133, 135, 140f., 143, 154, 160, 162, 183, 190, 195, 201, 214–230, 234, 239, 242f., 247, 255, 268f., 274, 295
Bürgerblock 272
Burschenschaften 211

Sachregister

Calvinismus 19, 23, 50, 57f., 69, 108, 125
Christianisierung 40–44
Code Napoléon 250

Dänemark 56, 215f., 227, 259, 299
Deutsche Adelsgenossenschaft 244, 277
Deutsche Demokratische Republik (DDR) 33, 131, 184, 187, 283
Deutsche Volkspartei (DVP) 276
Deutscher Bund 122, 210f., 224, 252–256, 260–265, 298
Deutscher Nationalverein 257, 262
Deutscher Orden 39–45, 51, 166, 239
Deutscher Zollverein 27, 211
Deutsches Reich 28–31, 36, 124, 182f., 186, 199, 204, 225, 231, 237, 252–265, 266–270, 286, 293f.
Deutsch-Französischer Krieg von 1870/71 28, 180, 229, 237, 261, 264, 294, 299
Deutschkonservative Partei 266f.
Deutschnationale Volkspartei (DNVP) 270, 274, 276, 279
Dolchstoßlegende 273
Dreiklassenwahlrecht 28f., 211, 243, 293
Dreißigjähriger Krieg 35, 51f., 73, 109, 125, 290

„Drittes Reich" 277–281, 284, 290, *siehe auch* Nationalsozialismus

Edikt von Potsdam 112, 125
Einwanderung 20, 57, 73, 108–112, 290, 292
Eisenbahn 26, 166, 171, 211, 218, 230f., 233, 237
Emanzipationsedikt 210
Emser Depesche 264
Erbuntertänigkeit 121, 135, 210, 241f.
Erster Weltkrieg 17, 23f., 174, 183, 186, 270, 285, 293, 296, 300f.

Faschismus 272
Fehrbellin, Schlacht von 56
Flotte 269
Flurzwang 132
Fortschrittspartei 263
Fortschrittliche Volkspartei 270
Forum Fridericianum 89f., 157
Frankfurter Nationalversammlung 27, 122, 211, 215f., 223–228
Frankfurter Verfassung 215, 226–230
Frankreich 17, 22, 24–26, 28, 56f., 60, 64f., 81, 101, 108–114, 125f., 128, 131–137, 141, 146–149, 152, 176–178, 194, 197, 206–208, 210, 215f., 237, 246, 256, 261, 263f., 271, 279, 292–294, 299, 303

Sachregister

Französische Revolution 24, 132, 148, 162, 164f., 171, 195, 215, 226
Freikonservative Partei 267
Freikorps 244, 271
Friede von Tilsit 129, 131, 138, 141, 143, 148, 207–210, 303

Gartenbau 12, 75, 110, 149–158, 302
Generaldirektorium 70–72, 89, 102, 125
Gewerbefreiheit 129f., 146, 234, 267
Großdeutsche Lösung 216, 257
Gründerzeit 232, 255
Grundgesetz 215

Habsburger 50, 57, 59f., 92, 113f., 216f., 227, 253f., 260f., 294
Hakatisten / Hakatismus 123
Hannover 24, 27, 59, 62, 67, 133, 175, 204, 262, 299
Heilige Allianz 26, 148, 211, 217, 259
Heiliges Römisches Reich deutscher Nation 45, 48–51, 56f., 60, 91f., 103, 133, 184f., 240
Herzogtum Preußen 45, 51f., 56, 60, 125
Hohenzollern 11f., 16f., 19, 23f., 29, 31, 34–38, 45, 48–52, 60–64, 96, 107, 116, 125, 128, 138, 150, 163, 184f., 204, 215, 222, 227, 246f., 252, 258, 273, 279, 305
Holocaust 280, 297
Homosexualität 84–86
Hugenotten 57, 67, 68, 108–112, 125, 304

Industrialisierung / industrielle Revolution 11, 25, 130, 137, 146, 211, 217, 231–237, 243, 255, 268f.

Juden / Judentum 21, 105, 116, 124, 140, 167–172, 178, 195, 200–202, 210, 238, 244, 267, 277, 280, 306
Judenemanzipation 130, 226
Julikrise 269
Junker / Junkertum 11f., 17, 19, 27, 29, 67, 131f., 134–138, 140, 210, 222, 238–244, 245, 251, 259, 268f., 271, 273, 291, 296

Kabinett der Barone 274f., 287
Kaiserdeputation 229
Kamarilla 277, 296
Kampfbünde 269
Kampffront Schwarz-Weiß-Rot 278
Kantonsystem 74, 93, 125
Kapp(-Lüttwitz)-Putsch 271f., 288
Karlsbader Beschlüsse 211
Katholiken / Katholizismus 21, 25, 30f., 56, 73, 90, 120, 123, 168, 195, 239, 245–248, 267, 270, 274, 278, 286

315

Kleindeutsche Lösung 216, 226, 253, 257f., 261f.
Kommunisten / Kommunismus 33, 124, 170, 218, 227, 244, 275f., 278
Kommunistische Partei Deutschlands (KPD) 276
Königgrätz, Schlacht von 31, 260f., 293
Königsberg/Kaliningrad 16f., 25, 40, 44f., 51, 60–62, 70, 132, 138, 141–143, 158, 160, 162, 185, 194, 208, 272, 283, 286, 306
Kontributionen 55, 71, 134, 138, 145, 262
Kontrollratsgesetz Nr. 46 11, 281, 284, 300
Konvention von Westminster 114
Kulturkampf 123, 248
Kurwürde 49

Landsturm 147
Lange Kerls 65, 75f., 185
Liberale/Liberalismus 11, 16f., 28, 31, 107, 133, 140–142, 146, 211, 214–230, 233f., 255, 257–261, 263, 267, 277, 292, 299
Litauen 17, 42, 44, 51
Literatur 80, 118, 121, 168, 178f., 190–199
Lustgarten 176, 180, 182, 185

Magazinsystem 93
Mark Brandenburg 12, 18, 48–52, 56, 60, 125, 199, 303

Märzforderungen 218
Matrosenaufstand 270, 300 *siehe auch* Revolution von 1918/19
Militär/Militarismus 16–19, 21, 24, 27–31, 54f., 65–79, 113–115, 117, 130, 134f., 141, 147, 165, 193f., 210, 215, 224, 232, 238–244, 257f., 260, 269, 272, 274, 279, 282f., 290f., 294–297, 300f., 303
Müller-Arnold-Affäre 92f.

Napoleonische Kriege 71, 121, 128, 132, 134, 141, 147, 163, 186, 196, 206–209, 210, 303
Nationalismus 27, 29, 122–124, 131, 144, 172, 197, 215, 244, 252–265, 267, 269, 277, 295f.
Nationalliberale Partei / Nationalliberale 262f., 267–269
Nationalsozialismus 11f., 17, 23, 31–33, 131, 172, 238f., 244, 274–284, 287f., 293f., 296f., 300
Nationalsozialistische Deutsche Arbeiterpartei (NSDAP) 276–279, 287f.
Neuhumanisten/Neuhumanismus 143
Neustoizismus 58
Niederlande 17, 19, 30, 52, 55, 57f., 68f., 73, 108, 126, 186, 270, 300
Norddeutscher Bund 28, 182, 262–264, 299
Nordische Kriege 56

Notverordnungen 273, 287
Novemberrevolution *siehe* Revolution von 1918/19
Nymphenburger Bündnis 91

Oberste Heeresleitung 270, 272
Oktoberedikt 135–138, 210, 241f.
Olmützer Punktuation 253
Ordensburgen 39–41, 44f.
Österreich 22, 25–27, 31, 35, 65, 91f., 105, 113f., 116–121, 125f., 131, 141, 147f., 210f. 215–217, 224, 227–229, 250, 252–256, 259–261, 269, 299, 301
Osthilfe 273, 276
Ostpreußen 18f., 21, 23, 39–41, 51, 54, 62, 67, 70, 73, 82, 93f., 113, 132, 134, 138, 141, 239, 243f., 272f., 283, 285f., 300, 305

Parlamentarismus 214–230, 249, 260f., 270–276, 290, 295, 299
Parks / Parkanlagen *siehe* Gartenbau
Paulskirchenparlament *siehe* Frankfurter Nationalversammlung
Polen 17, 23f., 26, 30, 42f., 45, 51, 56, 58, 60, 116–124, 126, 207, 217, 279–281, 290, 294, 297, 300
Polnischer Korridor 273
Polnische Teilungen 23f., 116–124, 126, 290, 300
Pommerellen 44, 116, 124
Posen 121–124, 126, 216, 239, 272, 290, 300
Potsdam 18, 27, 31–33, 37, 69, 75, 77, 94, 98, 104, 110, 140, 149–158, 178, 186, 210, 228, 231, 302
Potsdamer Konferenz 158, 302
Präsidialkabinette 273–276
Präventivkrieg 22f., 82, 113–115
Preußenschlag 31, 275, 284, 288, 300
Preußische Akademie der Wissenschaften 20, 64, 98, 125, 176, 191
Preußische Reformen 11, 24–29, 128–148, 196, 198, 210f., 241f., 282, 291–293
Preußische Treuhand 117
Protestantismus 21, 50f., 56f., 73, 90, 108–112, 120, 164, 169f., 176, 245, 247f.
Pruzzen 39–45

Reformation 42, 50f., 246
Regulierungsedikt 210
Reichsgründung 1870/71 36, 183, 262, 266, 293
Reichslandbund 268f., 273, *siehe auch* Bund der Landwirte
Reichsrat 286
Reichstag 182, 186, 243, 244, 262, 267–270, 274–278, 287f.

Reichswehr 273–276, 288
Religionsfreiheit 21, 191
Restauration 97, 121, 211, 291
Retablissement 73
Revolution von 1848/49 12, 26–28, 36, 122, 186, 198, 211, 214–230, 252–254, 258, 266, 292
Revolution von 1918/19 17, 30f., 50, 124, 242, 270f., 286, 300
Rheinland 148, 245–250
Rigaer Denkschrift 134
„Röhm-Putsch" 279
Romantik 12, 37, 97, 112, 154–156, 164, 179, 195–197, 201, 203f., 211, 254
Russland 22, 26, 65, 114, 116–121, 127f., 131, 146–148, 167, 170, 206f., 210, 216, 226, 270, 301

SA (Sturmabteilungen) 274f., 277f.
Sachsen 59, 62, 71, 76, 82, 89, 114, 126, 230, 238f., 261, 294, 297
Salons 90, 179, 194–196, 200–202, 206
Sarmatismus 118
Schlacht bei Tannenberg 45, 272
Schlachten bei Jena und Auerstedt 24, 128, 145, 147, 186, 208, 210, 303
Schlesische Kriege 23, 90, 125f.
Schloss Cecilienhof 158, 302

Schloss Rheinsberg 20, 86, 151f., 178, 186
Schloss Sanssouci 20, 23, 36, 86, 97f., 152–158, 178, 186, 192, 199, 302
Schutzzölle 71, 267–269
Schwarzer Adlerorden 16, 62
Schweden 54, 56, 75, 118, 301
Schwerindustrie 268f., 276
Siebenjähriger Krieg 22, 83, 89, 91, 94, 106, 113–115, 126, 153, 190, 281
Sowjetische Besatzungszone 244, 282–284
Sowjetunion 17, 132, 279f., 294, 300
Sozialdemokraten / Sozialdemokratie 30f., 233, 267, 269–275, 278, 285–288, 296, 299f.
Sozialistengesetz 267, 299
Spanien 60, 89, 141, 217, 264
SS (Schutzstaffel) 274, 277f.
Städteordnung 140f., 146, 248f.
Sudetenkrise 279

Tabakskollegium 72, 85
Tag von Potsdam 31f., 278f.
Testament Friedrichs II. 82–84, 88, 91, 94, 96, 101–103, 153
Toleranzprinzip 51

Universität 24, 29, 128, 131, 133, 143–145, 148, 163, 197, 210f., 290, 302
Unter den Linden 33, 89, 175, 179–181, 185, 206, 301

Vereine 29, 123, 188, 218, 224, 257, 262, 286
Vereinigter Landtag 222
Versailler Vertrag 124, 300
Verschwörung des 20. Juli 1944 12, 33, 266, 280–282, 284, 297
Verwaltung 21, 24, 43f., 49, 71f., 88f., 93f., 101, 109, 121, 182, 210, 232, 246f., 293
Verwaltungsreform 11, 19, 125, 128f., 132f., 140, 145
Völkerschlacht bei Leipzig 210, 301
Vormärz 122, 217

Weberaufstand 218, 236
Weimarer Koalition 300
Weimarer Reichsverfassung 215, 271, 273
Weimarer Republik 12, 31, 266, 270–277, 282, 285–288, 296
Wehrpflicht 74, 129, 140, 145, 147
Westpreußen 18, 94, 123, 126, 300
Wettiner 50
Wiener Kongress 121, 210, 245f.
Wirtschaftspolitik 24, 26, 42f., 66, 71, 93, 106f., 125, 133–135, 146, 148, 163, 236f., 255, 267–269
Wittelsbacher 59

Zentrum (Partei) 31, 248, 267, 270, 272–274, 286f.
Zeughaus 125, 175, 181, 301
Zollernburg 34–38, 48
Zwangsrekrutierung 21, 74
Zweiter Thorner Frieden 45, 51
Zweiter Weltkrieg 11, 17, 23f., 37, 124, 131, 226, 300, 302